普通高等教育“十二五”应用型本科规划教材 · 公共基础与素质教育系列

现代教育技术实践与应用

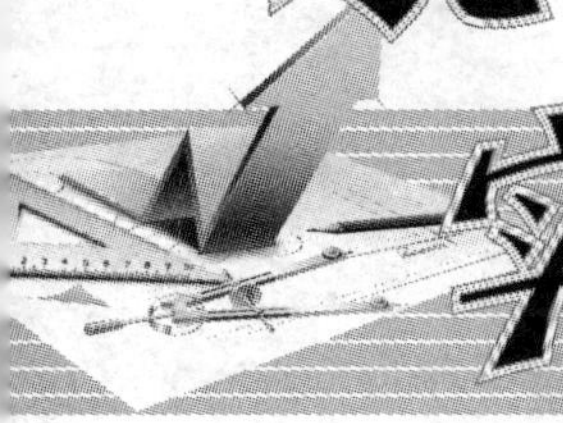

中国高等教育学会　组织编写

主编　孙　方　李彦敏

中国人民大学出版社
· 北京 ·

前 言

教育技术公共课程教材不可谓不多，有的侧重理论、有的侧重应用实践，各有特色。但多从教师视角讨论教育技术能力、信息化教学对教育改革的支持作用和意义，很少涉及教育技术对师范生学习及个人发展的影响。在教学实践中，多数教材倡导的教学理念和案例因为缺乏相应的支撑平台，使“现代教育技术”课程教学得不到应用。

与其他现代教育技术公共课或培训教材相比，本书特色主要体现在以下几点：

1. 将教育技术理论基础部分（学习理论、传播理论等）融入到具体的实践应用案例中，不再单独设置相应章节和模块，更加突出现代教育技术公共课程实践应用特点。

2. 对教学设计一般知识及理论进行整合，聚焦信息技术对教学设计及课堂教学各环节的支持，增强师范生利用信息技术解决教学问题的意识。教学设计的一般过程和编写规则是各专业教学法、课程论的重点介绍内容。现代教育技术课程主要任务是从教学设计方案中寻找信息技术与教学问题解决的结合点。

3. 教育技术支持教与支持学并重。本书尝试从创建电子学档、资源获取、加工与应用方面让学习者体验技术对个体学习影响，而不仅局限于信息化教学资源在教师教的过程中使用。

4. 为教学实施创建配套教学平台，让学习者能够在体验教育技术应用中学习教育技术。

教材配套的网络教学平台（教育技术学习社区 http：//www. etthink. com）为学习者提供了电子学档、论坛、博客、维基、移动学习平台、在线测试等应用服务。这些资源及工具不仅为学习者学习本课程提供了支持，而且为促进公共课程教学方式、评价方式转变提供了技术支持。

本书在编写过程中避免了关于具体软件应用操作和资源设计开发操作过程的描述。为保持教材的一定通用性和适用性，将具体软件操作步骤和过程以视频教程方式提供，视频教程可以从网络教学平台下载。

本书的编写得到了多位教育技术公共课程教师的鼎力支持，他们提供了大量素材、案例和编写建议，并参与了本书的编写。特别感谢延安大学曹殿波老师，山东英才学院赵玉霞老师，兰州城市学院赵国庆老师，西安职业技术学院王改花老师，第四军医大学宁玉文老师，新乡学院梁云真老师，集美大学李彦敏老师，九江学院赵毅老师，新余学院宋秋莲、赵小勇老师，淮南师范学院彭飞、郭磊、徐方、朱永海、王刚、谭伦荣、施勇、王辉、陈小峰老师，重庆第二师范学院尹合栋老师，重庆大学秦丹红老师，江西科技师范大学胡艺文老师，天津师范学院石慧娟老师，渭南师范学院王红艳老师，河北保定种光远老师，华北水利水电大学韩珍老师，另外，本书内容借鉴了大量的网络搜集整理的素材和作品，在此向作者们深表感谢。

本书及配套平台使用中如有问题，请联系 sf@etthink. com，我们将及时修改和解决。

编者

2014 年 6 月

目 录

模块一

走进教育技术

本章导学

在小学、中学和大学的教学课堂上，我们见过很多用 PPT、录音或多媒体、电子白板上课的场景，也曾被老师要求过从网上搜索一些相关的资料。这些就是教育技术吗？这样的教学就是现代教学或者应用了现代教育技术方法的教学吗？

“教育技术”一词并不陌生，但又难以描述。说它不陌生是因为不管是“教育”还是“技术”都是日常生活和学习中常用的词语，说它难以描述是因为很难说明“教育”和“技术”究竟是一种什么关系：是“技术在教育中的应用”，还是“技术化教育”或还是“教育与技术”？对于一名学习师范专业的学生可能更想知道：“我为什么要学教育技术？”“我在以后的教学工作中会用到这些吗？我要学习哪些教育技术（内容）？用教育技术可以解决哪些问题呢？”

1.1　感受教育技术

教育技术经过百年发展、推广与普及，在当代众多学校教育教学中的应用一点也不罕见，很多教师已经习惯甚至依赖一些“媒体”进行教学。通常认为的教学系统构成的三要素（教师、学生、教学内容）已经扩展为四要素（教师、学生、教学内容和教育技术）。如图 1—1 所示。

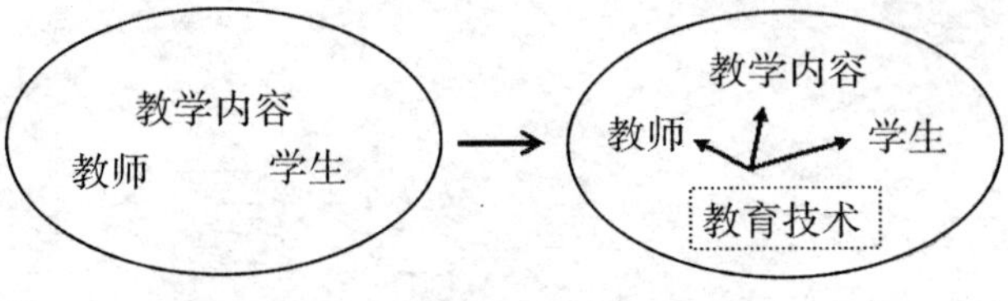

图 1—1　教学系统构成的改变

教育技术应用如果从学校的班级课堂教学视角来看，其对教育教学的影响可以概括为教育技术对教学内容的影响、对教师教学方法和手段的影响、对学生学习途径和学习行为的影响。

1.1.1　教育技术改变教学内容的呈现方式

教育技术的发展起源于直观教学，借助画图、投影等设备为学习者提供直观的学习材料。后随着媒体技术的发展，广播、电视、计算机及网络在教学中得以应用，极大地拓展了教学内容的传播方式与范围，从而突破了教学在时间和空间上的限制，实现了远距离（远程）教学。但如果从课堂微观教学环境来看，教学过程本质上仍然是教师与学生的交互过程，教师呈现或提供学习材料（内容），组织引导学生获取教学信息，并提供相应的指导和评价。教育技术对课堂教学的最直接影响体现在课堂中教学内容的呈现方法和形式的转变，如图 1—2 所示。

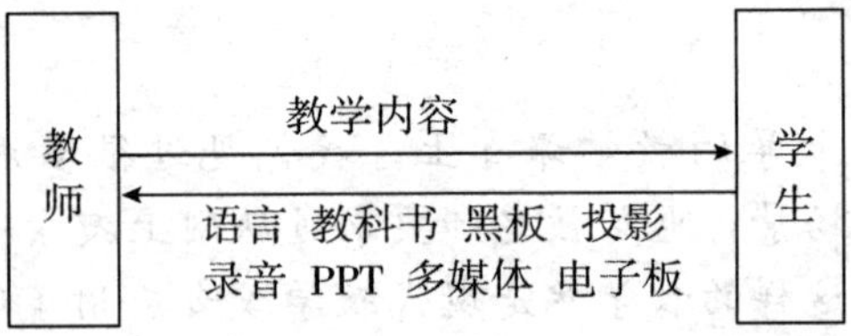

图 1—2　教育技术对教学的影响

例如，一位老师在课堂教学中想对学生练习过程中出现的一些问题进行实时点评时，就可以利用投影将学生的作业投影在屏幕（利用实物投影或照片拍摄的方法），让班级的学生能够直接看到作业的问题。

在课堂中利用现代媒体呈现教学信息对教学的影响可以从以下几点思考。

（1）可以实时展示学生的作业及作品（实物投影或拍摄），能够让学生更直接、全面地观察到示范（作品、操作）。

（2）预设教学内容呈现及教学过程。利用媒体的存储与再现功能，教师能够提前准备内容和呈现过程，减轻在实际教学过程中的心理压力，现代媒体备课比传统编写教案相比，教学内容形式更加丰富。但在利用与操作媒体过程中容易弱化教师教学主导地位。

1.1.2　教育技术是知识加工的方法

板书是教师对教学内容的总结与概括，是对教学内容的内容结构化处理和重点内容的强化，是帮助学生理解所学内容的一种线索。教师在教学中使用其他媒体也是一样，媒体的作用并不仅局限于内容的呈现与展示，否则就容易造成书本“搬家问题”。每种信息的呈现有其自己的表达特性，利用教育技术是利用相应媒体对教学内容进行再加工，用其适宜的形式展示，来帮助学生获取教学内容、理解教学内容。

在小学低年级教学中，汉字的书写与笔顺是学习的重要内容。教学过程中教师可以亲身示范，也可以提供分步书写过程。如果要让学生自主反复观看示范，将汉字书写的过程利用动画的展示是一种很好的方式。根据教学要求与内容特点，转换教学内容表现形式，化抽象为直观，提供具体的案例，是教学技术进行知识加工最常用的方法。如图 1—3 所示，“华”字分步书写过完程。

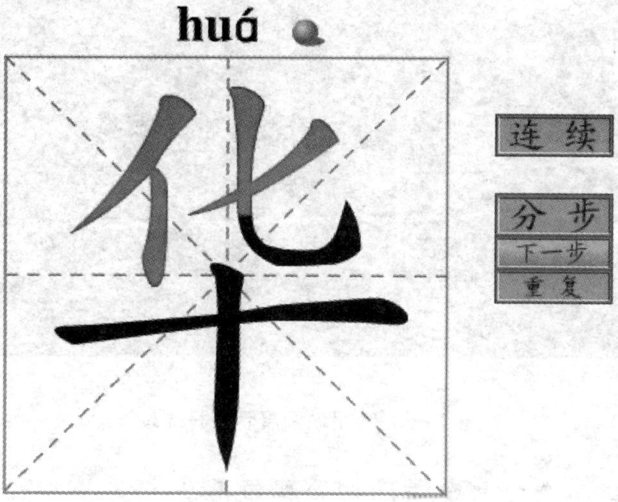

图 1—3　利用动画展示汉字书写过程

在数学教学中关于直角三角形的三条边的关系：勾股定理，是三角形特性的重要内容。关于此定理的证明有多种方法，对不同年龄阶段的学生要求的证明方法也不相同，对于初次按触定理的学生，拼图法更易于理解，如图 1—4 所示。借助教育技术，学生能够将三角形拼成正方形，从正方形面积和三角形面积关系中直接推导定理的内容，通过面积推导过程增强对定理的识记与理解。为教学内容提供补充和引导材料也是教学内容加工的一种方法。

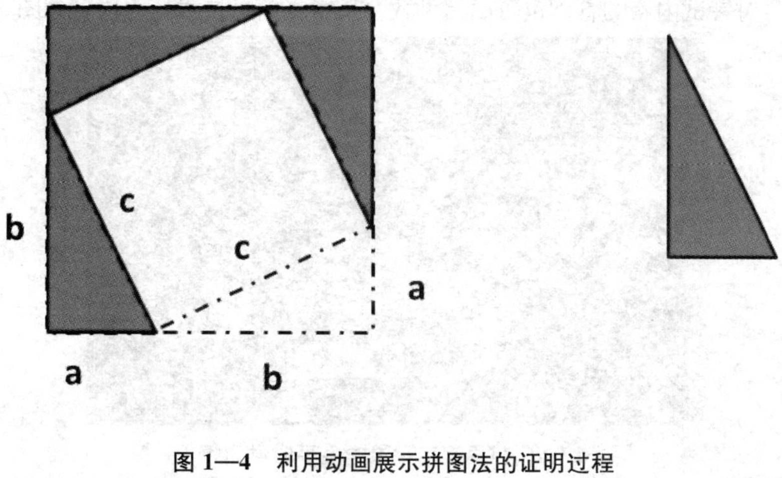

图 1—4　利用动画展示拼图法的证明过程

杠杆平衡原理是中学物理力学的学习内容，让学生理解力和力矩以及平衡的条件是杠杆平衡定理教学的难点。利用教育技术为学生创建一个探索的情境，学生可以在杠杆上移动和添加（或减少）砝码，如图 1—5 所示。在操作的过程中学生可以观察和体验到砝码数量和距离的关系，从而更容易理解和探索出杠杆的平衡条件。

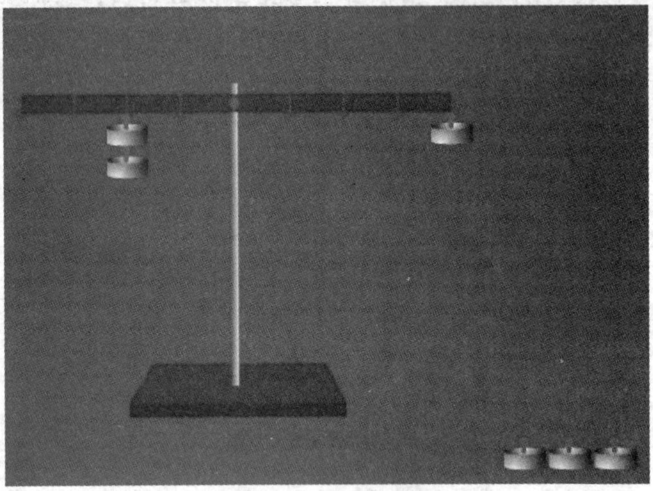

图 1—5　利用动画展示杠杆原理

1.1.3　教育技术是一种教学辅助管理的工具

我们身处信息技术时代，对信息化教育、教育信息化已耳熟能详。校园网络、多媒体教室已经成为众多学校的基础设施，教务系统、政务系统以及网络备课（或资源获取）极大地提高了教师日常工作效率。但在针对面向具体班级与学生的教学管理过程中，仍然缺乏一些直接应用的信息技术工具，比如对学生的评价、对学生学习的分析、考试内容分析等，所以利用信息技术辅助教师增强对学生及学习分析管理也是当前教育技术应用的重要部分。

在教学过程中教师有时候需要对学生的平时学习情况记录，可以采用传统的纸质记录方式，也可以利用编制的小程序进行记录，使记录的结果更容易检索、汇总等处理。另外，对学生的成绩分析、对考试内容的管理也可以借助教育技术（信息技术）手段，如图 1—6 所示。

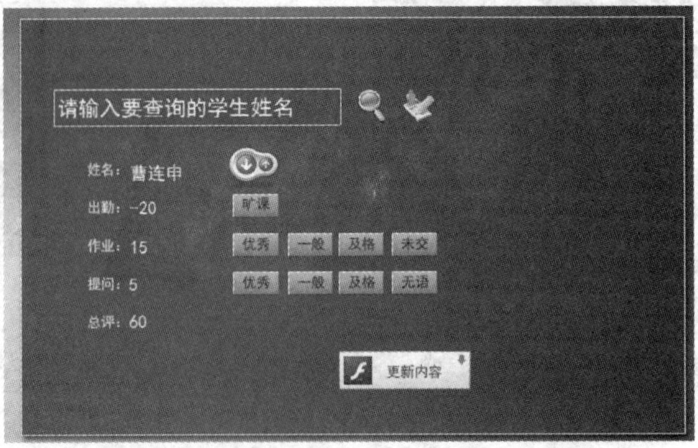

图 1—6　利用程序记录学生平时学习情况

1.1.4 教育技术是知识管理与终身学习的工具

教育技术在教学中的应用不仅表现在教学内容的加工、传递与呈现上，对教师的教的方式及学生学的方式也有着深刻影响。特别是随着网络和移动终端的普及，人们获取信息的途径与方式越来越多元化。只要学习者愿意，在任何时候、任何地点，都有机会获取任何自己需要课程信息。在这种信息技术环境下，人的自主学习与非正式学习在个体成长过程中的作用与地位日益彰显。人要适应信息技术环境的发展，更好地利用信息技术支持自己的学习过程，更好地促进自己的专业发展与满足终身学习的需求。

信息社会中信息资源的获取方式多元化极大地弱化了教师对教学内容的来源的掌控，促进了教师的教的行为与学生学的行为建立在彼此自主的信息资源加工基础上，改变了“教师传授，学生识记”的模式。在这种环境下，每一个人都应当有完备完整的信息获取、存储、加工、表达、分享与交流的能力。这也成为在信息技术环境下教与学研究的一个独特视角，探究信息技术环境下教学、个体学习与发展的途径与策略：解决学习问题主要是信息的选择、管理、加工与表达。

信息技术在个体学习及成长中主要是通过构建网络学习空间。网络学习空间不仅是自己学习资料的整理，也是自己学习过程的记录，学习结果的展示，更是与他人交流的最好媒介。信息技术环境下学习空间构建及主要注意问题。如图 1—7 所示。

（1）及时记录、整理（分类）、存储及加工的工具（如博客、日志、网络笔记）。

（2）在自己专业相关的社区中创建学习空间，不仅能够获得所学专业更多动态信息，还有更多机会认识志趣相同的人，专业学习相关的问题更有可能得到及时的响应和解决。学习空间是资源的空间，更是人的空间，借助学习空间形成一个稳定的专业学习人际关系网络。

（3）长期积累、编辑与加工，形成自己原创内容、表述自己的观点更容易引起参与和讨论，增强自己对知识的理解和应用。

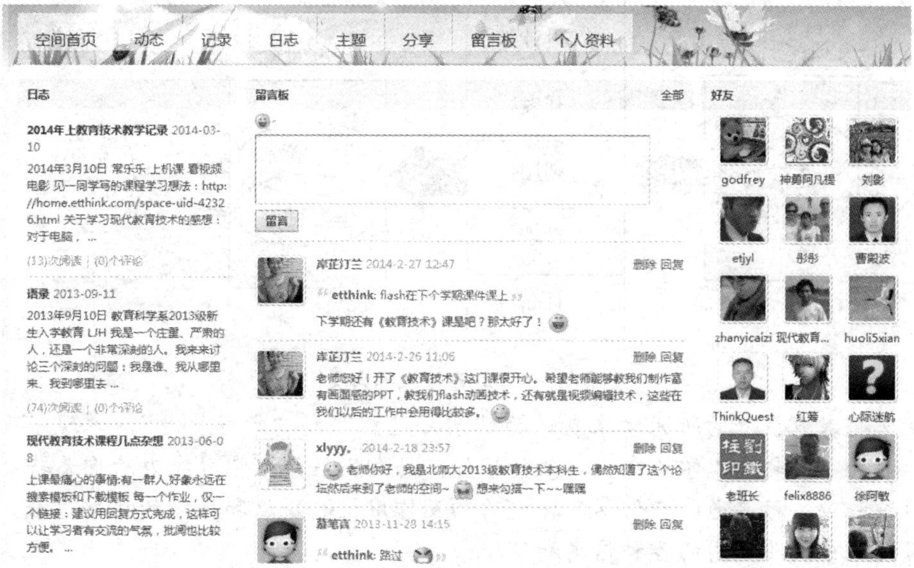

图 1—7　某教育技术课程学习者的学习空间

综上所述，教育技术既关注学习资源（教学内容的传递、加工及呈现），也关注学习过程。教育技术是教育信息传播、教学内容加工方法、策略及理论，更是一种应用实践。它旨在通过对教学的资源加工与优化和对学习者学习过程管理提高教与学的效率和效果。

知识卡片

教育技术概念是随着电子技术媒体和相应理论观念的发展，由视觉教育、视听教育、视听传播等名称演变而来的，在国内还有“电化教育”等名称，本质特征皆在于运用技术手段解决教学实践问题。

教育技术在视听教学方法、个别化教学方法和设计与改进的实验方法的基础上形成了以对教学过程的设计、评价技术和教学媒体开发与利用技术为基本内容的教育技术。如图1—8所示，教育技术领域促进学习的方法。

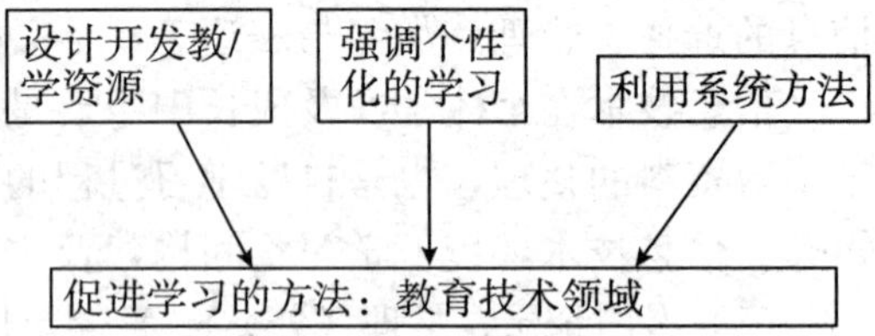

图1—8　教育技术领域促进学习的方法

现在普遍被接受的教育技术定义是美国教育传播和技术协会（Association for Education Communication and Technology，AECT），于1994年提出的教育技术是关于学习过程与学习资源的设计、开发、利用、管理和评价的理论与实践。《中小学教师教育技术能力标准（试行)》对教育技术定义为“教育技术”（Educational Technology)，是指运用各种理论及技术，通过对教与学过程及相关资源的设计、开发、利用、管理和评价，实现教育教学最优化的理论与实践，如图1—9所示。

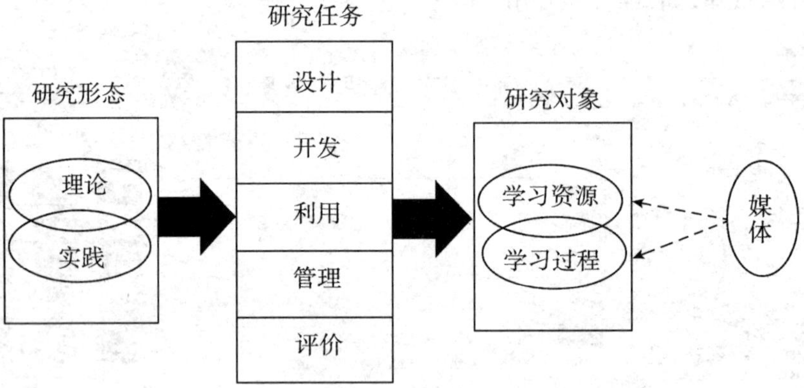

图1—9　教育技术的含义

该定义将教育技术的研究对象表述为“学习过程”和“学习资源”，体现了现代教学观念从以教为中心转向以学为中心，从传授知识转向发展学生学习能力的重大转变。

学习过程是学习者通过与信息、环境的相互作用获取知识和技能的认知过程，学习资源是学习过程中所要利用的各种信息和环境条件。

新的教学理论要求学生由外部刺激的被动接受者转变为能积极进行信息处理的主动学习者，而教师要提供能帮助和促进学生学习的信息资源和学习环境。

从教育技术定义可以分析出以下内容。

(1) 教育技术支持和优化教学，最终促进学习者的学习。

(2) 教育技术围绕教学过程和教学资源展开理论研究和实践。

(3) 教育技术的基本要素包括方法、工具、技能。

教育技术中的技术，其既不单指媒体设备也不局限于方法、工艺或资源。教育技术概念中的“设计、开发、利用、管理和评价”是对技术的一种概括，如图1—10所示，随着教育技术实践的深入不断更新与完善。

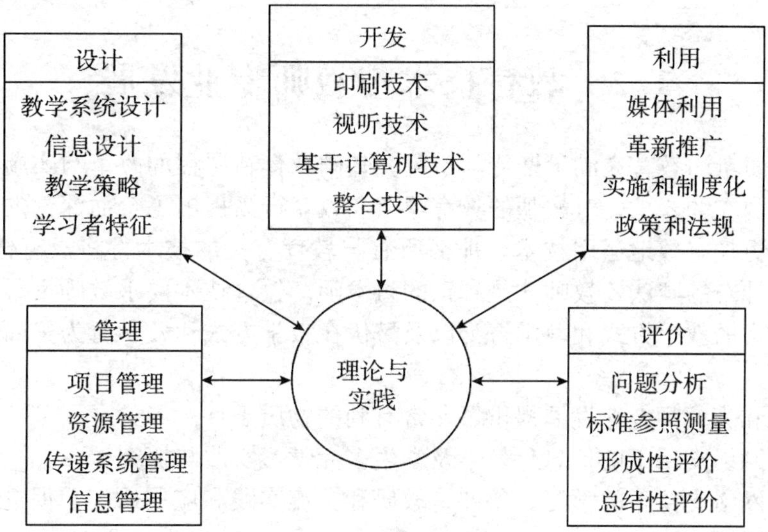

图1—10 教育技术的内容

教育技术总的目的是促进学生的学习，但因为教育对象、教学内容和采用技术手段的不同，教育技术形成了三个相对独立的实践领域：学校教育（课堂教学与自主学习领域）、远程教育和企业（在职人员）培训，如图1—11所示。

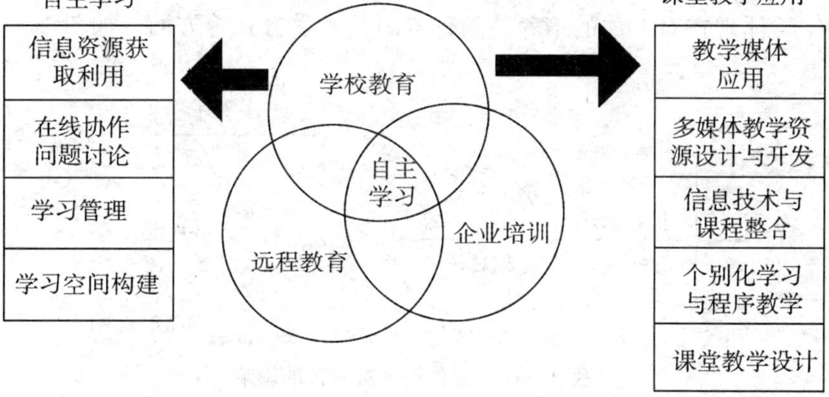

图1—11 教育技术的实践领域

在课堂教学应用领域，教育技术主要是辅助教师教和学生学的一种手段，为教学过程提供资源支持和认识工具等。

在这里特别强调的是不管在哪个实践领域，伴随信息社会的知识爆炸，都对学习者提出了自主学习和终身学习的要求，因此作为一名教师不仅是一名传统课堂教学施教者，也是信息技术环境下的终身学习者，更是一名引导学生养成自主（自我导向）学习的推动者。教师不仅要关注课堂教育技术应用，也要关注网络环境下自主学习的教育技术应用，能够利用信息技术支撑环境自我学习并开展相应的网络学习指导。

1.2　教育技术与教师专业发展

人们对高质量的教育充满了期待与希望。基础教育新课程的改革与实施，对教师的专业发展提出了内在的要求，对教师的教育观点和教育行为提出了全面深刻的挑战。如果教师不了解如何更加有效地运用技术，那么所有与教育有关的技术都将没有任何实际意义。计算机并不是神奇的魔法，教师才是真正的魔术师。教育技术要求教师反思、完善甚至转变许多习以为常的教学方式和教学行为以及潜伏在教学方式和教学行为里面的教学思想和观念。

教育技术和为教师专业发展提供了非常有利的物质条件。

（1）开展网络支持下的信息化教学及学生多元学习实践与探究。

（2）开展网络支持下的学习、备课、教研和交流实践和应用研究，促进专业发展和终身学习理念的形成。

（3）充分利用信息技术手段及网络平台，构建学生、家长、社会的交流空间。

1.2.1　教育技术对教育教学改革的影响

信息技术对教育发展具有革命性影响，必须高度重视。要充分发挥现代信息技术的独特优势，增强学生的自主学习能力，不断创新教学方式与教育模式。当前信息技术的发展对教育影响主要体现在对人才的培养、教育资源及教学方式等方面，如图1—12所示。

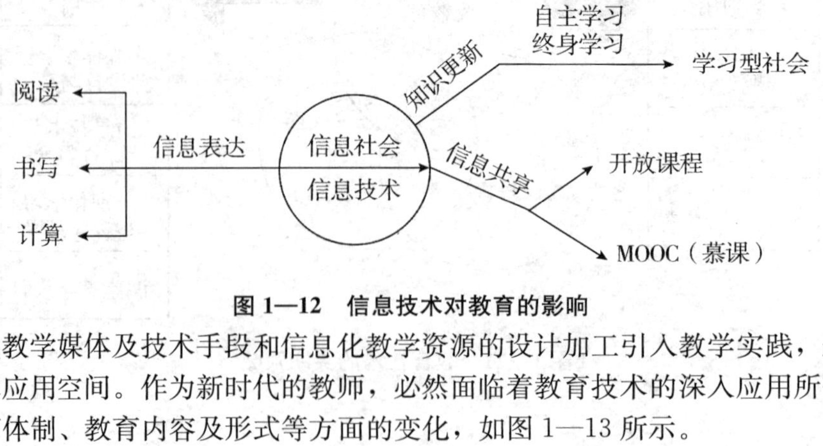

图1—12　信息技术对教育的影响

将现代教学媒体及技术手段和信息化教学资源的设计加工引入教学实践，进一步拓展了教育技术应用空间。作为新时代的教师，必然面临着教育技术的深入应用所带来的教育观念、教育体制、教育内容及形式等方面的变化，如图1—13所示。

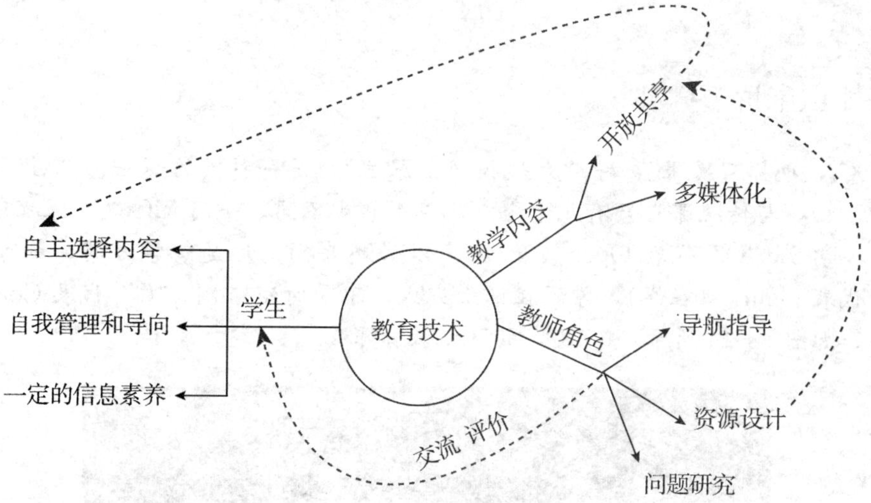

图 1—13　教育技术对教育的影响

1. 优秀教育资源开放与共享

媒体技术在教学中的应用改变了传统的教育形式，使远程教学（网络教学、线上学习）成为可能。随着麻省理工开放课程（OCW）以及中国精品教育资源课程（CORE）的推广，开放课程资源越来越广泛，特别是近年来 MOOC（慕课）的兴起，更让越来越多的人参与网络学习。

2. 对教师教学地位冲击与课堂教学结构的影响

伴随着教育资源的开放与共享，教师不仅要能够在课堂教学环境熟悉媒体技术应用、教学内容加工和呈现，也必须具备在网络环境下开设课程、提供学习指导的能力。

（1）在资源开放背景下，学生能够自主选择课程、内容和教师，可以利用各种信息技术和途径进行自主学习。教师在教学过程中不再纯粹地是知识的传授者，更多的是学习的组织者、管理者和评价者。

（2）教师必须做课程的开发者和资源的设计组织者。课程是教师专业发展的基础，也是教师安身立命的基础，开放课程背景下教师的教学水平、课程内容更新发展都将公开展示，并接受评价。如果做得不好，就有可能被淘汰，所以每一名教师都应重视自身的专业成长，能够成为课程的开发者，或成为课程资源本身的一部分，为学习者提供切实的学习指导与帮助。

3. 对学生及学生学习行为的影响

教育技术的发展改变了学生对教师的依附。学生借助信息技术主动参与学习，对学生的独立自主学习能力也提出了相应要求：学习者需要一定的自我管理能力。

4. 对教学评价的影响

教学评价是获得反馈信息，检查目标是否达成，调整教学过程、策略，对学生导向与激励的重要环节。教育技术的应用为学习过程评价以及学习分析提供了强有力的支持，使教师与学生能够及时获取反馈信息、有利于教与学的行为调整。

知识卡片

MOOC，也称“慕课”，即“大规模网上课程”，是一种网络课程。“M”代表 Massive（大规模），与传统课堂只有几十个或几百个学生不同，一门 MOOCS 课程可以在网络上供更多人学习；“O”代表 Open（开放），以兴趣导向，凡是想学习的，都可以参与学习；“O”代表 Online（在线），学习在网上完成，不受时空限制；“C”代表 Course，即课程的意思。如图 1—14 所示，MOOC 的网上教育课程。

图 1—14　MOOC 的一些网上教育课程

慕课是在传统的网络课程与开放课程基础上发展起来的，其与一般的网络课程相比其更注重以下功能的实现：

(1) 充分利用视频手段展现教学过程，并提供相应过程控制，如在学习某单元后，必须通过测试才通用学习后续单元，能够对学习者学习过程中遇到问题做出反馈和应答。

(2) 为学习者供互动的论坛或社区，在师生之间搭建一个交流的平台。

(3) 一部分“慕课”选择名师、名校开设课程，另一部分平台允许教师可以自主通过平台开设课程，构建自己的在线课程资源和教学团队。

1.2.2　中小学教师教育技术能力标准

2004 年 12 月 25 日，国家教育部正式颁布了《中小学教师教育技术能力标准（试行）》（后简称《标准》），这是我国中小学教师第一个专业能力标准，它明确指出了作为一个专业化的教师应当具备的教育技术能力，因此成为当前中小学教师教育技术能力培养和考核的重要依据，也可作为其他类型学校教师教育技术能力的参考标准。

标准对教学人员、管理人员和技术人员的教育技术能力从“意识与态度”、“知识与技能”、“应用与创新”和“社会责任”四个模块做了规定，根据公共课程学习对象，如图 1—15 所示。在此主要介绍教学人员“教育技术能力标准”。

1. 具备应用教育技术的意识与态度

“意识与态度”主要指认识到教育技术对教育教学改革促进的作用和对教学中人才培养影响，认识到教育在教师专业发展和能力素质构成中的作用，有意识地利用教育技术解

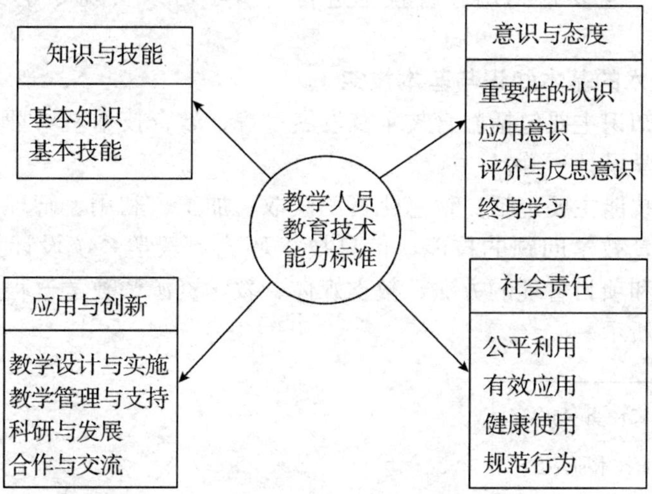

图 1—15　教学人员教育技术能力标准

决教学问题及学习问题，如图 1—16 所示。

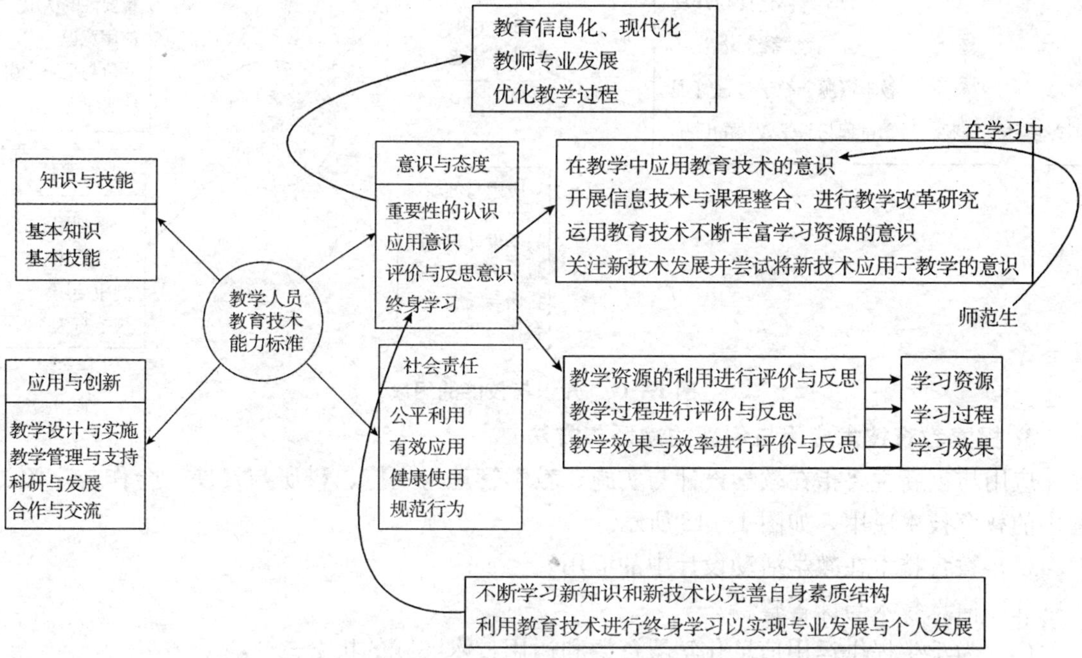

图 1—16　意识与态度

重要性的认识指能够认识到教育技术的有效应用对于推进教育信息化、促进教育改革和实施国家课程标准的重要作用，认识到教育技术能力是教师专业素质的必要组成部分，能够认识到教育技术的有效应用对于优化教学过程、培养创新型人才的重要作用。

应用意识指在教学中应用教育技术的意识，关注新技术发展的意识，在教学中开展信息技术与课程整合、进行教学改革研究的意识和运用教育技术不断丰富学习资源的意识。

评价与反思意识指对教学资源的利用、教学过程、教学效果与效率进行评价与反思的意识。

终身学习意识是主要指利用教育技术进行终身学习以实现专业发展与个人发展的意识。

2. 掌握教育技术的基本知识与基本技能

教育技术基本知识主要包括教育技术及发展过程、教育技术基本理论（媒体应用、多媒体信息加工、教学设计）等。

教育技术基本技能主要包括：信息化资源获取、加工、利用、管理和评价技能，媒体选择与应用解决教育教学问题的技能，信息技术环境下教学系统设计技能，教学资源管理、教学过程管理和项目管理的方法，教学媒体、教学资源、教学过程与教学效果的评价方法。如图 1—17 所示。

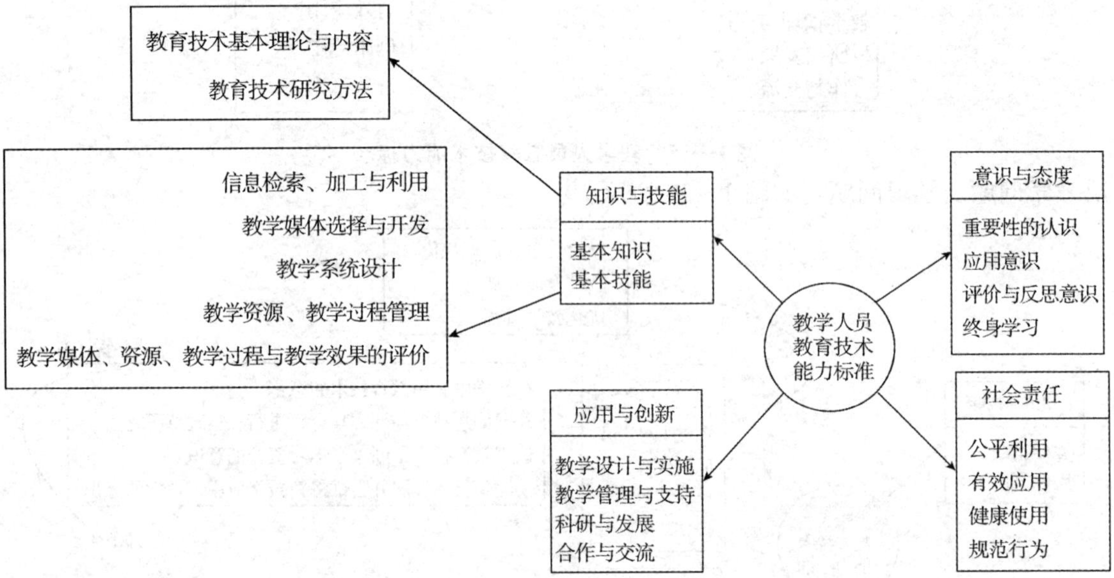

图 1—17　知识与技能的组成

3. 探索教育技术应用与创新的途径与方法

应用与创新主要指在教学设计与实施、教学管理与支持、科研与发展、合作与交流过程中的教育技术应用，如图 1—18 所示。

（1）教育技术在教学活动设计中的应用。

（2）信息技术与课程整合。

（3）为学生提供运用信息化学习资源和运用技术实践的机会。

（4）教育技术在学生学习过程中的支持作用和学习过程评价。

（5）为学习者收集、甄别、整合、应用与学科相关的教学资源以优化教学环境。

（6）在教学中对教学资源、教学活动和教学过程进行有效管理。

（7）利用信息技术学习业务知识，发展自身的业务能力。

（8）利用技术与学生就学习进行交流，也包括与家长和同事、学科专家、教育技术专家、教育教学管理人员之间的交流。

4. 明确在应用教育技术过程中的社会责任

社会责任指能够为学生创设平等有效利用资源条件，使学生可以有效健康地利用学习

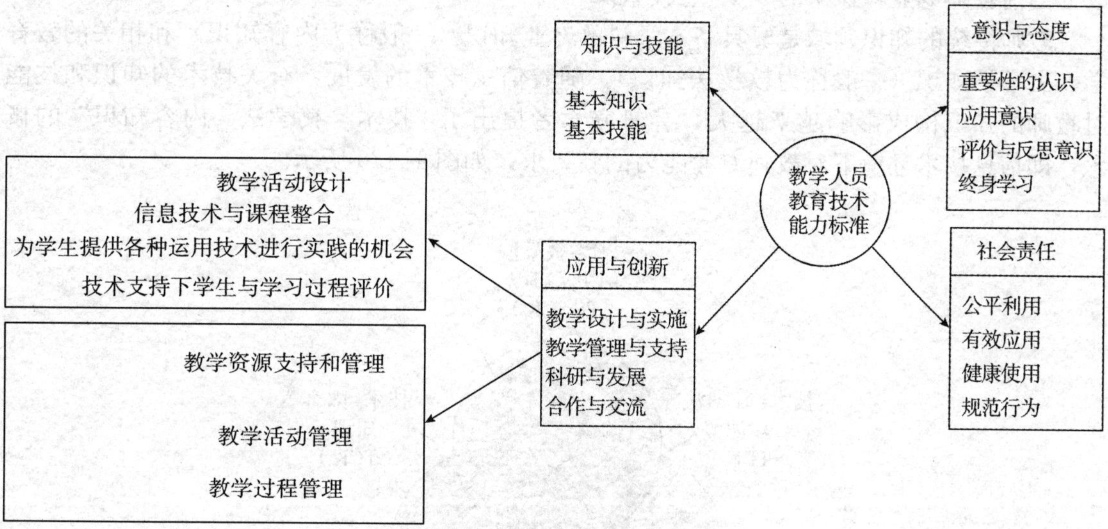

图 1—18　应用与创新的作用

资源，营造良好的学习环境。向学生示范并传授与技术利用有关的法律法规知识和伦理道德观念。如图 1—19 所示。

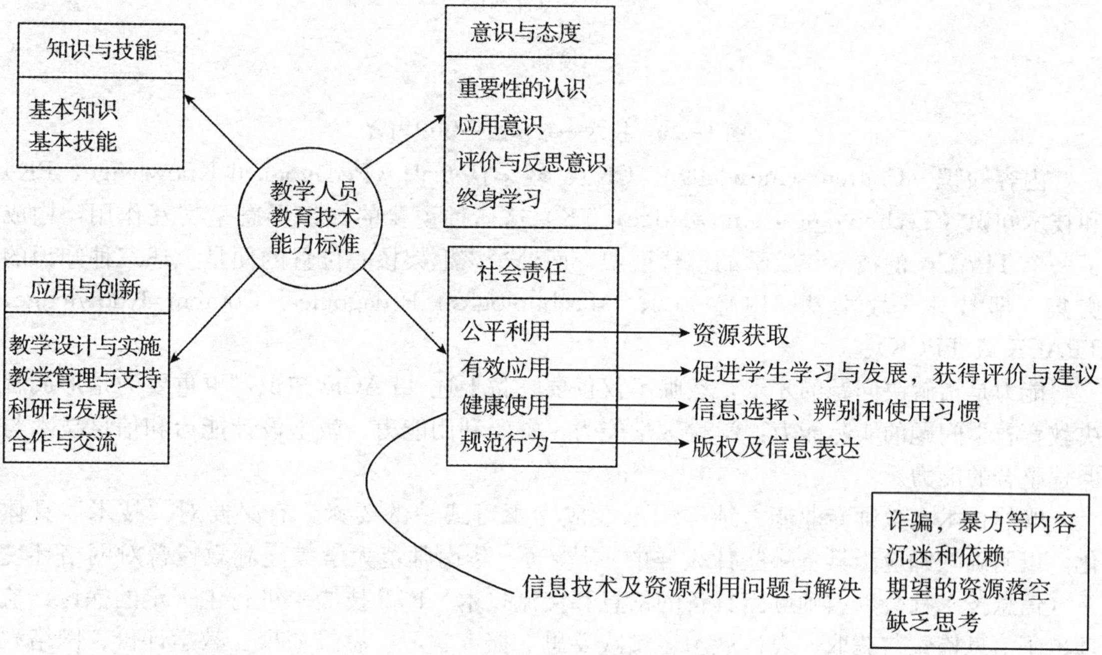

图 1—19　社会责任

1.2.3　技术支持教师的专业发展与教师 ICT 技能

教师专业化发展是国际教师教育改革趋势，教师的专业能力也是影响教育信息化的关键性因素。随着大量的新技术引入教育领域，教师对技术的应用能力已成为构成教师专业能力的成重要因素。要充分发挥技术对教育教学的作用，教师必须首先要掌握技术，技术成为当前教师专业知识中的一项重要内容。

教师传统的知识领域是要具备本学科的专业知识（一般称为内容知识）和相关的教育学、心理学知识（一般称为教学法知识）。随着信息技术的发展，有关技术的知识和技能对教师的知识构成影响越来越大，有研究学者提出了"技术—教学法—内容知识"的概念，即信息技术环境下对教师专业能力的新要求，如图 1—20 所示。

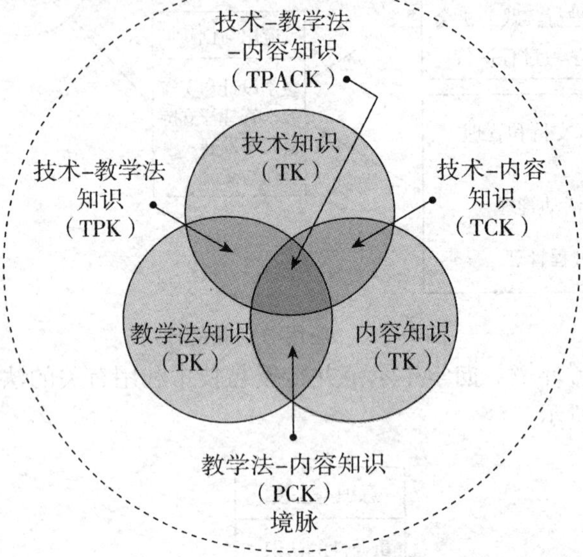

图 1—20　技术—教学法—知识内容

内容知识（Content Knowledge，CK）、教学法知识（Pedagogical Knowledge，PK）和技术知识（Technological Knowledge，TK）这三种主要的知识形态呈交互作用，构成了一个 TPACK 的技术与教学的整合框架，而处于该框架核心位置的便是上述三种知识的交集，即技术—教学法—内容知识（Technological Pedagogical Content Knowledge，TPACK 或 TPCK）。

能力是指解决问题的才干，教师不仅仅要具备上述 TPACK 知识，更重要的是形成解决教育教学问题的实际能力：学科教学能力、资源利用能力、教学设计能力和信息技术与课程整合的能力。

既然技术在教师专业能力结构中已经成为不可或缺的要素，有必要对"技术"具体化，以明确教师应当具备哪些什么样的"技术"。华南师范大学焦建利教授曾对网络环境下（信息技术社会）教师应当具备的信息和交流技术（ICT 技能）进行了一定的探讨，梳理出了信息检索与获取、表达展示、实践反思、探究学习、思维汇聚、教学评价、网络教学和资源管理八项技能。如图 1—21 所示，为了让教师进一步明确具体某项技能与之对应的信息技术应用（服务），需要结合近几年信息技术及应用服务发展变化和国内信息化教学环境实际情况，对这八项 ICT 技能（信息和交流技术）对应的信息技术进行配对。

教师 ICT 技能除具备一般的信息素养外，更注重借助信息技术工具与服务开展教学活动，进行教学模式、教学评价方式、与学习者交流沟通、教学资源提供方式等方面的变革尝试，如图 1—22 所示。

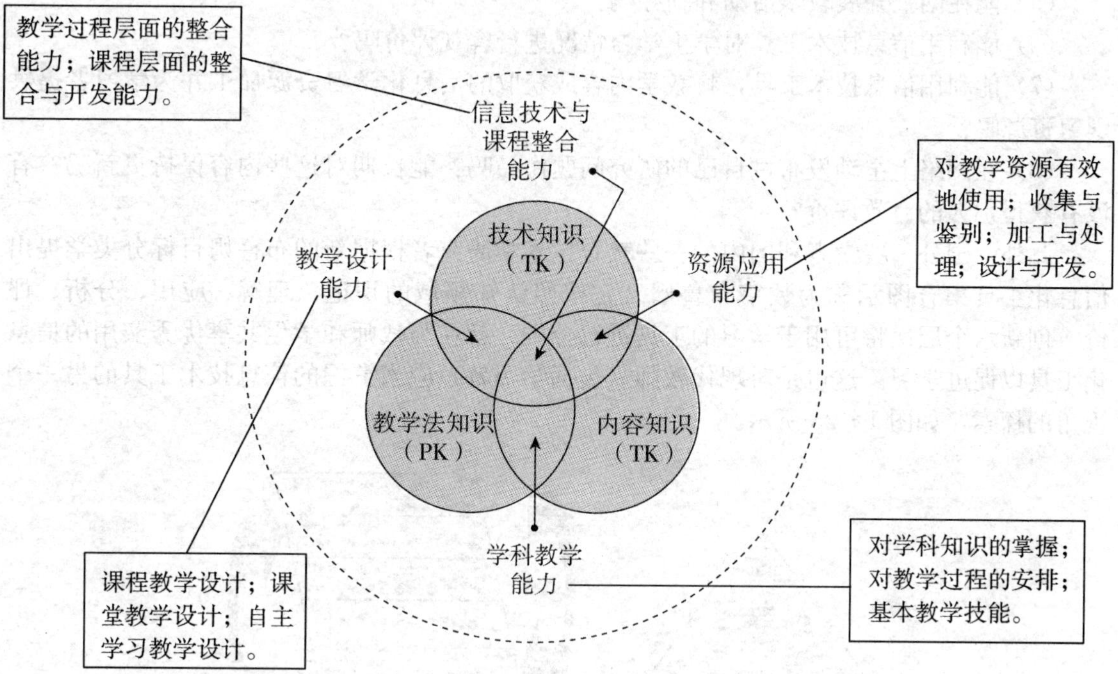

图 1—21　ICT 技能与 TPACK 的关系

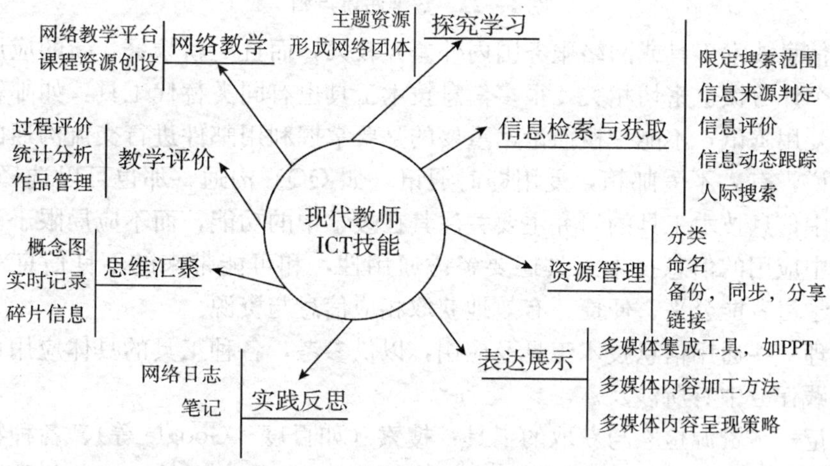

图 1—22　ICT 技能与信息技术的关系

对应以上的信息技术与交流能力，可以作一个自我测验，以发现自身需要进一步提高和完善地方。

（1）遇到学习问题，能快速从网上寻找到相关资源或取得他人帮助吗？

（2）如何找到以前保存的文件吗？使用什么样的方法可以让文件更容易查找？

（3）习惯记录或者写日志吗？使用什么样的方法把自己一天（或某一段时间）思考的问题整理？

（4）熟悉网络交流工具吗？能利用这些工具创建学习团体（群组）？认识一些可以进行专业上讨论的朋友吗？在哪些网站（服务）可以讨论自己专业问题？

（5）能在网上开展教学活动和辅导吗？

（6）能利用信息技术工具对学生学习情况进行客观评价吗？

（7）能利用信息技术工具，将教学内容或获取的信息化学习资源加工并为学习者提供学习资源吗？

（8）在网络上主动发布过自己的研究问题作品吗？能长期对这些内容保持更新吗？有没有获得别人的有效评价？

此外，国外一些学者和国内的一些教育技术学研究者根据新的布鲁姆目标分类学提出信息化工具集合图示称为数字布鲁姆。它按照认知领域的识记、理解、应用、分析、评价、创新六个层次将可用于学习的工具进行分类，旨在与教师和学生共享优秀实用的信息化工具以促进学习。这也是对现代教师（包括学习者）应当掌握的信息技术工具的另一个视角的探索，如图1—23所示。

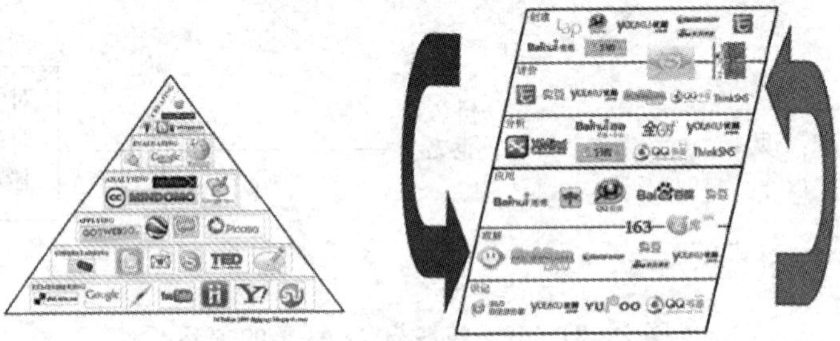

图1—23　数字布鲁卢姆

具体的信息技术工具或网络服务国内外差异较大，而且更新频繁，新的应用与服务不断涌现。与个体习惯也密切相关，很多信息技术工具也有同类替代工具：如邮箱有人爱用网易、有人爱用腾讯，不能一概而论，重要的是要掌握利用邮件进行交流沟通的技能。换一个层面来说，有人不爱邮箱，爱用即时通讯（如QQ）沟通，那也可以选择此种工具，所以对教学中信息技术工具的研究主要关注其在教学中的功能，而不应局限于具体工具本身。在教学中应用的信息技术工具还要考虑通用性，和可能带来的不良信息对学习的干扰，以方便学习者能公平、便捷、有效地获取相应信息与资源。

下面整理一些通用信息技术工具及应用，以供参考，各种工具的具体应用可能会在后续课程及实践任务中有所涉及。

（1）识记——资源检索与获取的工具：搜索（如百度、Google等）、各种特定资源社区（视频优酷、素材三联网等）、各种公开课资源（网易公开课等）以及各种类型数据库（知网CNKI等）。

（2）理解——能够进一步查询和在原资源基础上简单加工的工具：笔记（麦库、有道等）、图像处理、音视频处理工具等。

（3）应用——将资源进一步加工整理形成完整作品的工具和应用：PPT、网络日志等。

（4）分析——帮助进一步理解特定内容的工具和应用：Xmind（概念图等）、网络调查（问卷性的等）、Excel等。

（5）评价——能够自主发布内容（观点看法）的工具和应用：社区（论坛等）、微博、各种即时通讯工具和讨论群等。

(6) 创新——自主完成相对完整的信息化教学资源工具：网络教学平台（Moodle等）、创建数字故事、创建视频短片、编写电子书等。

1.3 教育技术课程学习建议与方法

面向师范生（教师）开设的现代教育技术是一门实践性很强的课程，其主要目标是适应未来教师工作与发展的需要，培养教师利用技术解决教育教学中的问题能力。因此要学好这门课程，需要注意两点：一是要明确以教师视角解决什么样的教育教学问题，只有明确了要解决的问题，才知道自己需要学习什么样的“教育技术”和“用教育技术解决问题的方法”。二是在实践中学习，教育技术不仅是解决教的问题，更是解决学的问题。在学习过程中要有意识利用教育技术解决自己学习中的问题，包括学习资源获取管理、学习交流和讨论等，在学习中体验教育技术应用。

1.3.1 明确解决的问题：经常问这些技术（应用）可以解决什么问题

教育技术对于教育教学问题解决主要是分析、解决教育和教学问题的思想、手段、方法和方法论。目前已经形成三种比较稳定的解决教学问题应用模式：利用各种各样的学习资源、强调个别化学习和运用系统方法。相对的，教师在教学过程中可能会遇到的问题有以下几点：

(1) 不能为学习者提供有效的学习资源和学习情境，或者提供的学习资源单一，效果不好，需要对学习资源进行加工、处理。

(2) 没有精力对每一位学生学习情况做出及时响应，不能照顾到每位同学不同的学习接受能力，无法充分做到因材施教。

(3) 教学活动或教学过程设计不合理，没有对学习内容做详尽分析，不了解学生学习情况等。

虽然师范生没有经历过实际的教学工作，对实际教学中的问题认识存在不足，但可以结合自身学习过程反思学习过程。学习过程中学的问题很大程度上和教的问题密切相关，也可以说学习中存在的很大部分问题就是教学中要解决的问题。在自己学习过程中遇到一些无法解决的问题，你会如何寻找帮助，一些难以理解的内容自己最后是如何理解的，有什么办法可以帮助别人理解，自己学习资源管理的方法有什么优势等，对这些问题的反思有助于将来从事的教学工作。

明确解决的问题还能提高学习针对性，在学习过程中应当经常问自己：学习这些技术，可以解决什么样的教学问题，可以在教学过程中什么情境中使用。教学问题意识和用技术解决教学问题是学好教育技术问题的关键，一些信息技术素养很高（或计算机水平很高）的人并不一定能利用技术为学习者提供学习帮助及指导、解决教学中的一些问题，根本原因就是缺乏对教学问题解决的思考。

1.3.2 注重实践：自己动手设计、制作“原创”作品

教育技术的实践包括两个层面：一是在学习过程中多“动手”，二是多尝试使用“教

育技术”，特别是动手设计、制作一些“产品”或“作品”。它是学习教育技术的成果的体现，也是衡量一个人教育技术实践能力的重要因素。

“产品”是教育技术解决教学问题的重要中介，“产品”凝结着你对教学问题的思考和解决问题的方法。设计和制作“产品”过程是学习教育技术过程的直接体现，“产品”是你的学习结果。产品可以是一个课件，也可以是你加工整理的资源、素材；可以是一个教学设计方案，也可以是为达到某个学习目标而设计的活动；可以是一个学习的工具和应用软件，也可以是利用一些工具创建的学习群组和资源。

在学习过程中和制作过程中要坚持“原创”，要结合自己学习（教学）过程中遇到的真实问题设计和制作“产品”。直接的复制与粘贴并不能提高教育技术能力水平，反而会阻碍自己一些问题的深入思考，即使在参考和借鉴别人的观点或作品也要考虑自己的看法。更重要的是，设计和制作这些作品的过程是自己学习“技术”的过程，是自己思考如何用问题解决“教学问题”的过程，没有这些过程就很难提高这些“作品”的有效性，很难用技术去真正地解决教学问题。大家见过的很多课件、很多“精品课程”对自己学习没有什么帮助，或在实际的教学过程中这些“作品”很少有人去用，无法去用，根本原因就是这些作品的设计与制作缺乏对教学问题的原创思考。

作品可以从小做起，不要贪全求大，实际做一个作品可以从一个具体的知识点做：如帮助学生掌握正确的书写方法，帮助学生理解一个概念或一个规则等。

学习教育技术就是一个“做”和“用”的过程，在做的过程中思考，在用的过程修改。学习这门课程，一定要为自己留下一些印迹，一些终生可以去用的作品。

1.3.3 学以致用：在学习过程中有意识地利用教育技术

在学习过程中有意识地利用教育技术，不仅能加深学习者对教育技术应用的理解，也有利于体验教育技术的作用，养成“技术解决问题”思维习惯。

在学习过程中利用信息技术并非会自动提高学习效率，促进学习。不适当地使用反而会对学习有负面影响：如娱乐信息的干扰、沉迷于社交网络（如 QQ 聊天、刷微博等）。因此，学习者应当合理应用，尝试在学习过程中利用这些工具。反过来说一些人之所以会沉迷游戏、聊天或娱乐，可能是因为他并没有意识到在学习中也可以使用这些技术，还没有体验到用这些工具学习的成功与乐趣。

1.3.4 持之以恒：在积累中丰富专业学习和教学资源

学习和应用教育技术是一个渐进过程，并非掌握一些技术或引入一些“资源”就能解决教学问题，就可以提高学习效果。和传统的学习方式和方法一样，技术并不能替代人的理解，它只是为人的学习提供了另一种选择和途径，它改变的是你获取资源的途径、加工内容的方法、表达的方式等。而人的行为习惯的变化靠长期的养成，不是学习了一种新技术就会改变，必须在长期应用这种技术的过程中，行为和观念才有可能改变。

所以在学习过程中，使用信息技术并不难，难的是有意识地坚持应用这些技术。如同大家都会写日志，但很少有人坚持去写日志，能坚持不断编辑、修改日志的人更少。再比如，大家都会使用搜索引擎寻找资源，但很少有人能有意识将搜索的结果进行适当地整理和评价，每一次都去重复搜索。

在有意识地收集自己学习课程（专业）资源或者自己将来从事学科教学的资源是提高自己教育技术能力的一种很好的途径。在搜集、整理和加工资源的过程中不仅提高了自己的技术应用能力，可以进一步认识到学习中的问题。

实践任务：创建电子学档与学习空间

电子学档是一种能够记录学习过程，收集、展示、评价学习成果和作品的工具，学习者通过电子学档能够直接了解自己学习状况，促进学习者学习反思，教师也可以依据学习者的学习档案对学习过程进行全面指导与评价。

创建电子学档有多种方法和形式，可以通过文件夹方式，也可以通过一些网络学习平台专用电子学档工具（如 Moodle、Mahara 等）。对于学习者或普通教师，采用日志（博客）作为学习档案形式是最便捷的方法。

在选择电子学档形式的主要考虑以下问题：

(1) 是否方便学习者访问和使用，充分考虑学习者使用习惯，减少学习干扰信息。

(2) 统一的平台，方便学习者之间相互评论。

新浪博客、网易轻博客、百度空间、QQ 空间都可以作为电子学档的平台，因为 QQ 空间多涉及学习者的生活信息，一般在教学中不采用。本实践任务以教育技术论坛（www. etthink. com）的个人空间作为学习者电子学档平台为例，说明电子学档构建方法和要注意的问题。

一、实践任务与目标

(1) 了解网络日志和论坛的功能和作用，能够利用日志及帖子（主题）记录和整理学习内容。

(2) 熟悉教育技术课程内容框架和获取课程资源方式，结合自己实际情况制作初步学习教育技术课程计划。

(3) 能够利用网络工具（如日志）将自己的学习作品（成果）进行存储、发布、展示。

(4) 学习网络提问方法和规范，并对同伴的作品和问题作出评价和回应，掌握利用网络工具描述问题和提问问题、评价问题的方法。

二、实践内容与过程

(1) 创建电子学档账号，账号是登录社区和学习课程网站的依据。账号名称建议起得易读、易记，不要带特殊符号，方便输入。

创建账号可以“用 QQ 账号登录”再完善资料，也可以直接注册，如果需要邀请码（为避免网络垃圾信息）请将个人信息（姓名、准备创建的用户名、邮箱）发送至 sf@etthink. com，也可以请课程教师联系 sf@etthink. com，统一在后台添加账号。如图 1—24 所示。

注意：学习论坛（http：//www. ettthink. com）与课程平台（kc. etthink. com）是同

步通用的，使用QQ直接登录的账号一定要设置独立的密码（和QQ密码不同）和用户名称，以方便其他两个平台登录。

（2）完善账号资料，并设置隐私访问权限。完整的个人资料有利于别人对你的了解，QQ登录用户必须设置一个独立密码，建议此密码不要和其他重要账号密码相同，保护密码安全。如图1—25所示。

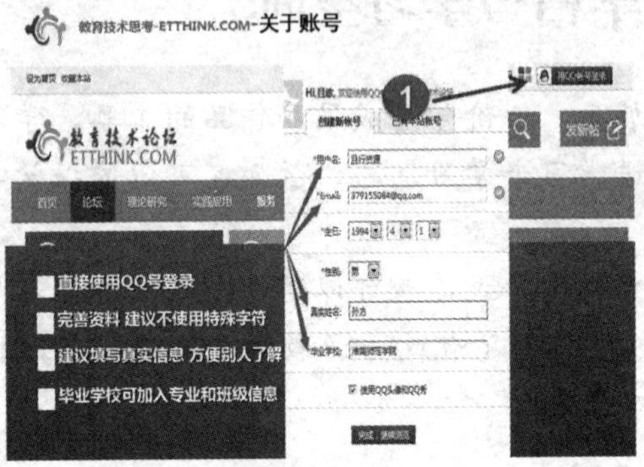

图1—24　创建账号

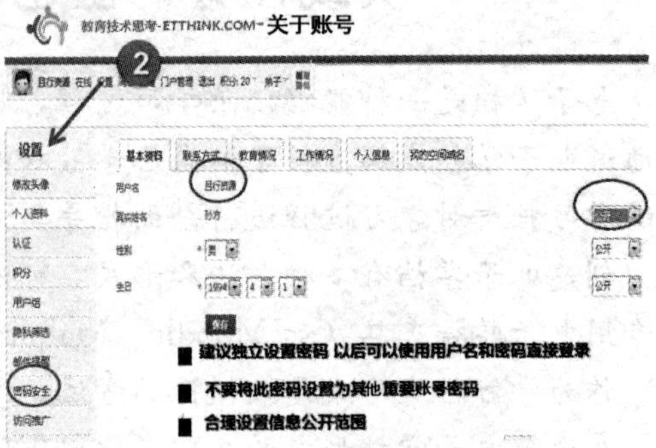

图1—25　完善账号资料

教育技术论坛账号与教育技术课程账号通用，可以直接访问教育技术课程（也可以在教育技术课程注册账号，再登录论坛）。如图1—26所示。

（3）设置空间域名，方便空间访问和宣传。

空间域名相同于一个独立网址，前面可以自己命名，可以是英文字母与数字组合（但第一位必须是字母），如设置为qiexing，以后可以直接以qiexing. etthink. com访问电子学档空间，也方便你向别人介绍和宣传。如图1—27所示。

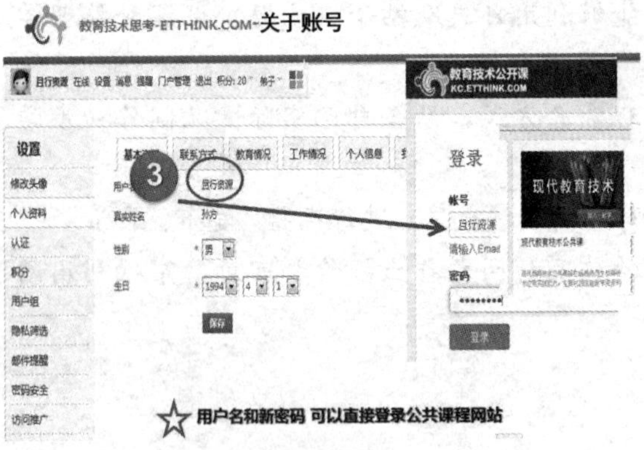

图1—26　通用的账号

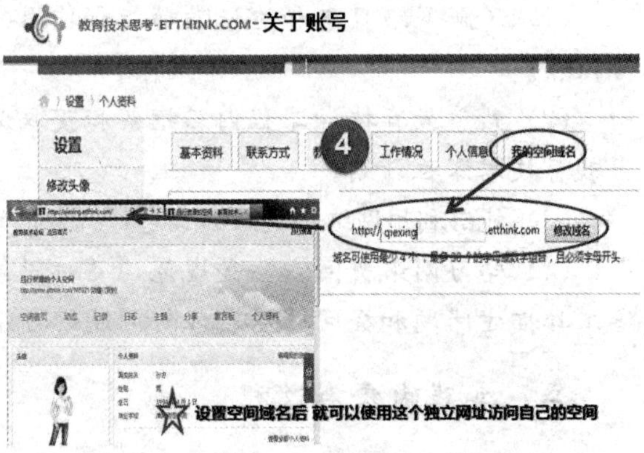

图1—27　设置空间域名

（4）设置个人空间布局以及功能模块——装扮和个性化设置自己的空间，如图1—28所示。

（5）了解教育技术论坛的功能。论坛菜单下的导航栏提供了快捷进入入口，如图1—29及图1—30所示。

①整理、导读、收藏和分享功能用于学习资料内容整理，可以将自己感兴趣的内容进

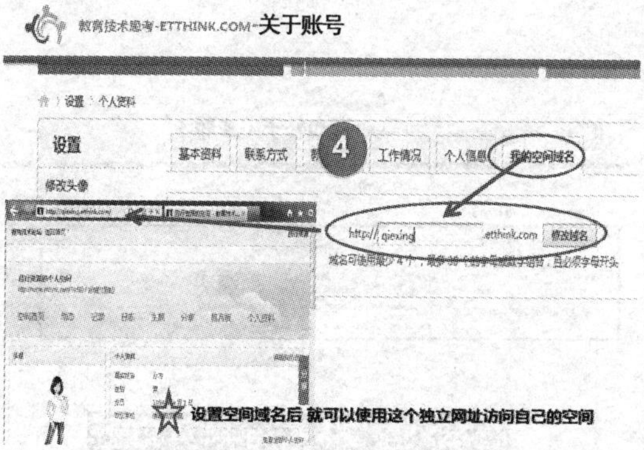

(a)

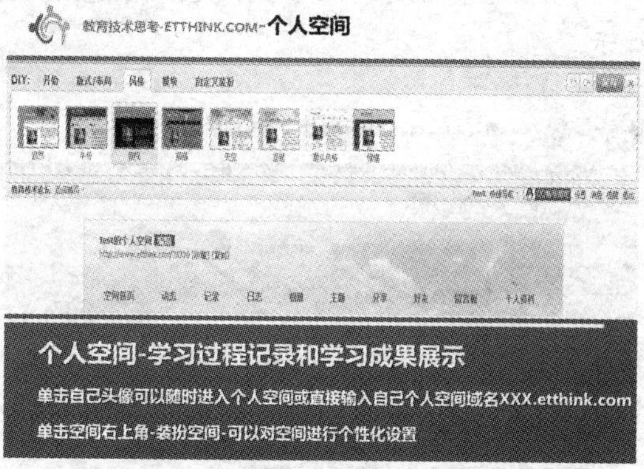

(b)

图 1—28　装扮和个性化设置自己的空间

行分类管理。

②任务、是指论坛使用和课程学习的任务（作业），完成可获得相应的作业积分。

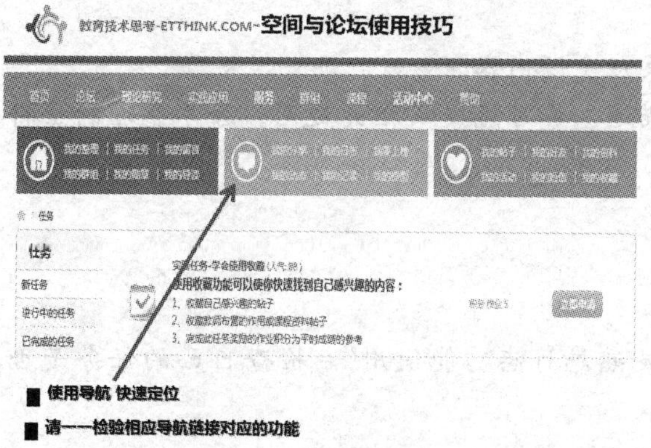

图 1—29　空间的论坛导航栏

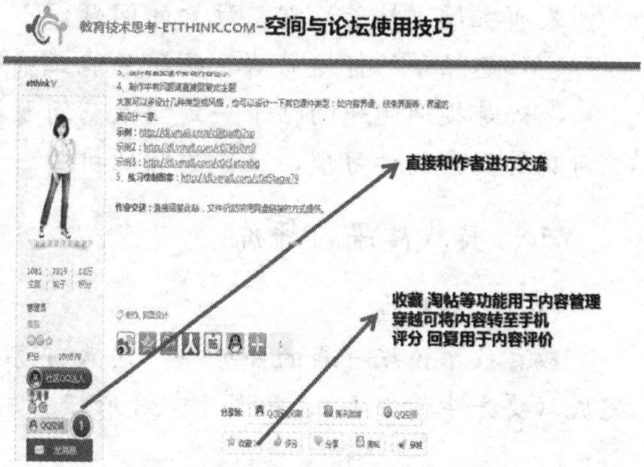

图 1—30　论坛的功能

③帖子、记录以及日志：记录和整理学习内容，日志仅在个人空展示，适合用于个人学习总结，帖子在论坛版块公开展示，合适用于问题讨论和资源分享。

④留言、短信、好友、群组以及动态用于用户之间的交流。

（6）发布日志，创建自己的学习计划，如图 1—31 所示。

①阅读“我对教育技术看法”、“中小学教师教育技术能力标准”、“Did you know—3”、“网络环境下教师八项技能”、“数字布卢姆”等资料，了解不同人员对教育技术的感受和看法，结合这些内容谈谈自己的理解和看法，并寻找学习目标：已经具备哪些能力，在哪些方面还有欠缺？在学习信息技术中经常遇到的困难有哪些？

②结合自己学习经历：有没有对自己有帮助的学习资源（网站、软件、视频公开课等）、想一想这些资源给你带来了什么样的影响？在自己学习过程中经历过哪些教育技术应用案例？

③在自己的专业学习（或教学过程）中经常遇到哪些信息技术应用问题（如数学专业公式输入）？你有办法解决这些问题吗？

④撰写一篇日志，题目自拟，谈谈自己对教育技术看法以及学习本课程的计划（设想）。

(7) 发布主题（帖子）：提问问题或分享资源（可第二次实践任务完成），如图 1—32 所示。

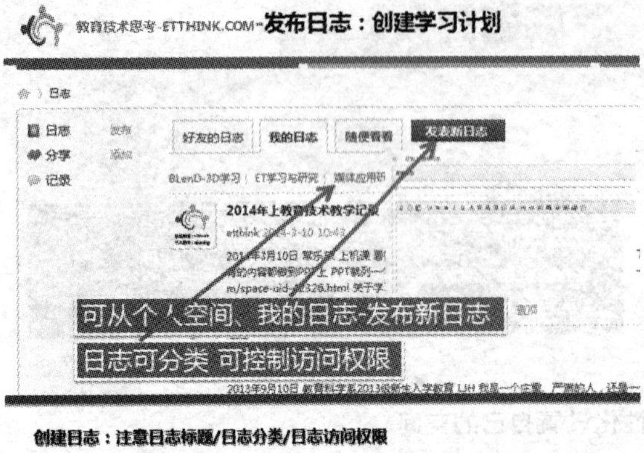

图 1—31　发布日志

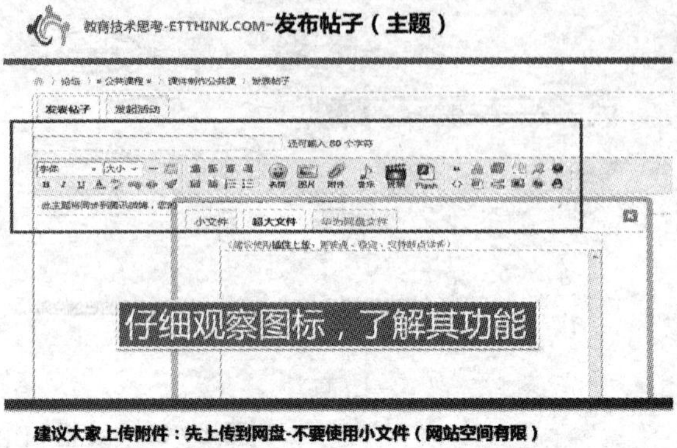

图 1—32　发布帖子

发布主题（帖子）需要注意的问题：

①注意帖子的标题简洁、明了且能正确反应主题内容。

②如是提问问题的帖子一定要注意问题描述，尽可能提供相关截图。分享整理的资料要考虑的用户阅读习惯，注意内容的排版。

三、实践结果与评价

(1) 自我检查。

教育技术论坛→我的任务→“实践任务→熟悉日志功能使用”。检查自己的任务是否完成（要先申请任务），如图 1—33 所示。

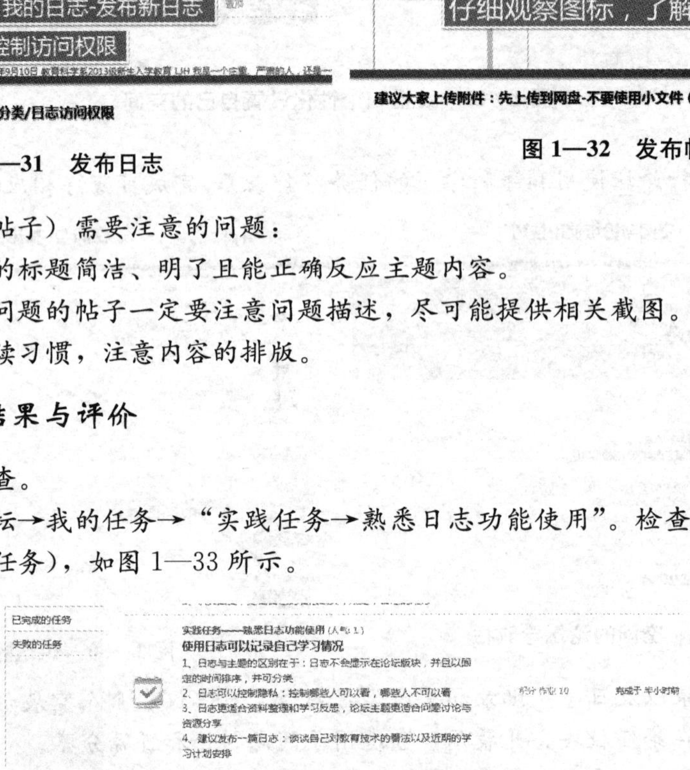

图 1—33　检查任务完成情况

是否涉及自身经历和满足专业学习需求，是否明确自己学习的目标和内容。

(2) 教师评价。

教育技术公共课程教师可要求学生回复，如图 1—34 所示。自己指定的日志，以方便教师评价和班级学生管理，教师可提供优秀作业示范和点评。

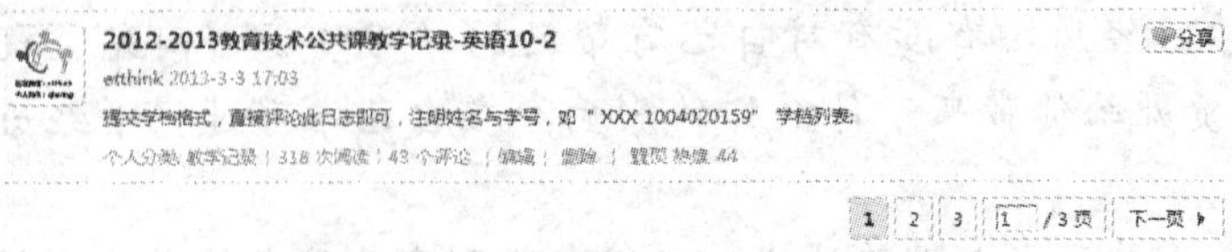

图 1—34　让学生回复日志

认识教学新媒体

本章导学

关于学习理论，大家或多或少可以说出几种，“行为主义”、“认知主义”、“人本主义”等。有一个经典的“鱼牛”故事经常被建构主义学习理论用来解释学习者的学习会受到已有的知识经验影响。

在一个小池塘里住着鱼和青蛙，它们俩是好朋友，都想出去看看。因鱼不能离开水，只好让青蛙独自走了。这天青蛙回来了。青蛙告诉它，外面有许多新奇有趣的东西。“比如说牛吧，”青蛙说，“它的身体很大，头上长着两只弯弯的犄角，吃青草为生，身上有着黑白相间的斑块，长着四只粗壮的腿……”这时鱼在脑海中出现它心目中牛的形象，如图 2—1 所示。

图 2—1 “鱼牛”故事

如果鱼是学习者，青蛙是教师，而牛是学习内容，让我们扮演青蛙的角色，采用什么样的方法可以帮助鱼更好地理解牛的形象呢？

2.1 教学媒体概述

教学过程是一个信息传播过程，一些教学问题与教学信息传播密切相关。“鱼牛故事”中鱼构建牛的形象固然受自身经验影响，但鱼与青蛙之间交流信息不足也是主要原因，除言语描述之外，可以借助其他一些技术手段为鱼提供关于牛的更为具体信息，教学媒体即是在两者之间“技术和手段”。如图 2—2 所示。

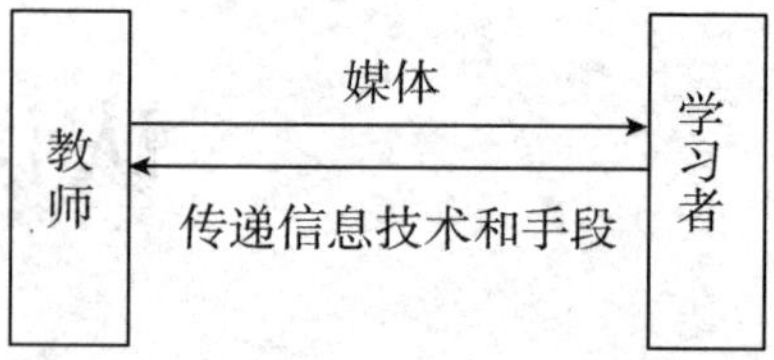

图 2—2 教学媒体对教师和学习者的影响

媒体（Media）意为两者之间，通常人们将教学媒体理解为教师与学生之间承载并传递信息的载体或工具。这种对媒体的理解强调了媒体是信息的载体和中介（存储和传递信息的实体），却忽略了信息在传递过程中的表现与加工（的技术与方法）。国际电信联盟（International Telecommunication Union，ITU）将媒体分为五类：感觉媒体、表示媒体、表现媒体、存储媒体和传输媒体。从人的感觉和信息表示、显示角度研究媒体对教学应用更有意义，摆脱了媒体局限于硬件基础设备的认识。文字、声音、图像、动画等感知规律（行为影响）、加工和呈现上对教学影响和应用成为探讨教学媒体应用的视角。在信息化教学环境下，在教学中应用媒体主要注意以下问题。

（1）教学内容与信息表现形式之间的关系，即教学内容加工形式：一种教学内容是采用文字形式表达还是采用图片形式或动画形式表达，能够让学习者更接受，更符合学习认知规律。

（2）教学媒体的选择：媒体特点与应用方法，教学内容的呈现与控制策略。

（3）教学媒体应用者（学生）对教学媒体使用偏好（媒体操作的易用和便捷、媒体资源准备难易程度、对应用环境的依赖等）、对教学者的教学行为、学习者的学习行为的影响。

尝试任何一种媒体在教学中应用或分析教学媒体对教学的影响，都应当考虑媒体及资源获取及使用条件、教学内容和媒体应用方法。教学媒体的组成。如图 2—3 所示。

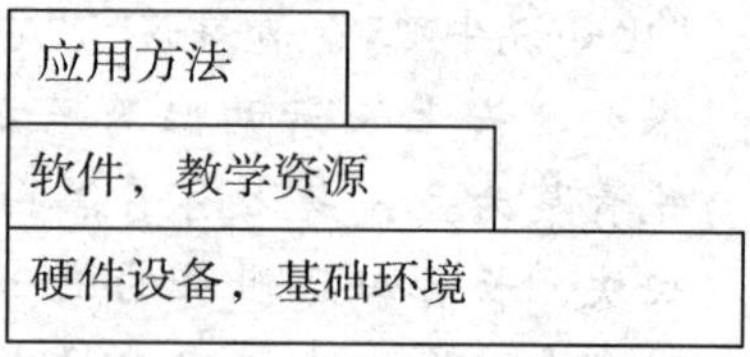

图 2—3 教学媒体的构成

教学媒体的硬件设施是应用媒体的基础和先决条件，教师对教学媒体的选择不是依赖于教学目标和经济花费，而更多在于其所处教学环境的基础条件和对媒体的熟悉和倾向性，黑板板书与在电子白板板书对于教学效果影响而言并无不同。教学媒体对教学效果影响的主要因素在与之配套的教学资源（软件），在于教学资源及在教学过程中应用方法。

2.1.1 教学媒体类型及本质特点

生活中媒体无处不在，人们无时无刻不在利用媒体获取信息，如通过看电视、上网、阅读等。在教学中也是如此，从过去的粉笔黑板到现在多媒体投影教室、校园广播、电子白板等。教学媒体种类繁多，对教学媒体的分类也有多种：有的将教学媒体分为传统媒体和现代媒体；有的以媒体物理功能分为光学投影教学媒体、电声教学媒体、电视教学媒体、计算机教学媒体等。这些以硬件实体功能的分类方法对教师在教学过程中选择媒体缺乏指导意义，根据载体呈现信息的形式（感觉媒体）将教学媒体分为五类：文字教材、声音、视觉图像、动态媒体和操作媒体。如图 2—4 所示。这样的媒体分类方法为教师将精力集中于教学内容的加工提供了条件：教师考虑的是某教学内容适合用何种形式，如何呈现。

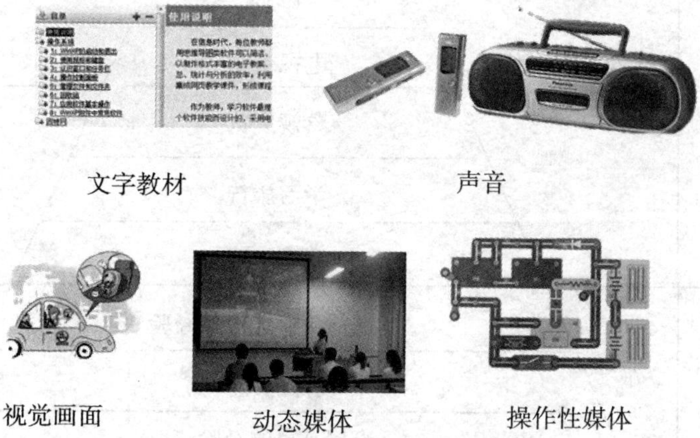

图 2—4　教学媒体的分类

（1）文字教材指的是以义字表达的教学内容，具体见模块四《文字教学信息加工与处理》。

（2）声音媒体主要是通过声音形式呈现教学内容，经常用于语言学习示范。学习者用录音笔记录教学过程，通过声音回放自主学习。具体见模块六《音视频信息加工与处理》。

（3）视觉画面主要是以图像（形）为载体。图像直观形象，视觉吸引力强。具体见模块五图像教学信息加工处理。

（4）动态媒体是以视频或动画方式呈现教学信息，具体处理见模块六音视频信息加工处理，其中动画相关内容见模块九《多媒体课件制作技术》。

（5）操作媒体是指学习者可以直接从操作中获取信息或经验的模型、实物等。

在实际教学中，单一运用一种信息形式提供教学内容并不多见，从是综合多种媒体形式对教学内容进行加工处理，另外教学媒体分类也可以依据学习者获取信息经验的抽象——具体层次进行分类：操作经验（做的经验）、观察的经验和抽象的经验。如图 2—5 所示。

自下而上，媒体表达的信息越来越抽象。从生活实际到设计与改编，再到利用图片、视频和语言来表达信息是一个由具体到抽象的过程。教学的过程即应从直观经验开始，然后采用形象化表征过渡到符号化（抽象经验），简而言之：学习是一个自下而上获取经验的过程，教学则是自上而下的信息设计与加工的过程。要在学生实际经验与教学时间限制之间寻找平衡，教育不能止于具体经验，而要向抽象和普遍发展，形成理念。

在课堂教学中，媒体常见的作用是辅助教师教学，呈现新的教学内容。而在学生自主学习过程中，媒体还可以成为学习的认知和信息加工工具、交流表达和提供反馈的工具，如图 2—6 所示。

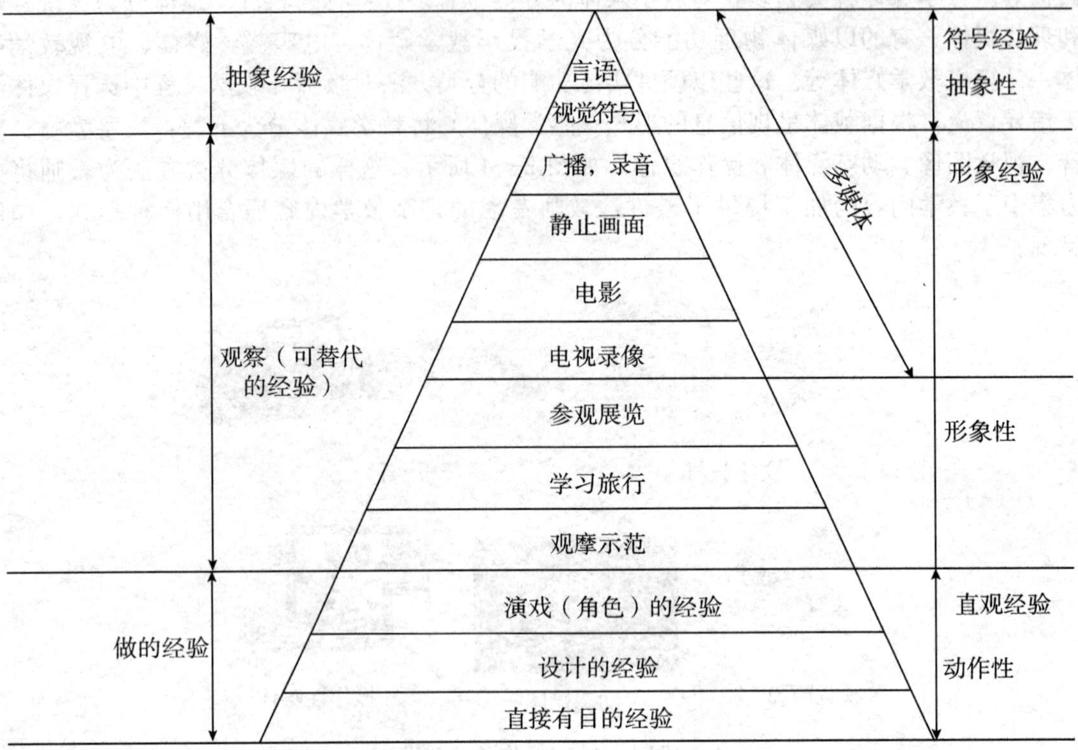

图 2—5　根据抽象—具体层次进行教学媒体分类

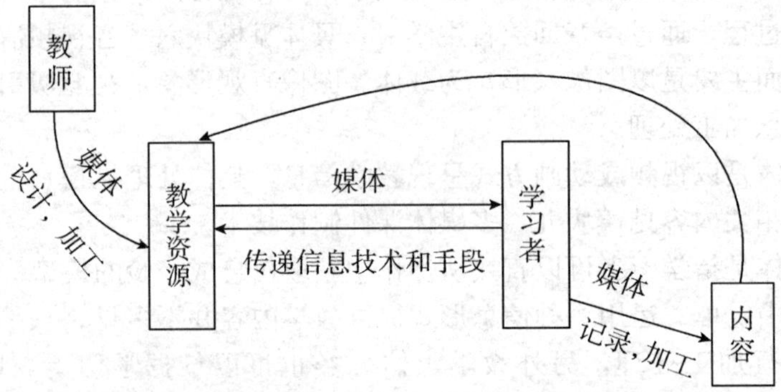

图 2—6　教学资源媒体与学习者之间的关系

通过媒体记录的学习者相关信息（档案袋）也是教学评价一种方法。

2.1.2　教学媒体应用理论基础

教学媒体是教学内容呈现与传递的技术与方法，也是教师进行教学内容加工的技术与方法，同时也是学习者学习的认知和交流工具。教学媒体及资源如何设计、如何应用是教师必须解决的问题。这里把一些对教学媒体应用的主要观点和相关理论总结，以进一步理解媒体选择、设计和应用过程中应当注意的问题。

教学媒体应用理论依据主要有视听教学理论（即经验之塔，见 2.2.1）、教育传播理论、多媒体认知理论和认知负荷理论。

1. 教育传播理论

将教学过程视为一种信息传播过程。教学媒体是否能辅助教学达成教学目标，取决于传播效果，因此，在教学过程中应用教学媒体及媒体内容设计要依据基本的教育传播效果原理。如表 2—1 所示。

表 2—1　　　　教育传播效果原理

共同经验原理	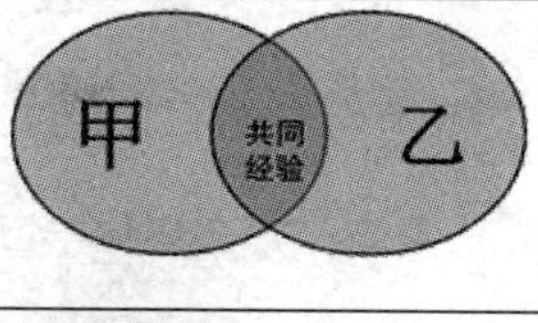	提供间接经验（观察经验） 扩大共同经验基础
抽象层次原理	 苹果　水果 梨	根据不同的对象选择抽象 教学要在不同抽象层次移动 抽象学习是获取知识能力途径
重复作用原理		不同的场合重复 不同的方式重复
信息来源原理	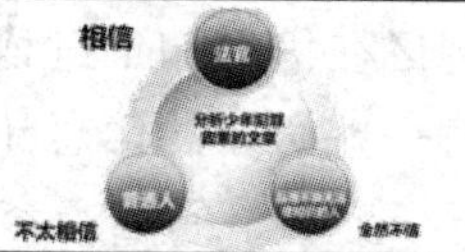	材料内容的来源应该准确真实可靠 注意内容专业表述

（1）共同经验原理指在教学过程中，师生之间通过媒体传递的教学信息要建立在双方的共同经验范围内。在两者之间缺乏相应的共同经验上进行信息传递的，尤其需要媒体的介入，为双方提供共同的“可替代经验”。

（2）抽象层次原理指教学媒体内容除在学生的经验基础上进行选择之外，需要对学生提供不同层次的抽象经验。例如，用文字或语言符号把抽象具体的形象上升为概念、原理，得出抽象的要点需要直观具体事物支持。学生的学习必须从具体到抽象，只有形象没有抽象，学生就无法把获取的信息加工为知识和能力。同一个题目，可以在低的较具体的层次上和儿童讲，也可以在高的比较抽象的层次上和大学生谈，所不同的只是程度深浅。抽象层次越高，越能简明表达更多的普遍意义，但层次越高，理解也越难，在低的具体的层次上呈现信息，懂得的人会多，但没有形成概念。

（3）重复作用原理指将一个概念在不同的场合或用不同的方式重复呈现，可以达到较好的传播效果。

（4）信息来源原理是媒体传播的教学内容来源应真实可靠，选择典型、真实案例，内容编排形式专业可以取得较好的传播效果。

2. 多媒体认识学习理论

多媒体认识学习理论建立在认知主义的信息加工理论基础之上，在对多媒体学习环境及软件的开发基础上，对多媒体学习过程的进一步探究，揭示了多媒体学习的认知机制。如图 2—7 所示。

例如，双通道假设与双重编码理论。双向通道假设是指人们对视觉表征材料和听觉表征材料拥有单独的信息加工通道，即听觉/言语通道和视觉/图像通道，人类拥有两个专门负责信息编码、组织、转换、存储和提取的表征系统：语义系统（言语）和表象系统（非言语系统）。换而言之，知识在人脑中通过语言模型和图像模型两种形式进行存储，可通过同时用视觉和语言的形式呈现信息来增强信息的回忆与识别，在教学中可以通过听觉和视觉双通道呈现教学信息。用言语和表象两种认知系统表征相同的材料时，如果言语信息和图画信息在时间和空间上一致，则在编码的过程中就会形成言语表征和视觉表征的连接，从而增加学习者提取信息的路径。形成有效的学习并提高学习效果。双重编码理论认为文字和图像各有其记忆系统，对同一个对象进行图像和文字加工，同时提供图像信息和文字信息，将促进知识的学习。

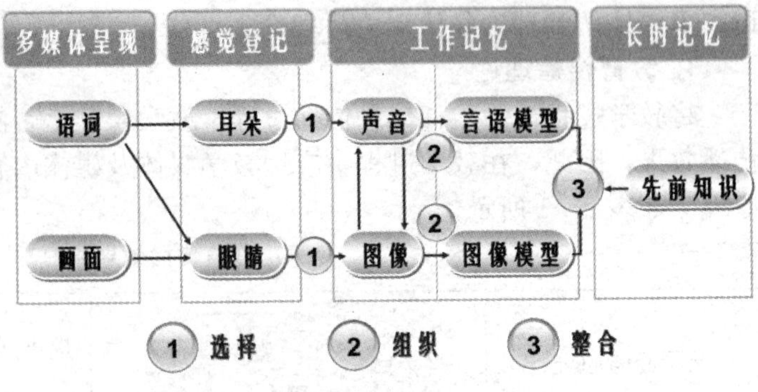

图 2—7　多媒体学习认识机制

3. 认知负荷理论

对认知负荷理论研究表明，人们在接受信息时的容量资源是有限的。学习是一种复杂的认知加工活动，主要发生在工作记忆中。工作记忆在信息加工过程中具有信息保持和处理的双重特点，即学习者在处理信息的同时仍须保持一些必要的信息。工作记忆最重要的特点是它的容量有限，只能即时处理 5～9 个信息组块，使工作记忆的容量更多地集中于将要学习的材料中。保持学习材料在工作记忆中的占用资源是教学媒体使用必须考虑的问题，过高或过低认知负荷对学习都将产生不利影响。

通过对相关信息进行分组（分类），采用框架——结构图或知识地图等结构化呈现教学内容，摒弃与学习内容的干扰信息，学习材料的界面（色彩、字体、导航）简洁一致、复杂问题或多元素内容提供样例或先呈现独立元素等方法都可以有效降低学习材料对学习者带来的认识负荷，保证学习者可以在相同的时间内更有效地获取信息。如图 2—8 所示。

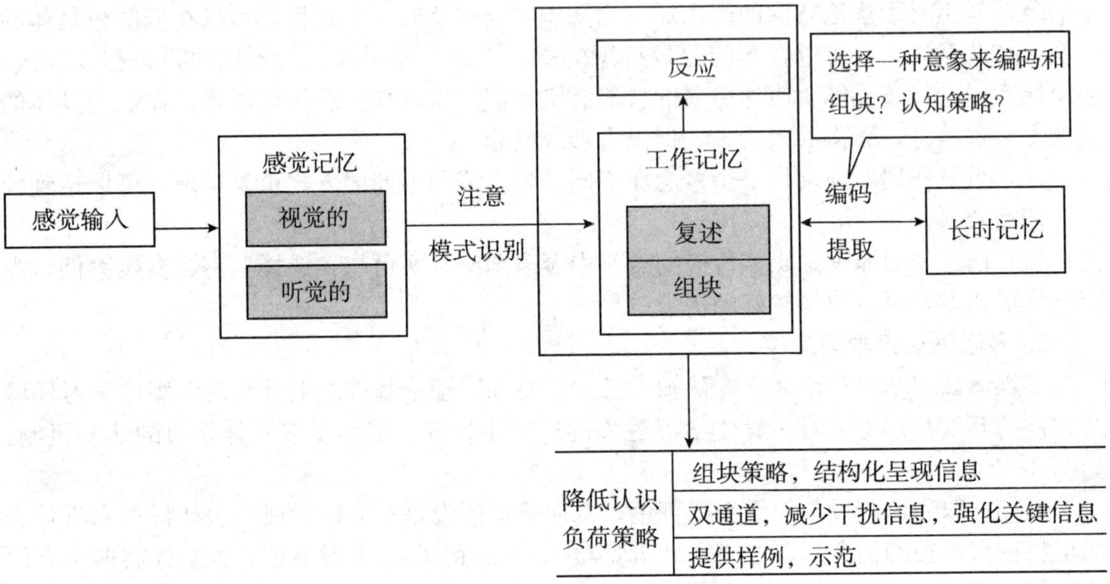

图 2—8　降低认识负荷

4. 几种学习理论

教学就是安排信息和学习环境，促进学习。对学习的解释理论不同也会影响媒体及学习材料的设计与使用，行为主义学习理论、认知主义学习理论、建构主义等理论从不同的角度对学习发生的心理机制做出来解释。如表 2—2 所示。

表 2—2　　几种学习理论

学习理论	对学习的解释	媒体应用启示
行为主义	学习是刺激反应的联结 主要因素：强化	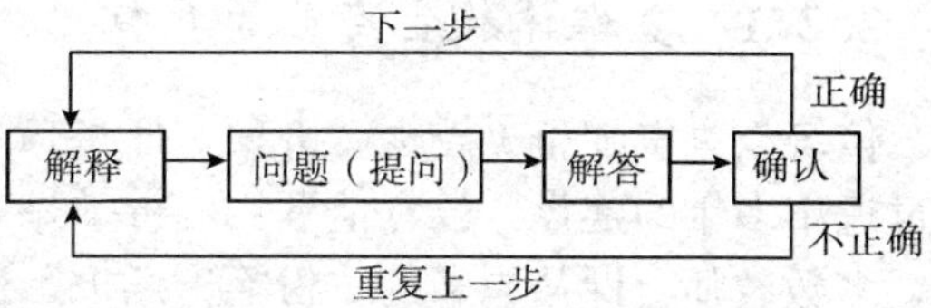 个别化程序教学：反馈，积极参与，练习
认知主义	学习是信息加工过程 主要因素：认知结构，已有知识经验	提供结构化学习材料，导航设计
建筑主义	学习是意义建筑 主要因素：情境，协作，会话	真实学习情境，辅助认知工具，社会交往工具

在实际教学和媒体应用过程中，我们采取折中态度，寻找一些有效的教学实践和教学媒体应用中一些共同特点，教学媒体除实现基本的教学信息呈现和传递功能外，还需要注意以下几点。

（1）要让学习者积极参与，做出反应，而不是被动地接受媒体呈现信息。为学习者提供参与的方式（交互）——单击按钮、输入答案、选择材料等。

（2）在学习者参与的基础上，媒体才可能根据学习者的学习情况提供反馈信息或个性化的学习材料。

（3）通过教学资源设计与加工，借助媒体不仅可以为学习者提供结构化学习材料和导航，也可以为学习者提供真实的或模拟的学习情境（任务）等。

（4）学习过程中，为学习者提供相应的认知工具和社会交往工具，为学习者之间相互交流协作提供支持。

2.2　教学媒体的发展和应用

现代信息传播技术的飞速发展，不断将更多的新媒体引入到教学媒体中，如电子白板、平板电脑、智能手机等。

教学媒体不再仅仅是信息的载体，还成为各种应用的平台（以数字技术、互联网技术和移动通信技术向用户提供信息传播交流服务的新兴媒体）和人与人之间的连接。教学媒体区别不在于媒体自身，而在于其对应的应用程序和使用方法，如在教学中我们所采用平板电脑设备作为教学工具是没有任何意义的，关注的是平板电脑何种服务与方式为学习者创造学习情境（条件）。

使用教学媒体要为学习者在学习过程中的地位由被动转变为主动创造条件；要为学习过程由记忆为主的知识掌握转变为发现为主的知识建构创造条件；要为知识的习得由个人的、机械的记忆转变为社会的、互动的、体验的过程创造条件。

不过媒体的新与旧是一个相对的概念，如同以往将媒体分为传统媒体和现代媒体一样。这里以当前在教学中常见的几种典型新媒体和应用为例，介绍新媒体在教学中应用情况。

2.2.1　多媒体教室与电子白板

传统教室中配备了黑板、讲台、课桌椅等基础设施，形成了以讲授为主的教学模式。经过近十多年的建设，教育信息化取得了显著成绩，很多教室成了多媒体（电子白板）教室，多数教师上课从原来的“粉笔＋黑板”模式转变成“计算机＋投影”的模式。投影或白板在教学中所起到的作用仅仅是屏幕的作用：而且因为多媒体投影屏幕是快速切换，教学内容“间断性”展示，割裂了教学内容的前后联系，反而不如普通黑板板书可以将教学重点内容、脉络保留。所以在教学中并非采用投影、电子白板等教学媒体就能提高教学效果，关键在于利用投影呈现的教学内容能否为学习者提供学习支持。

多媒体教室一般由多媒体计算机、投影仪、数字视频展示台（用于拍摄实物展示）、中央控制系统、投影屏幕、音响设备等多种现代教学设备组成。对于教师而言，主要掌握多媒体教室的投影信息源的选择、音量大小调节以及如何投影实物（见参考案例与实践任务）。如图 2—9 所示。

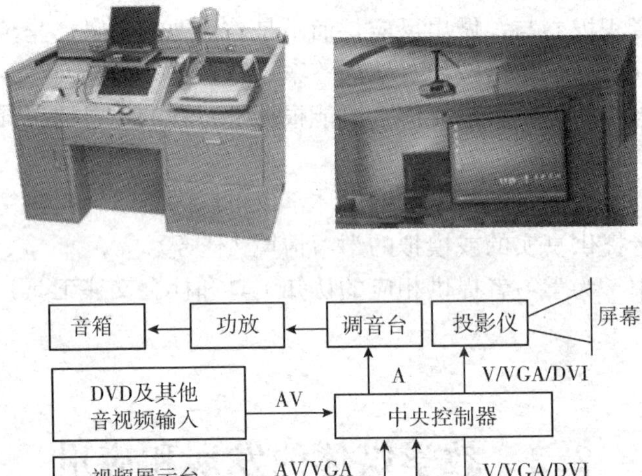

图 2—9　多媒体教室的构成

数字视频展示台主要通过摄像机将展示的物体摄像，再将通过投影呈现在屏幕上。但当前很多简易多媒体教室很少配置此设备，如果大家想展示实物可以在课堂或课前准备中使用手机或其他移动设备进行拍摄展示。如图 2—10 所示。

电子白板教室与多媒体投影教室结构并无区别，其最主要变化在于多媒体计算机操作方式：普通的多媒体教室通常采用鼠标键盘操作，而电子白板可以通过定位单击（或双击、触摸）投影屏幕位置而实现对计算机操作。电子白板的性能差异主要体现在定位技术（光学红外式、电磁式、电阻式等）和相应的软件支持。

图 2—10　数字视频展示台

电子白板系统主要由硬件电子感应白板（White Board，显示部分）和软件白板操作系统（Activ studio）构成。它的核心组件由电子感应白板、感应笔、计算机和投影仪组成（随着触摸交互和触摸屏技术发展，投影和感应笔不再是必备部分）。电子感应白板是一块具有正常黑板尺寸、在计算机软硬件支持下工作的大感应屏幕，其作用相当于计算机显示器，代替了传统的黑板。电子感应笔承担电子白板书写笔和计算机鼠标（触摸交互）的双重功用，代替了传统的粉笔。教师或学生直接用感应笔在白板上操作（相当于传统教学中师生用粉笔在黑板上操作）写字或调用各种软件。白板操作系统是存在于计算机中的一个软件平台，它不仅支撑人与白板、计算机、投影仪之间的信息交换，而且它还自带一个强大的学科素材库和资源制作工具库，教师可以在白板上随意调用各种素材或应用软件教学。如图 2—11 所示，电子白板和多媒体投影教学的比较。

电子白板与多媒体投影教学比较：

触摸交互更自然，放大了教师活动空间

更容易组织学生参与教学活动

电子白板集成课程资源与配套支持软件

图 2—11　电子白板与多媒体投影教学的比较

交互式白板与普通多媒体投影在功能还有另一个重要区别（取决于相应品牌支持软件功能）：电子白板的教学过程中能够随时批注和拖放屏幕交互对象、并能保存和记录教学过程，方便教学反思，也积累课程教学资源。

2.2.2　平板电脑与智能手机

随着移动通讯技术的发展与普及，平板电脑与智能手机成为两种最重要的移动终端类型，而且两者之间除屏幕尺寸及通讯（传统的语音电话和短信服务）功能外两者并无太大差异，这里以智能手机为例说明其在教学中的应用。

智能手机（Smartphone）指像个人电脑一样，具有独立的操作系统，可以由用户自行安装软件、游戏等第三方服务商提供的程序，通过此类程序来不断对手机的功能进行扩充，并可以通过移动通讯网络来实现无线网络接入的这样一类手机的总称。

目前按智能手机使用的操作系统可分为三大类：IOS（即 iPhone）、Andorid 和 Windows Phone，其中 Android 手机在国内最为普及，机型较多，价格可选区间丰富。手机在教学中应用的不在于其电话通信功能，而在于其移动性、第三方扩展和学生自主使用。如图 2—12 所示。

图 2—12　三类手机操作系统

(1) 通过日程、笔记、摄影和摄像功能，手机为学习者提供个性化记录教学（学习过程）工具。学习者不仅可以通过拍摄记录教师教学过程，而且可以通过录音、摄像、图片准备学习材料。

(2) 二维码扫描功能，为学习者提供快捷进入问题讨论的入口。如你对现代教育技术课程学习有什么困难，可以扫描如图 2—13 所示的二维码寻找答案或提问。

图 2—13　微社区的二维码

(3) 其他教育应用 APP 软件。

(4) 平板电脑或智能手机成为电子书包或其他数字化学习资源的有效载体选择之一。

2.2.3　Web 2.0 及应用

Web 2.0 并非一种具体的媒体设备，而是相对 Web 1.0 的新的一类互联网应用（服务）的统称，如博客（blog）、维基百科（wiki）、视频分享网站（youku）、微博等。如图 2—14 所示。

Web 2.0 的基本特征有以下几点。

(1) 用户贡献内容。Web 2.0 兴趣与传统的网络应用最突出特征是允许用户生产内容、贡献内容，在一定程度上实现了网络的“去中心化”，任何参与人只要他愿意都可以通过网络发布内容，并能够被其他用户获取、评论（或回复）和进一步推荐等。

(2) 易形成人际网络。Web 2.0 用户能够直接参与应用内容，人与网站内容联系更为紧密，通过内容可以找到一个相对“真实”的人，也可以通过 Web 2.0 中的“人”找到与其相关的内容，而且“人”与“人”之间通过“好友”“粉丝”“关注”等联系容易形成一个相对稳定的人际网络关系。

（3）容易跟踪内容动态。Web 2.0 的内容与传统内容获取不同。在 WEB1.0 中，如果你对某些内容有兴趣，就要到相应的网站（或指定的页面）才能够获取相应内容（及更新），而 Web 2.0 的内容可以通过推送方式，自动提供你感兴趣或更新的内容，如选择 RSS 订阅（实现方法见实践任务）、关注自己感兴趣的频道（栏目或标签，一些内容分类的方法）或关注自己感兴趣的人等。

图 2—14 Web 2.0 的一些应用

Web 2.0 在教学中应用有以下几个方面。

（1）Web 2.0 在教学中应用主要在于实现教学内容资源的共享、共建和共生。学习者在学习过程中的生成信息成为学习资源的重要部分，学习者的案例、学习总结反思以及作品（学习结果）为其他学习者能够好地为学习者学习提供参考和示范。

（2）通过 Web 2.0 向学习者定期或实时推送学习内容（资源）。也可以通过 Web 2.0 的相关应用，更快捷地获取学习者的评价与反馈信息。

（3）形成学习人际网络，学习者更容易形成学习社区（群组），并在社区（群组）中提出问题、获得学习支持和帮助。

2.3 ASSURE 教学媒体应用模式

在教学过程中应用媒体技术和多种因素相关，在课堂教学环境中，教师并不具备媒体选择的主动性，而是在已有的环境下对资源的设计与应用。ASSURE 模式是引导教师完成教学系统化设计。从了解学生特点、确定教学目标到设计整个教学过程，以系统设计的方法在教学过程中应用媒体提供了参考，主要流程如图 2—15 所示。

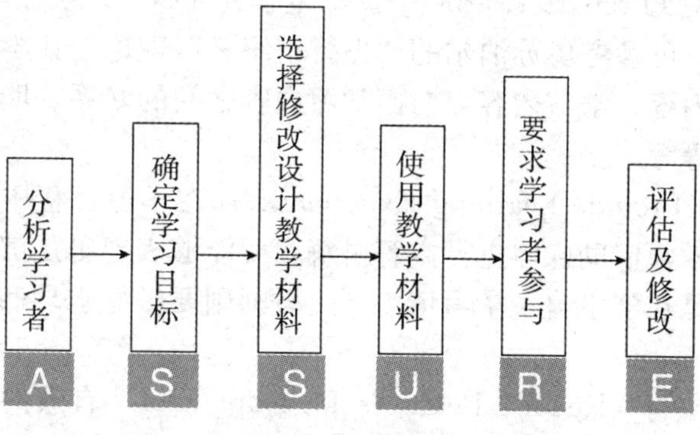

图 2—15 ASSURE 模式的主要流程

下面以媒体选择与应用为核心，阐述各个步骤（流程）主要任务以及要注意的问题。

（1）分析学习者（Analyze Learners）。使用媒体，必须了解媒体应用对象，熟悉教学对象是使用媒体的第一步。分析学习者主要是分析学习者学习需求，为什么要学习这些内容，学习这些内容能够解决什么问题和学习者起点水平（已有的知识经验基础）以及对教学媒体熟悉程度及爱好倾向。

（2）确定教学目标（State Objectives）。教学目标是学习的导向，也是检验学习结果的依据，必须明确学习者在学习时能做什么。确定学习目标是选择媒体及材料的依据（媒体及教学材料如何辅助学习者实现教学目标），教学目标要描述清楚，要提供教学目标检验的方法和途径，以便在学习者完成学习后对学习结果进行评价。

（3）选择教学方法、媒体和材料（Select Methods，Medium and Materials）。确定了学习者和教学目标，就明确了教学的起点（学习者当前的知识、技术和态度）和终点（教学目标），现在寻找的就是起点和终点之间的桥梁：选择合适的教学方法、教学技术和媒体（教学材料）。教学教材的获取有三种途径：选择现有的教学材料、修改现有的教学材料、设计新的教学材料。

（4）使用媒体和材料（Utilize Medium and Materials）。选择（或修改、设计）好教学材料之后，需要进一步设计教学媒体（材料）如何使用方式。在班级课堂教学中，教师需要预览材料、熟悉媒体使用环境和过程。学生自学情况下，要为学生提供独立使用媒体和材料的条件；协作学习时也应提供相应的分组任务及使用媒体（材料）的条件。

通常在使用教学媒体（教学材料）要遵循 5P 原则。

①预览材料（Preview Materials）。在使用教学材料之前，教师一定要预览并熟悉媒体材料的内容，千万不能直接拿来就用。只有在熟悉材料内容基础上，才能充分挖掘材料的潜在价值，用好这些材料。同时也能够避免一些直接呈现不适合给学生观看的内容。

②准备材料（Prepare the Materials）。确定材料呈现的顺序，并且明确在使用材料中教师需要做什么，学生需要做什么，必须明确相应的任务，有目的使用媒体材料。例如，教学课程中使用视频，要让学生带着什么样的任务（目标）观看视频，而不是教师直接播放，否则教师就成媒体的放映员了。同样在教学中使用演示文稿（PPT）要避免，老师依照 PPT 念读内容的使用方法。

③准备环境（Prepare the Environment）。注意媒体使用条件，如投影的遮光、学生观看内容的角度是否合适等等。

④让学生做好准备（Prepare Learners）。学生学到什么，取决于学习者做了哪些准备。在使用媒体材料之前，可参考奥苏泊尔的“先行组织者”理论，让学生做好准备（热身），如媒体材料的概括性内容、学习内容与前面学习内容之间的联系、明确学习任务能够收获什么、创造学习需求等等。

⑤提供学习体验（Provide Learning Experience）。在学习过程中，教师需要扮演好自己的专业角色。如果教师借助媒体进行内容讲解，要能够表现出足够的专业让其讲解的内容吸引学习者。如果是在学生自主学习情境下，教师则要做好引导和帮助者角色，为学生学习创造良好体验。

（5）要求学习者参与（Require Learners' Participation）。有效的教学，要求学习者精神集中地学习。教学过程中，应该安排不同类型的教学活动，让学生有机会练习他们习得的知识和技能；同时要提供反馈信息，让学生了解自己努力的成效。练习可以采取学生自我检查、计算机辅助教学、网上学习活动或小组游戏等形式。可以由教师提供反馈，也可以让媒体（计算机）和其他学生提供反馈，还可以采用自我反馈的评价方式。

(6) 评价与修正（Evaluate and Revise）。教学完成以后，教师需要对教学的有效性和学生的学习成绩做出评价。为了了解教学的总体情况，要对整个教学过程进行评价。

实践任务：熟悉新教学媒体（材料）应用

粉笔与黑板是教室不可或缺的媒体，教师能够在教学过程中灵活呈现、组织教学内容，很少有畏难情绪……但现在随着教学信息化普及，更多的设备开始进入课堂……从班班通、堂堂用到智慧课堂，很多教师反而迷惑了……这些新东西怎么才能用好呢，用它如何组织课堂和教学呢？

一、实践任务与目标

(1) 了解当前课堂信息化教学环境中主要教学媒体类型，熟悉使用投影、交互白板要注意的问题。

(2) 理解 Web 2.0 应用及服务特点，能够借助智能手机（或平板电脑等）及相应程序获取自己感兴趣的学习内容，并参与学习问题讨论，初步体验利用媒体（应用）辅助学习。

(3) 观察课堂教学中使用的媒体情况，结合 ASSURE 模式，对该教师应用媒体做一个分析评述，并对以下几种教学媒体应用现象给出自己的看法：

现象一：很多数学老师不喜欢在教学中使用 PPT，它们认为 PPT 对学生理解内容没有什么帮助，反而不如黑板板书能够更好地展示教学重点内容和教学过程。

现象二：目前全国以及各个地方、学校每年都会举行一些课件（或其他类型教学资源设计与制作）比赛，很多获奖的课件内容丰富，界面精美，也提供了很好的交互功能，但在教学实践中，很少有老师使用这些课件进行教学，甚至一些课件的作者本人也没有用过。

现象三：随着媒体的发展，现代教学媒体在教学中的应用也越来越普遍。一部分老师认为教学媒体最主要的功能就是解决提供教学内容（呈现）的作用：把教学内容放到投影上，放到白板上，放到网络或一些教学平台上，并没有什么区别。也有老师认为使用媒体就是折腾：相同的教学内容放在书上和放在网上或者放到多媒体课件并没有多少不同，为什么还让自己学那么多软件（和操作）？而且软件过几年就淘汰了，又要学新（版本）软件，这不是折腾吗？我们到底要学什么？

二、实践内容与过程

(1) 观察多媒体教室控制台，查看多媒体教室设备使用流程，关键是投影信号源选择。如图 2—16 所示。

多媒体教室操作主要包括：设备的开关（包括计算机、投影机等）、幕布升降、投影信息选择（通常默认为多媒体教室的计算机本身）和音量调整等。如果需要投影笔记本电脑，按相应的接口将笔记本与控制台连接后，再选择相应的投影信号源，除 VGA 常用的

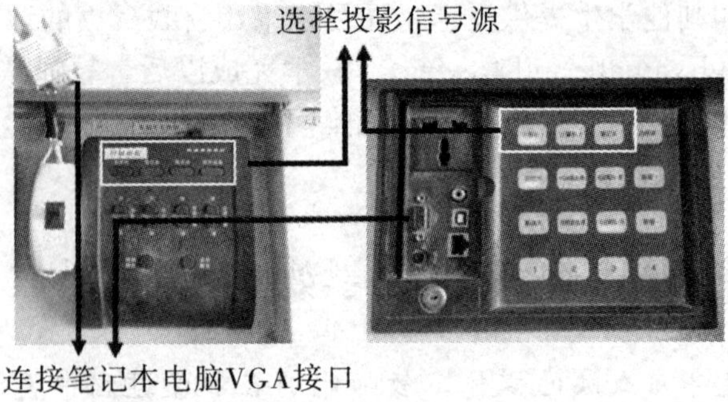

图 2—16 选择投影信号源

接口外，现在越来越多的设备选择 HDMI 接口。如图 2—17 所示。

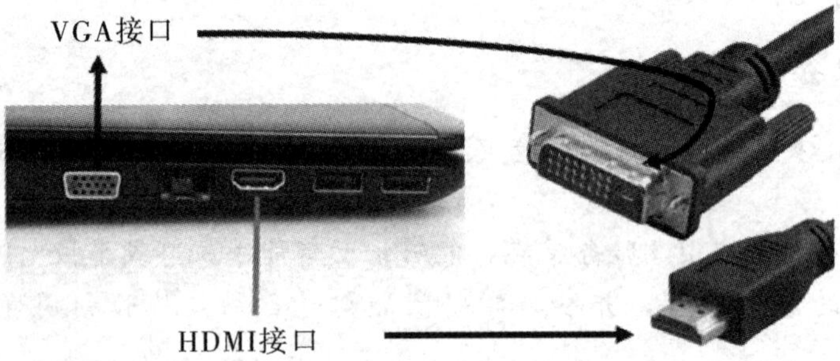

图 2—17 VGA 接口和 HDMI 接口

在投影笔记本（或其他外部设备）时，通过还需要对笔记本输出信号类型进行选择，一般笔记本（Windows 7 及以上操作系统）按“Windows＋P”即可直接选择（建议选择复制）。如图 2—18 所示。

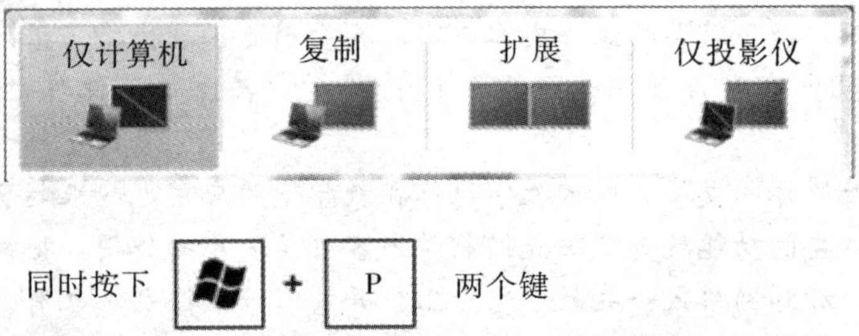

图 2—18 选择笔记本的输出信号类型

另外调整多媒体教室声音可以通过播放声音设备本身进行，直接调整计算机中的音量最为简便。如果需要通过调整话筒音量只有通过控制台或声音功放来调整。使用的话筒应当防止输入信号过载和注意控制距离。

在多媒体教室教学，虽然呈现内容需要通过展台进行控制，但建议教师活动空间不要局限于多媒体控制台，适度减少媒体控制时间，更多地直接面对学习者进行交流。

(2) 熟悉电子白板所带的学科教学资源，探究白板应用程序对教学内容演示的支持作用。如图 2—19 所示。

(3) 熟悉电子白板教学应用中对象控制方式：如对象的选择、拖放、放大、旋转以及

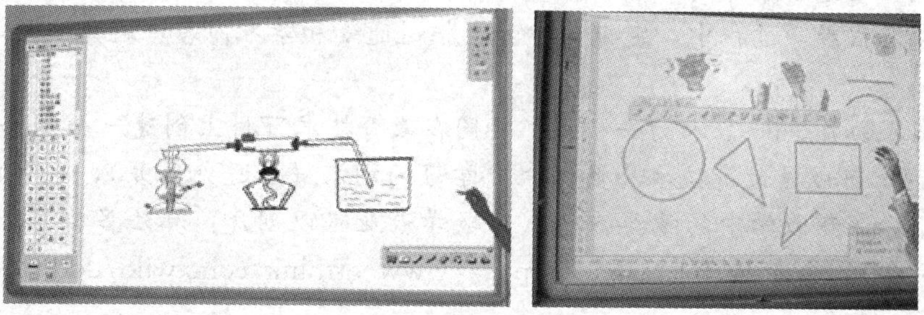

图 2—19　白板应用程序

删除等，了解电子白板学科资源收集、整理和制作方法。

（4）体验 Web 2.0 及其应用在教学与学习中的应用，进一步完善课程学习空间构建。

①加入教师指定的课程教学群组（或关注指定的账号），及时获取本课程学习任务或信息。如图 2—20 所示，可以是公用微信账号、QQ 群、微博或其他群组账号，学习者根据使用习惯选择一种即可，以避免学习过程中带来的信息干扰和学习负担。如图 2—20 所示。

QQ二维扫描　　　　微信二维扫描

图 2—20　账号二维码

在扫描后，可以进入教育技术论坛社区进行问题讨论，为方便以后在手机上使用，可以利用 QQ 或微信的收藏功能，以后可以跳过扫描直接从“我的收藏”进行交流讨论，如图 2—21 所示。

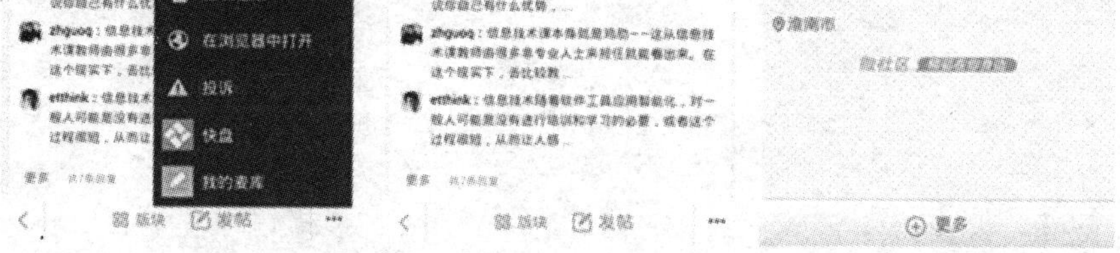

收藏　　　　浏览　　　　参与

图 2—21　教育技术论坛社区进行问题讨论

注意： 教师选择账号时要根据学生实际情况进行，如学生不具备智能手机使用则推荐用 QQ 群。在课程教学过程中，定期为学习者推送通知和学习内容，避免发送与课程无关的内容。

②体验多人协作。3～5 人为一小组，共同在教育技术百科上创建一个词条。如图 2—22 所示词条内容可以是教育技术公共课程中学习的词汇（应避免重复），也可以是自己所学专业在中小学课程教学中的重要概念（如数学专业可以创建：算法多样性、数学建模、数形结合等词条）。参考 WIKI 词条：http：//www. etthink. com/wiki/doc-view-21. html。

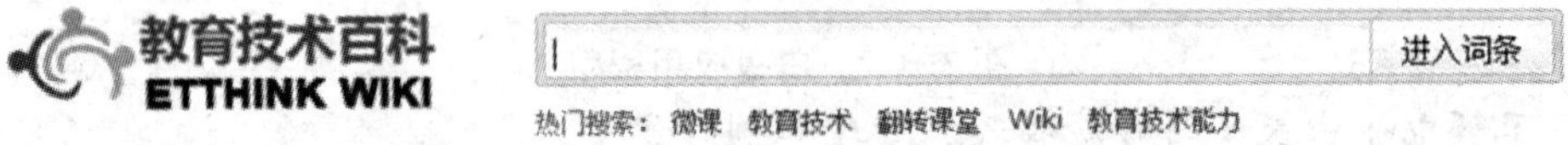

图 2—22 教育技术百科词条

注意： 协同编辑应用并非只有 wiki 一种，越来越多的在线办公软件也提供了协作编辑功能，可以多人共同编辑一份文档。因此，可以用于学生写作（作业）指导或协同撰写设计方案等（如小组作业或共同备课等），如百会、Google Docs、金山轻办公等。

(5) 观察身边人使用媒体应于教学或学习情况（或结合自己经历）。这些媒体有没有帮助使用者达到一定的教学（学习）目的？使用这些媒体需要注意什么问题？谈谈自己看法。

三、实践结果和评价

(1) 自我评价。

可以通过手机（或其他途径）及时获取课程学习信息与资源；对媒体使用过程及注意问题有一定的认识，了解媒体在教学（学习过程）中作用。

(2) 教师评价。

分析学生撰写的媒体教学应用相关日志，帮助学习者树立正确的教学媒体观。

模块三

信息化教学资源获取与利用

本章导学

搜索已经成为现代生活和学习的一部分。每当遇到问题或需要查找资料时，“上网搜索”是大部分人的潜意识行为，不论是小学生、中学生、大学生还是工作多年的教师，搜索上所做基本相同。我们究竟要怎么样利用信息技术和资源提高自身的解决问题能力呢？

你在看到如图 3—1 所示的搜索行为时，有什么感想？你认为这些信息技术工具和资源提高了自己的教学（学习）能力了吗？

图 3—1　百度搜索

3.1　教学资源与信息化教学资源

教学资源与教学媒体是一对相联系的概念，媒体自身即资源。教学资源是指教学过程中支持教和学的所有资源，包括学习材料、媒体设备、教学环境以及人力资源等。如

表 3—1 所示。

表 3—1　　　　学习资源

资源类型	各类学习资源举例	
人力资源	教师、学生、教学辅助人民、教学管理人员、网络同伴等	
物质资源	教学场所、教学设施、教学媒体、实验设备、直观教具等	
信息资源	传统律师	教学计、课程方案、教科书等
	音像媒体资源	幻灯片、投影材料、录音、录像材料、VCD 等
	多媒体教学资源	CAI 课件、多媒体素材库、教学工具软件等
	网络教学资源	网络课程、教育网站、在线数据库等

信息化教学资源指的是以数字形态存在的教学资源，包括学生和教师在学习与教学过程中所需要的各种数字化的素材、教学软件、补充材料等。本书主要探讨与教师教学密切相关的信息化教学资源类型，而对信息化教学基础环境与支撑平台资源不做阐述。

（1）媒体素材。按信息内容的表现形式，媒体素材通常分为文本类素材、图像类素材、音频素材、视频素材和动画素材。

（2）教学课件和相关案例。

（3）课程相关文献资料。

（4）试卷、试题以及练习题目、教学常见问题及解答。

信息化资源获取与利用包括资源的搜索、存储、整理、加工和评价以及共享等，如图 3—2 所示。

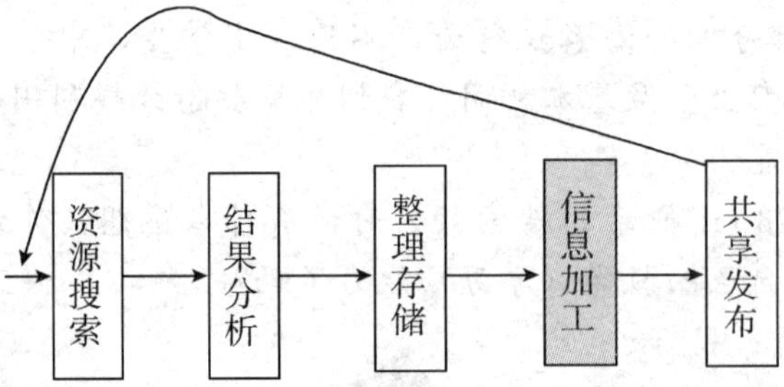

图 3—2　信息资源的获取与利用

根据实现教学目标和教学实施需要，对获取的教学资源（材料）需要进行进一步的加工处理，是师范生需要掌握的重要的教学内容加工方法。

3.2　信息化教学资源搜索方法与途径

搜索（检索）是获取信息化教学资源的第一步。信息化教学资源存储有多种形式；有的以光盘存储、有的以网页（网络）形式存在，也有的以专业的数据库和平台存储。不同存储形式的资源对应的搜索方式不同，这里讨论通过网络获取信息化资源的方法。最常用和最简便的搜索方法是借助通用搜索引擎，如百度、谷歌关键词检索。

为了能快捷有效地获取所需要的资源，在搜索过程中可以根据自己需要的资源类型对搜索范围和结果进行限制。

3.2.1　通用搜索引擎的搜索方法

限制搜索类型有两种方法：一是利用搜索引擎自带的分类搜索（如百度有图片搜索、音乐搜索等）和专业网站（如视频网站优酷、学术搜索知网、维普等）；二是利用搜索语法如 filetype：文件类型。如图 3—3 所示。如果想搜索关于“教育技术概念”的 PPT 文档，可以按如图 3—4 所示进行搜索，利用此种方法自动对结果进行筛选，减少了搜索结果选择时间。

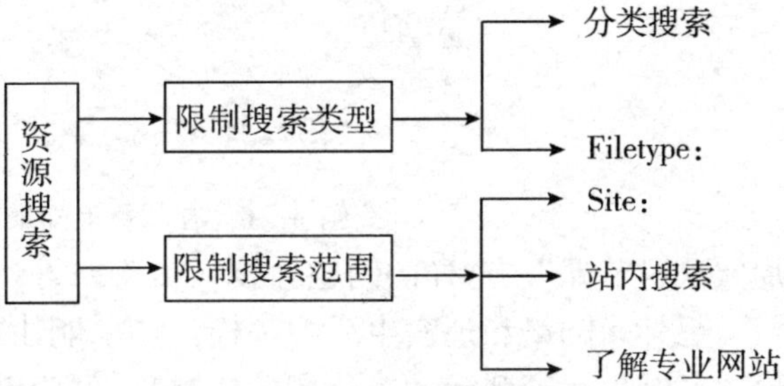

图 3—3　限制搜索类型

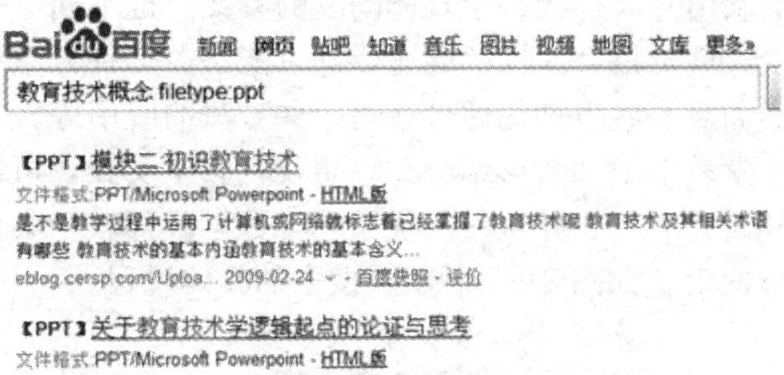

图 3—4　PPT 文档搜索

如想获取更精确的搜索结果，还可进一步对搜索范围进行限制：如使用网站自带的站内搜索工具或利用 site：网站域名，仅搜索指定网站的内容。另外学习者对自己专业相关的网站要有一定的了解，熟悉自己专业学习资源（网站），以便更快捷地获取可靠的信息资源。例如，如果想获取人教版的中小学学科教学参考资料，最快捷的方法是通过人教社网站获取资料，无须通过百度或其他搜索引擎进行搜索。如图 3—5 所示。

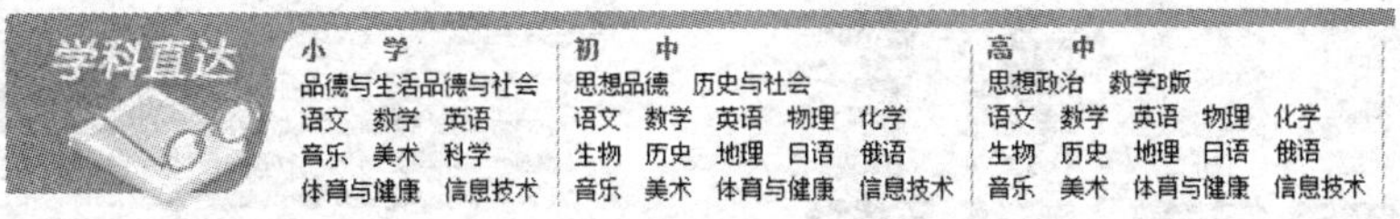

图 3—5　人教社网站

3.2.2　通过问答社区或社会化服务软件获取资源

如在教学过程或学习过程中遇到一些问题，可以通过“百度知道”和“知乎”一类的网络服务寻找答案，如图 3—6 所示。

也可以用其他一些社会化服务软件（如微博、人人网、专业论坛）提问。能否获取相应解答取决于提问方式（问题必须明确、具体）和自己的网络人际关系。尽可能提供自己对提问的问题的理解，不要过于空泛，比如“如何制作一个精美的课”、“如何上好小数的

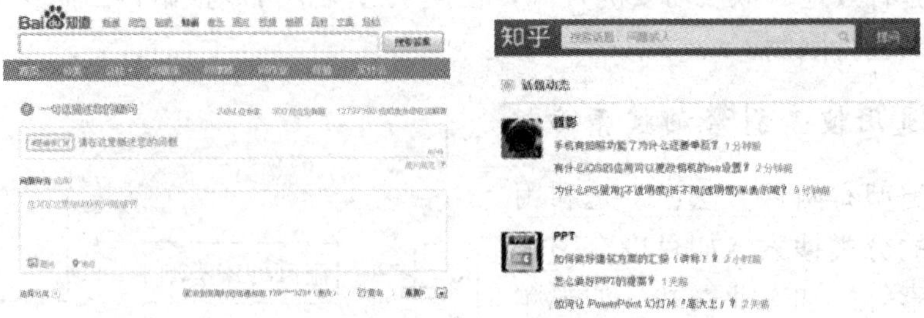

图 3—6　在“百度知道”和“知乎”上提问

加减法这节课”。这样的问题让别人很难回答，自己也无法得到别人的回应。

另外，网络和现实生活中一样，如果能让别人更多地了解你（比如通过你的日志，你参与的其他讨论和活动、分享的资料），就会更容易获得别人的回应。

3.2.3　通过“以文找文”或“以人找文”获取对某一特定问题的深入理解

信息化教学资源的利用并非寻找一个具体问题的答案，也不同于查找“一个地区的电话区号”或“某款手机大概价格”这样的问题，它可能是在多种方案中的取舍与折中，没有单一、客观的答案，如对一些事件的评价或对一些方法的应用等。

如果想了解小学数学教学中“数形结合”思想及其教学实践，可以通过百度以及专业数据库（知网）了解其研究应用，并从一些优秀小学数学教师教学案例中或论述中对“数形结合”思想教学进行探索。如图 3—7 所示，搜索的具体过程。

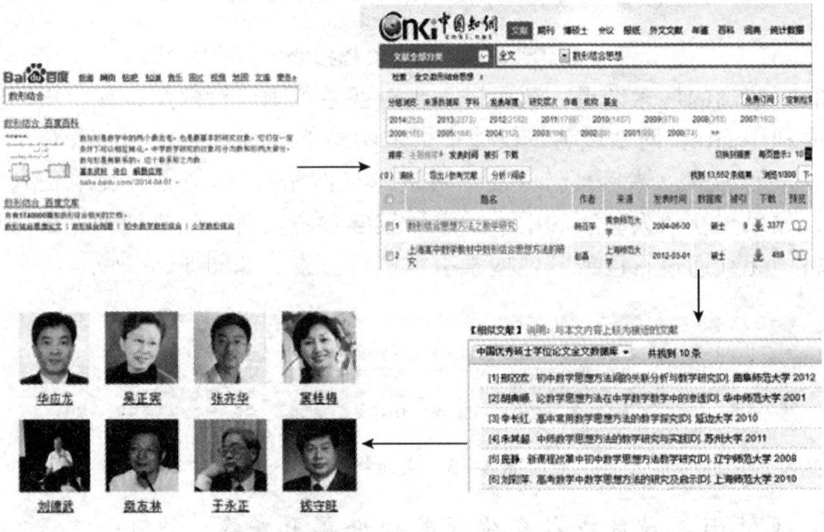

图 3—7　搜索过程

“以文找文”关键在于除查看搜索结果外，还要仔细分析文章的引用资源和参考文献，以及推荐的相关内容。通过文章作者以及自己专业知识了解研究这些问题（或相关领域）的人，通过“以人找文”进一步寻找相关资料。“以人找文”可以通过博客、微博等应用账号找相关人信息，如没有此类信息可以搜索他们写作的书籍或文章。

3.2.4 通过 RSS/邮件订阅以及关注等功能动态获取信息与跟踪信息

获取信息化教学资源除前述主动搜索方法以外，也可以通过“订阅”自己感兴趣内容或“跟踪”关注的人，持续了解某一领域或主题的发展动态。

图 3—8　关注方式

订阅方式主要通过邮件或 RSS 方式，可以订阅指定的博客，也可以订阅某一关键词检查结果或某一杂志等。关注方式则主要是对相关人的社会网络账号的关注，从而了解其发布信息动态。如图 3—8 所示。

RSS 订阅可以通过登录 QQ 邮箱的阅读空间或有道阅读（http：//reader. youdao. com），将指定的博客或 RSS 地址按要求输入即可。如图 3—9 所示。

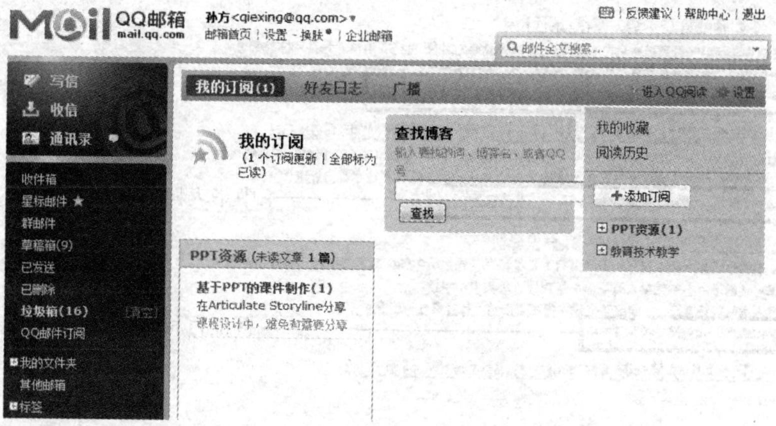

图 3—9　通过 QQ 邮箱的阅读空间进行 RSS 订阅

使用 QQ 邮箱的阅读空间订阅 RSS 信息优势在于阅读界面简洁，动态更新，不需要一一去空间（或网站）查看，网易有道阅读也提供同样功能，如图 3—10 所示。

使用订阅功能获取信息动态更新，也会带来信息阅读压力，所以在选择信息源一定要慎重，并进行适当的分类。

3.2.5 搜索结果辨别与评价

通过百度等搜索引擎获取的搜索结果是海量的。从搜索结果中甄别、筛选出自己需要的资源，需要注意搜索结果的时效、来源以及用户评价等。

（1）信息来源辨别主要是在查看搜索结果时，要有了解信息出处的意识。经过一定时间积累，哪些网站可信度高，哪些信息源权威要有判断，不能完全依赖检索结果排名。如图 3—11 所示。

例如，要查看中小学教师教育技术能力标准文件，教育部和人民教育出版社的来源可信度要高于百度百科、贴吧、文库的。

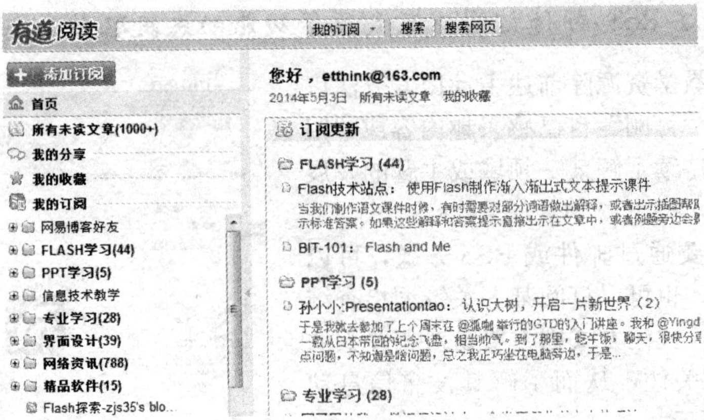

图 3—10　有道阅读的 RSS 订阅

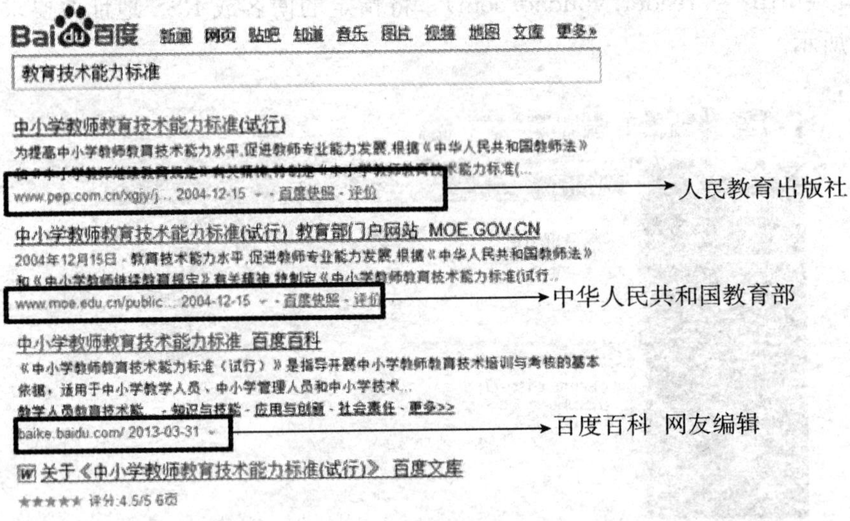

图 3—11　辨认搜索结果的信息来源

(2) 注重用户评价。搜索结果的质量可以从资源被使用情况（如下载次数、浏览次数和转发次数、引用次数等），和用户支持评价以及回复。比如在搜索 PDF 与 Word 文档格式转换软件过程中，通过用户回复和评价可以避免你浪费时间下载你不需要的软件中大致可以看出，如图 3—12 所示。

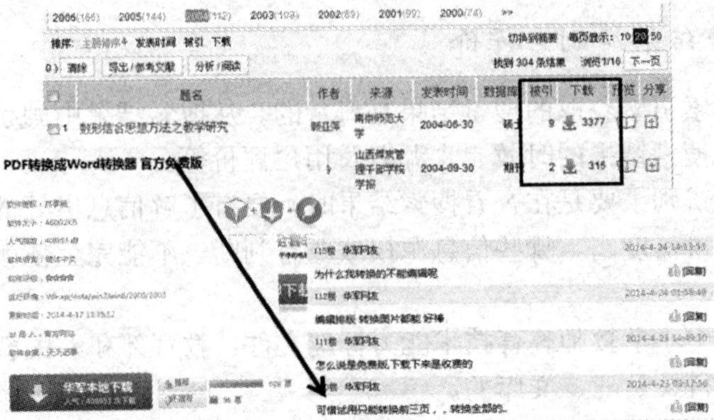

图 3—12　引用次数比较

3.3 信息化教学资源存储与管理

搜索与查看检索结果仅是获取信息化教学资源的第一步。对于一些简单问题，搜索即是结果，但大多教学（学习）资源需要整理、加工与积累。为更高效地利用好资源，我们要做到以下几点要求。

（1）避免相同问题重复搜索。虽然搜索工具使用很简单，但重复搜索会浪费很多时间。如经常浏览的网站地址、经常用到的 PPT 模板、某一节课的教学设计方案、课件制作中需要的背景图片等我们需要处理和保存搜索结果的方法，以减少无谓的搜索行为。

（2）了解自己感兴趣和本专业的有价值网站及资源分布。如前所述，对网站的熟悉程度影响你对搜索检查的可信度的判断，也影响你在遇到专业问题时寻求帮助的选择范围。要有意识地了解自己专业领域的网络社区，并尽可能在社区中建立自己的人际关系网络。通常可以从以下几方面进行了解。

①所学专业或以后要从事相关的主题网站、精品课程、开放课、研究机构等。

②所学专业（或从事职业）的社区交流网站，如论坛、群组等。

③自己感兴趣领域内的个人博客或网站。

④关注相关教学（学习）主题的社交账号如微博、微信等。

（3）形成自己的教学资源（学习资源）素材（知识）库。重复搜索的主要原因是没有将搜索结果整理、存储。在信息化教学资源的同时，需要有意识地做好资源的分类和整理，尽可能见名知意。

①素材资源保存时做好命名，能够见名知意，减少查看时间。在信息化教学资源搜索与利用过程中，如果资源能够独立存储在计算机中，尽量存储成独立文件，不建议直接复制使用，特别是图片文件等；不要直接从网页中复制粘贴到 Word/PPT 或其他软件中，而要以文件方式存储到计算机中，避免以后查找不便，重复检索。如图 3—13 所示，不能复制后直接使用的原因。

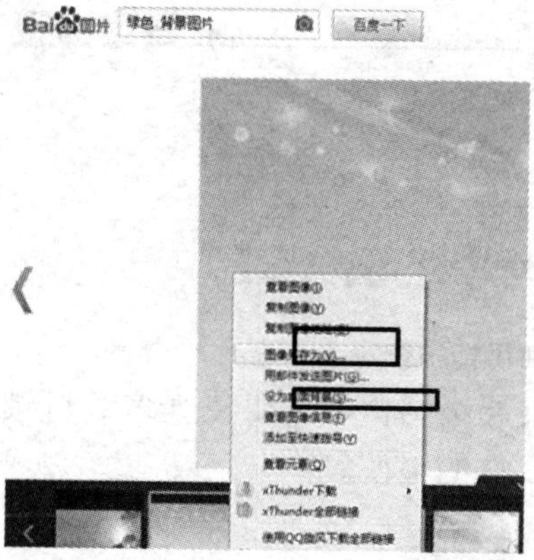

不要复制网页中素材文件直接使用

1. 容易保留原网页格式及链接
2. 不利于以后查找，重复使用
3. 不利于素材再加工整理
4. 无法积累相应素材

图 3—13　不能复制后直接使用的原因

计算机中的文件以文件名进行查找和检索，所以必须做好命名，而不要使用默认文件名。做到见名知意，不需要打开查看文件即可知道文件大体内容和素材适用范围。

例如，图像文件可以采用图像主体内容＋颜色＋功能（背景、按钮、边框等）的方式命名，声音文件可以采用音乐标题（主要内容）＋节奏＋功能（背景、音效、解说等）的方式命名，课件讲稿可以采用标题＋作者＋学科（或适用对象）的方式命名。总之，尽可能用可能检索的规则命名文件，让文件名最大限度反应包括的内容和用途。如图3—14所示。

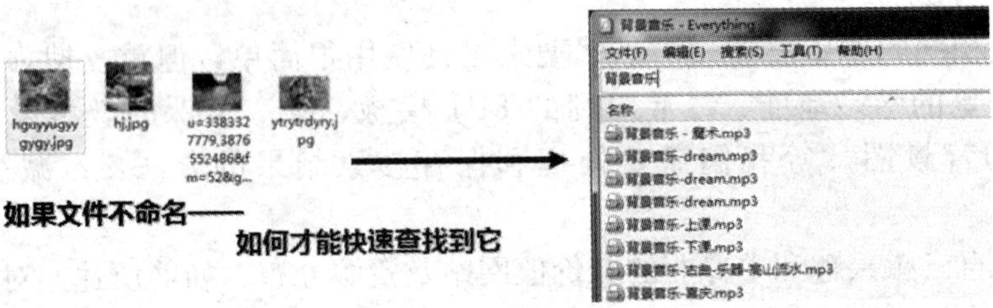

图3—14　命名文件名

注意：使用Everything软件代替计算机查找，可以快速根据文件名查找到需要的文件。

②文件分类。目录（文件夹）是文件分类管理的最常用的方法，创建合理的目录结构为文件查找提供便利。

也可以通过标签（TAGS）管理文件分类，即为文件帖上不同的标签（分类），通过标签再查找文件，标签一般在网络文章（如日志）、照片中广泛应用。如图3—15所示。标签还可以减少文件重复。例如，可能还须复制一份放在PPT课件目录下，一个放在“小学”文件夹内的小学语文PPT课件只需要对这个文件贴上“小学”“PPT课件”两个标签即可。

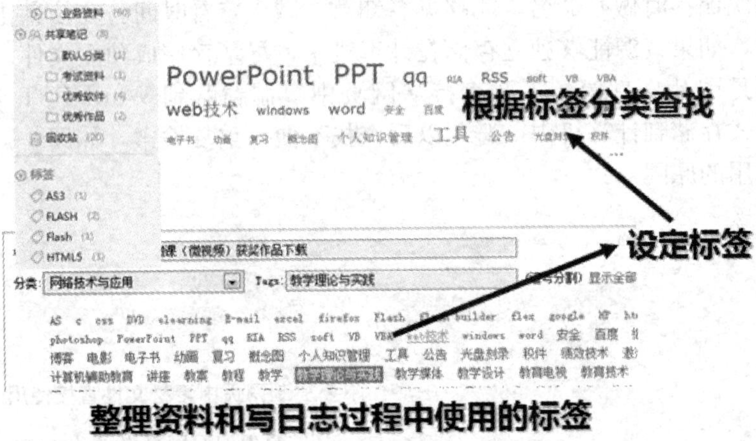

图3—15　利用标签查找

在使用目录分类管理文件中，注意文件夹层级结构，不要建立多级目录，尽可能控制在三级以内，否则就会造成查看资料和存储文件的不便。

3.3.1　网址（链接）管理

网址（链接）是到达网络资源的入口，每一个网站及关联的网页都有一个独一无二的网络地址，也称 URL（如 http：//www. etthink. com 是教育技术论坛地址，而 http：//bbs. etthink. com/thread－878－1－1. html 是网站的一个页面）。网页中的文件也都有自己的地址，在浏览器的地址栏输入网址即可对网站（文件）进行访问，如图 3—16 所示。

图 3—16　网页文件的地址

为减少重复搜索和增强自己对搜索结果的辨别能力，用户需要对自己常用网站有一定的识别和管理能力，通常可以采用以下几种方法。

1. 收藏夹和书签工具栏

通过浏览器的书签工具栏收藏自己经常访问的网站，避免重复搜索。如果网站较多，可以对网站名称进行修改并根据自己使用频次排序。

也可以对网址（链接）进行分类，建立相应的文件夹。使用浏览器书签管理网址重要一点是要定期导出备份（或利用浏览器的账号同步功能实现书签备份），以防止重新安装计算机操作系统整理的资料丢失。在遇到感兴趣的网站或链接可以直接按“Ctrl＋D”进行收藏操作。如图 3—17 所示。

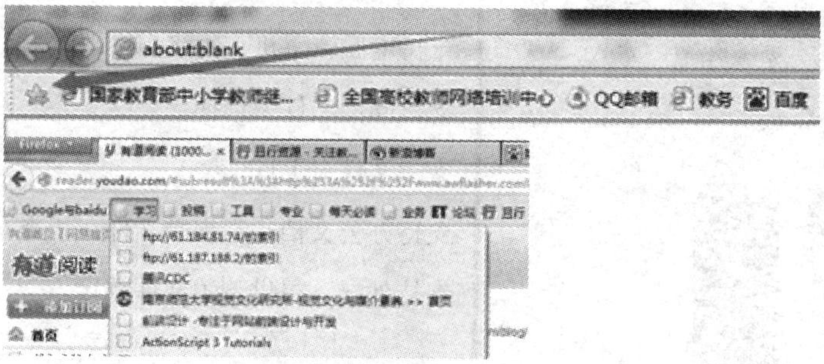

图 3—17　浏览器书签

2. 定制导航页面

浏览器收藏网址适合在个人电脑上使用，如果在公共地方使用同步书签功能需要考虑隐私等问题，也可以利用定制导航页面将常用的网址收集整理，如对百度页面定制。如图 3—18所示。

图 3—18　定制导航页面

3. 利用博客（个人空间、网站）的链接或直接编写日志进行网址管理

利用日志管理网址虽不如前面的方法直接，但因为编辑更为自由，并且可以添加评论和备注，更有利于对网络资源的整理和分类，如图 3—19 所示。

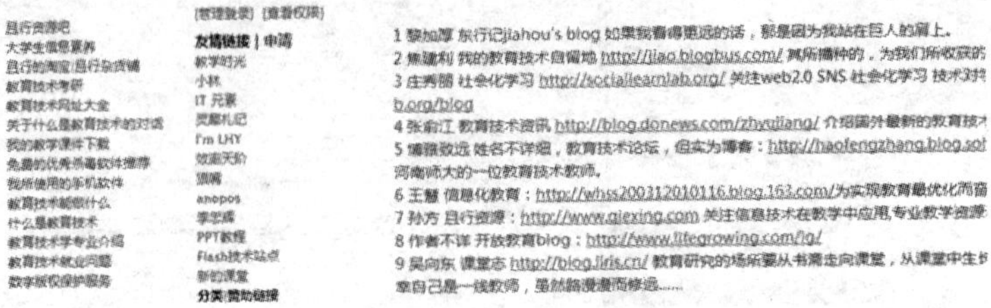

图 3—19　利用日志管理网址

3.3.2　素材和文档资源管理

素材资源主要指教学和学习中用到的图片、声音、视频、动画、模板及作品案例等资源。教育资源管理最好能实现一处更新、多处同步使用，能够自动备份，以方便在不同的环境中使用。

实现自动备份和同步更新的网络存储服务很多，如百度网络硬盘、金山快盘、腾讯微云和华为网络硬盘等。推荐使用百度网络硬盘或金山快盘做资源管理工具，如图 3—20 所示。

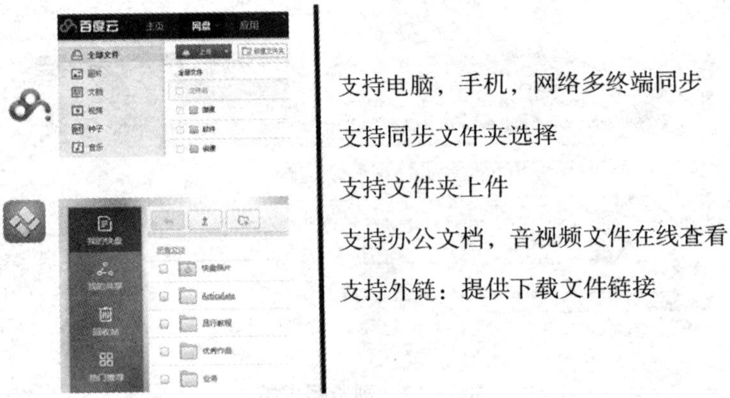

图 3—20　百度和金山快盘

使用网络硬盘管理文档素材，注意同步目录和共享目录的设置，分享文件注意文件版权和隐私，选择网络硬盘时要注意网络硬盘稳定性以及上传下载速度。

在使用手机同步网络硬盘文件时建议设置特定目录。因手机流量、存储空间以及文件查看的限制，不适合实现文件完全同步。一般是将手机拍摄照片、视频等素材进行同步。

3.3.3　网络笔记工具使用

网络笔记工具主要用于网络资源收集、整理、记录和编辑。网络笔记工具也能够实现笔记在终端同步，在电脑上查看的网页内容可以直接存储在网络笔记中并在手机上随时查看和编辑。除用于收集网络资源外，还可以随时用移动终端记录信息，如文字、录音、拍

照、手写等。

网络笔记工具有麦库笔记、网易笔记、EverNote、OneNote 以及为知笔记等，如图 3—21 所示。

图 3—21　网络笔记

本书中选择麦库笔记介绍其在信息资源管理中的应用。

1. 笔记收集与记录信息功能

笔记工具可以在电脑、平板电脑和手机中运行，并支持浏览器扩展。在浏览网页内容时，遇到自己需要的资源可以直接保存到笔记中，并进行编辑，如图 3—22 所示。

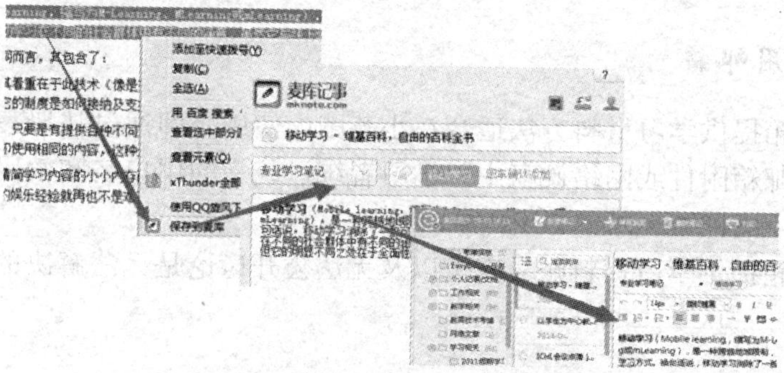

图 3—22　利用麦序保存并编辑

为使笔记结构化，易于以后查找，可以选择适当的目录（分类）并添加标签。

2. 笔记共享

麦库笔记支持指定内容分享，网络分享可以直接通过链接访问，手机还可以通过微信、QQ、短信等方式分享内容链接。

3. 笔记同步

麦库等网络笔记支持在多种设备与终端登录，而且支持浏览器查看与编辑。因此，只要在能够上网的地方，即可随时随地记录、查看和编辑笔记内容，并能自动保持各种设备中内容同步。如图 3—23 所示。

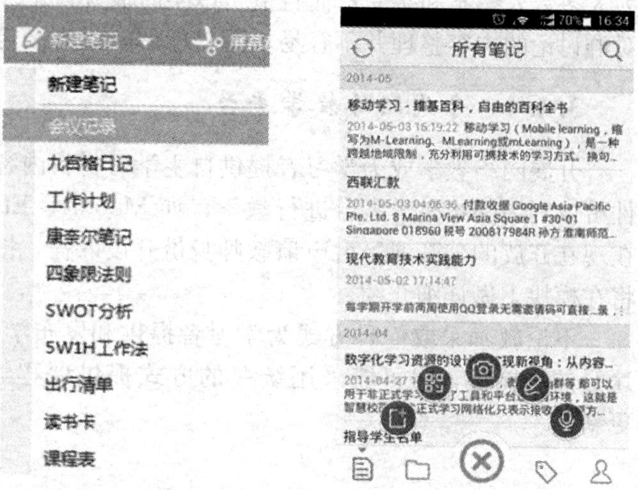

图 3—23　笔记的模板和方式

3.4 信息化教学资源的发布

获取信息资源经过整理加工之后，可以直接通过媒体设备向学习者呈现。但在学生利用资源自主学习或协作学习情境下，则需要让学能能够通过一定途径取得学习材料——即教学资源发布。

3.4.1 利用日志和网络硬盘

通过网络硬盘共享生成下载链接后，把链接地址放在博客内容中，并在博客（日志）中提供学习材料使用说明。这是当前教师在网络上为学习者提供学习资源的一种常用方法。

学习者通过访问教师日志获取相应的学习材料，而且可以通过日志评论等功能与教师进行交流。

3.4.2 公用邮箱

使用公用邮箱提供学习材料方法适合在小范围内使用，即通过注册一个邮箱账号，将学习材料存储在邮箱附件或网络硬盘中，学习者统过统一的用户名和密码登录邮箱获取学习材料。

利用公用邮箱提供学习资料账号安全以及无法公开讨论是无法解决的问题，现在已经很少采用。

3.4.3 群组空间

利用 QQ 群等方式在群空间提供学习材料也是一种教学材料分享的常用方法，QQ 群为大多数人熟悉和接受，而且群可以实时展开讨论。但群也具有一定的封闭性局限，而且对群讨论的内容整理并不容易，不易保留，具有一定的随意性，缺乏系统性。

3.4.4 专用网络教学平台

开展网络教学或为学习者提供自主学习材料内容除以上几种方法和途径外，学校有条件可以利用网络教学平台进行教学，如 Moodle、EDUSOHO 等。有条件的教师也可直接在现在开放的公开课平台申请教师身份开设课程，提供教学资源。专用网络教学平台使用将在模块十做详细介绍。

不论教师采取何种方式为学习者提供和发布学习材料，要考虑学生的习惯以及获取途径的可能性，尽可能采用统一的方式提供课程学习内容，以防止学习材料无法同步更新。

实践任务：收集与整理信息化教学资源

一、实践任务与目标

(1) 熟悉信息化教学（学习）资源获取过程，能够利用合适的技术和工具对获取的信息化教学资源进行管理与应用。

(2) 掌握一种网络存储工具的使用方法，能够利用它进行素材同步与分享。

(3) 了解网络笔记工具功能，初步养成文档分类存储及命名习惯。

二、实践内容与过程

(1) 确定探究问题：根据自己所学专业及兴趣，确定一个自己需要解决的学习问题或以后作为中小学教师在教学中可能遇到教学问题。

主题一定要明确、具体，不能过大。例如学前专业的学生既可以探究自己专业学习中的“瑞吉欧教育体系”一类问题，也可以探究学前儿童科学教学“辨别颜色”的具体教学问题。再如英语专业对于如何提高英语写作水平、如何提高翻译能力等这些问题通常没有具体的解决策略，无法给别人提供明确的指导。所以问题一定要具体化，比如英语写作中“如何写致谢”这样具体的教学（学习）问题。

若以上主题不能确定，可以根据自己专业选择中小学教学中一具体课时（单元）为主题。

(2) 根据确定的“主题或问题”搜索相关信息化教学（学习资源）。

①有没有相关的开放课程或精品课程。

②有没有相关的主题网站或网络社区。如果有，请列举，并整理与问题相关的文档资料，注意保留引用地址。

③了解对此问题有研究的专家、教师或关注者。有没有关注他们的博客、微博和所写的相关著作、文章等资料。

④是否了解和认识与你对这些问题有共同兴趣的“人”，你如何关注他对这些问题的研究动态?

⑤搜集教学课件与相关的学习资料，了解设计、制作和提供这些材料的“人”。

⑥中小学具体课程教学资源包括：多媒体素材、教学设计方案、课件、课堂教学录像（课程实录或教学视频）、教学反思与总结、教学主题研究成果、学科教师博客等。

(3) 利用网络硬盘以及网络笔记工具在搜索过程中对资料进行分类整理与加工，并跟踪相关问题研究者“人”的动态。

三、实践结果与评价

(1) 撰写日志：将自己探究的问题以及整理的资料通过日志发布。

(2) 日志可以不定期编辑与完善。资料整理与加工本身就是一个长期积累与完善的过程，不可能一节课就能完成。

(3) 日志需要介绍在整理加工过程中自己对问题的认识和理解。

(4) 需要下载的资料自己下载整理好后，上传至网络硬盘后，把下载链接放在日志中。

(5) 此次主题任务在课程结束时，需要制作汇报 PPT 在班级（或小组）内分享，重点介绍自己获取资源的途径，在获取资源过程中遇到哪些问题以及自己的经验技巧、对获取的资源是如何整理加工的。

模块四

文本信息加工与常见问题处理

本章导学

每一个学科都有自己特定的表达符号，比如数学公式、汉语拼音、英语音标、物理符号、化学元素、音乐乐谱等。在处理输入信息时，这些符号总会让我们困扰，比如在英语课件中输入音标，你会如何做呢?

对于大多数学习者要和大量的文本打交道，不论是在课堂听课，还是自己阅读。这些材料真的能帮助学习者快速获取有效的学习信息吗?

如图 4—1 所示。如果有一天，我们自己成为教师之后，我们会为学生提供这样的学习材料吗? 我们到底能对文本做些什么?

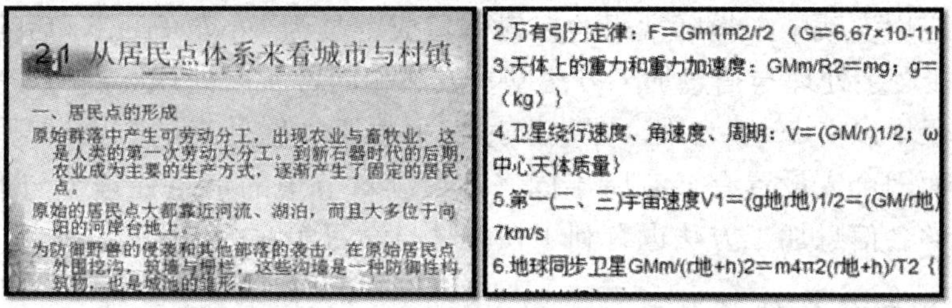

观看教学PPT　　自我阅读材料

图 4—1　PPT 和阅读材料

4.1 文本信息表达与应用

文字是知识最常用的表达方式。其简洁、精确、概括，很多学科知识的概念、定理、规则等内容皆采用文字方式来表述。另一方面，它又高度抽象，具有极强的思想表现力和思想传达能力，如“大漠孤烟直，长河落日圆”、“钻石恒久远，一颗永留传”等寥寥几语就表达了丰富的意境。与其他表达形式相比，文字也是人们最熟悉的媒体形式，在现实生活中使用得最多的一种信息存储和传递方式，在信息化处理上也最快捷。但也正因如此，在文字信息使用的过程中，容易忽略不同媒体载体对文字呈现的特别要求和学习者阅读心理的变化。

文本是画面的三大形象元素（色彩、图像、文本）之一，在多媒体视觉表达中与传统的印刷材料中（通常以文本为主体，少量配图，极少考虑色彩）表达要求并不相同，特别是对学习内容的表达上，更强调文本的结构化表达和形象化表达。

如图 4—2 所示，用水的三态结构化示意图能够让学习者快速度了理解三者之间的关系，与普通文本阅读获取信息相比，结构化与形象化可以帮助学习者建立知识之间的联系。

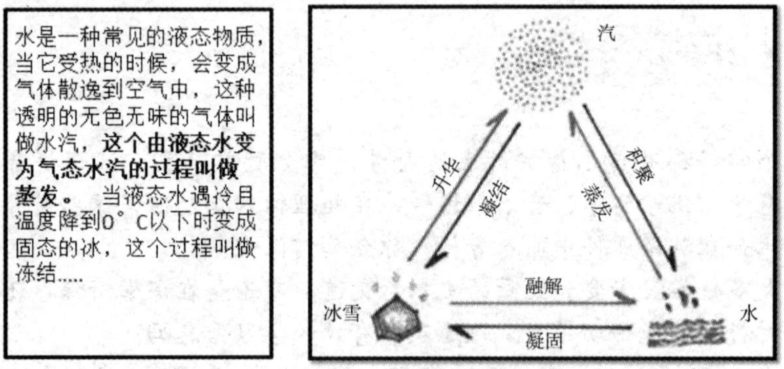

普通文本阅读　　　　结构化处理——示意图

如图 4—2　结构化与形象化示意图

因在教学应用实践中，教师常用的多媒体集成工具为 PowerPoint（后简称 PPT），而且它与 Word 在文字处理与信息加工方法基本方法相同，所以处理案例和方法皆以 PPT 为例说明，软件版本以 2010 版为准。在实践过程中主要掌握处理的方法和思路，其具体操作步骤以及界面因个人设置有会有所不同（在后续章节中的信息处理也与 PPT 软件结合阐明，这样既学会信息加工方法也有利于在教学与学习实践中应用）。

4.1.1 文本信息结构化表达方法

结构化的学习材料不仅能让学习者更容易理解学习内容，得到识记的线索，而且能够让学习者在相同的时间内获取更多的信息内容。

1. 项目列表

常见的结构化处理方法是提取文本内容中表达的关键点，按内容的结构进行重新排版，可以借助项目列表符号（序列）让信息呈现更富条理。如图 4—3 所示。

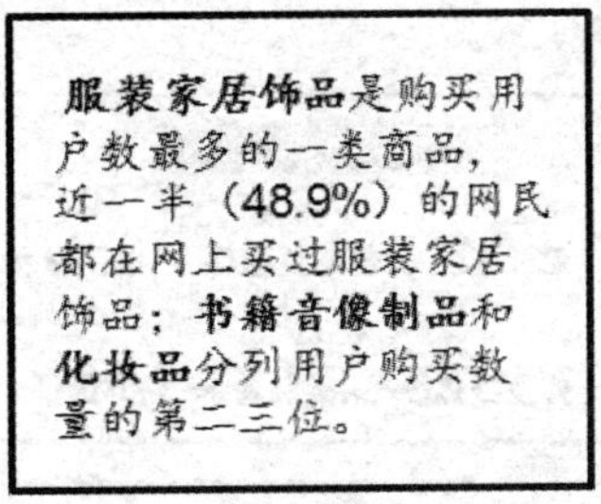

普通文本阅读

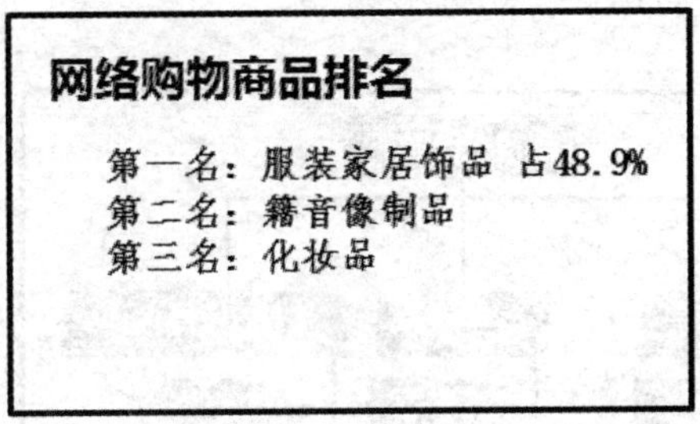

结构化处理后

图 4—3　结构化处理前后的文本对比

结构化处理内容的关键在于对表达内容的理解和加工，让学习者在接触学习材料时，就能够了解主要内容是什么。信息加工者需要概括出内容标题（或主要的关键词），列出表达要点，整理它们之间关系，利用标题与内容之间的对比（大小、颜色、样式等）、缩进等方法使文字内容结构化关系得以呈现。如图 4—4 所示。

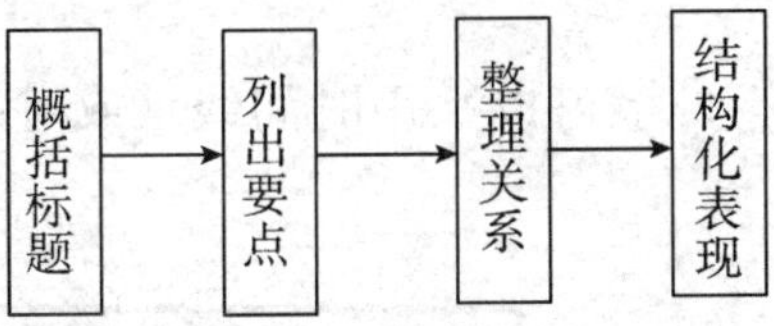

图 4—4 结构化处理的步骤

2. 结构图—层级图（组织结构）

除利用标题与正文之间对比表现结构化外，也可以利用层级图等组织结构图、流程图等方式表达结构化。

在阐明“计算机系统结构”内容时，其主要为包含关系（或者说是整体与部分关系），借用组织结构图或框线图不仅简化了叙述的文字，更能让它们之间的关系一目了然，如图 4—5 所示。

普通文本阅读

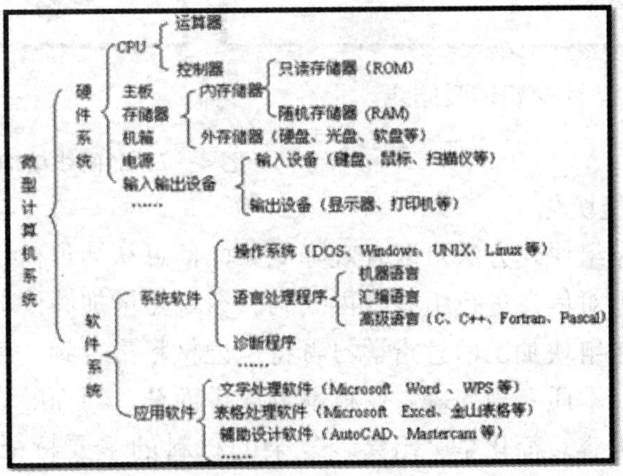

利用结构图加工

图 4—5　普通文本和框线图

采用结构化方式主要考虑内容本身的结构，例如，事物本身结构模型、顺序性内容、层级性关系等，如图 4—6 所示。

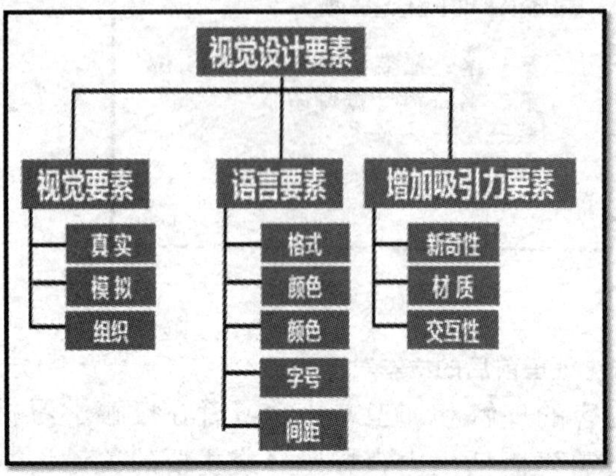

组织结构示意图

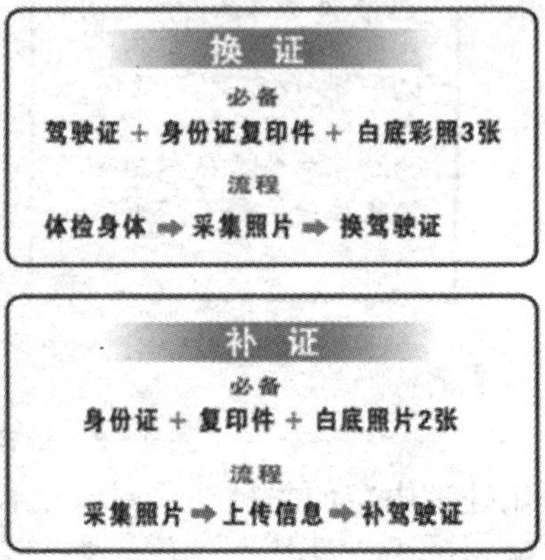

驾驶证补换流程

图 4—6　结构化示意图

3. 时间线

对具有明确时间先后性信息，也可以采用时间线（或时间轴）结构来组织和表达信息，如图 4—7 所示。

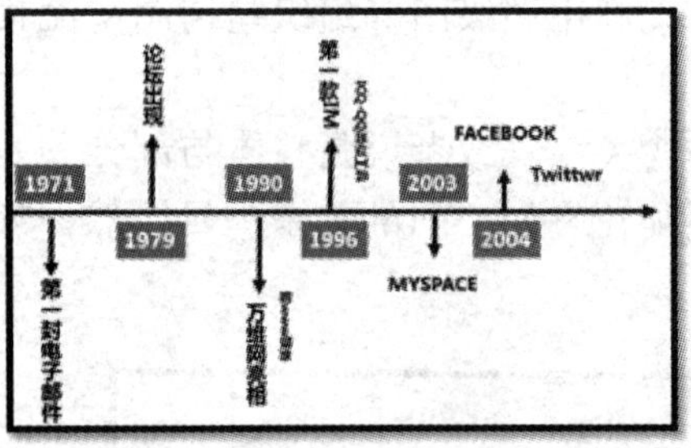

社交媒体时间线

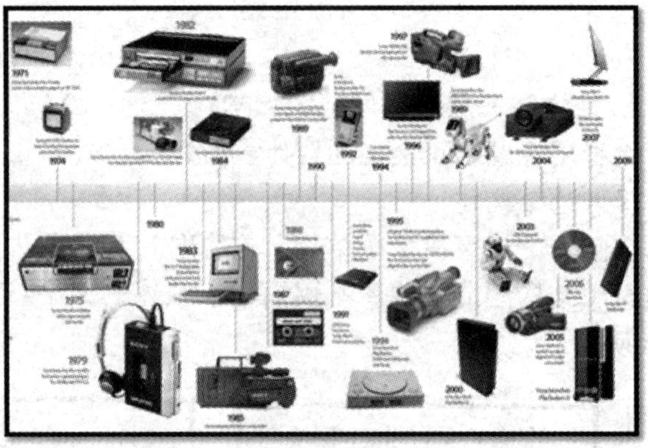

视听媒体发展时间线

图 4—7　时间线结构

4. 组块化

采用组块化方法可以有效降低页面信息认知负荷。组块是指将信息内容组成有意义的单元，是对信息进行组织或再编码。组块是增加阅读的容量，提高阅读信息加工效率的关键，利用组块加工信息指学习者将识记材料集合到一起，找出材料内容间的条理系统、逻辑结构、本质、规律等，使材料形成少而精、简而赅的知识组块，以便引起联想，从而记忆全部内容。简化是突出繁多复杂的材料的主要特征，再利用一定的方式（如口诀、提纲、归类等）呈现。

文本加工结构化方法最重要的是提取内容加工线索，寻找内容之间的关系：顺序、分类、包含、层级等，再采取相应的表达方式，如图 4—8 所示。

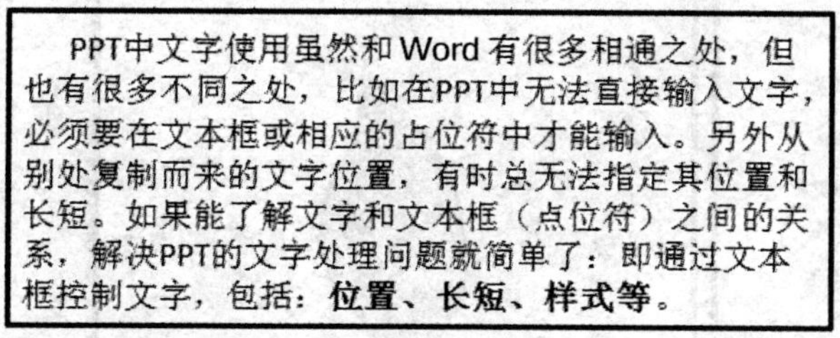

PPT中文字输入方法

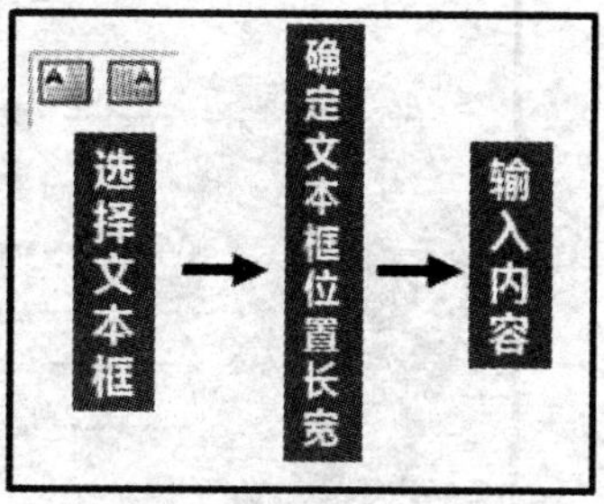

PPT文字输入：组块化加工

图 4—8　组块化加工

4.1.2　文本信息形象化表达方法

在现实的信息表达中，利用图表、插图等形式对文字信息进行加工不仅能增强文本结构化，使表达更有条理，而且也使表达信息更直观形象，更有趣味性，在相应的视觉符号中，文字概念（符号）最为抽象，如图 4—9 所示。

	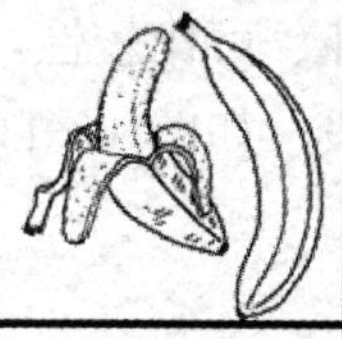	果身弯曲，略为浅弓形，果棱明显，果皮青绿色或带黄，果肉松软，黄白色，味甜，无种子，香味特浓。	香蕉
照片	示意图	文字描述	概念

图 4—9　香蕉的抽象和直观展示

注意：在特定的传播环境下，并非越直观（真实）的信息越有利于学习，人们从图片中大量的无关信息挑选出有用的信息能力和年龄相关，对于小孩子和第一次接触新领域知识的学习者，细节过于丰富反而会干扰学习。另外在文字信息形象化表达中，如果涉及具体图像处理问题，请参考模块五。

1. 模型、标识或示意图

日常生活大量信息被图形符号来替代，如交通符号、多媒体操作界面等。用这些符号与文字配合，使文本信息更容易于理解。为文字描述内容提供相应的示意图（模型）是文字表达形象化最常用的方法。

模型以及示意图是对信息表内容的深层加工，要能突出事物的关键特征，并能够帮助用户切实理解表达的内容。如图 4—10 所示，光合作用示意图可以让学习者更容易理解在光的作用下，植物吸收二氧化碳与水，产生氧气和有机物的过程。

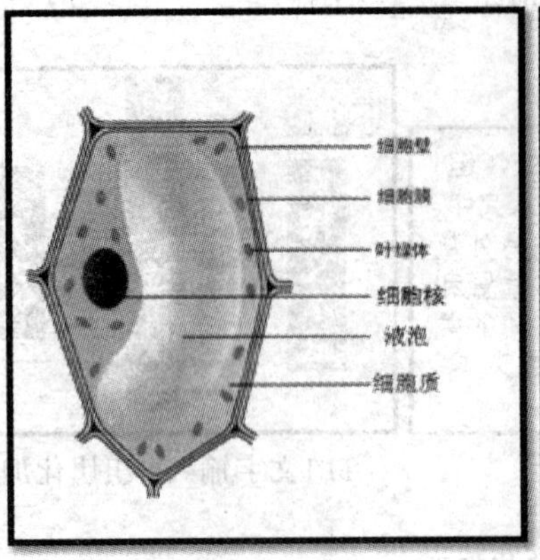

细胞结构示意图

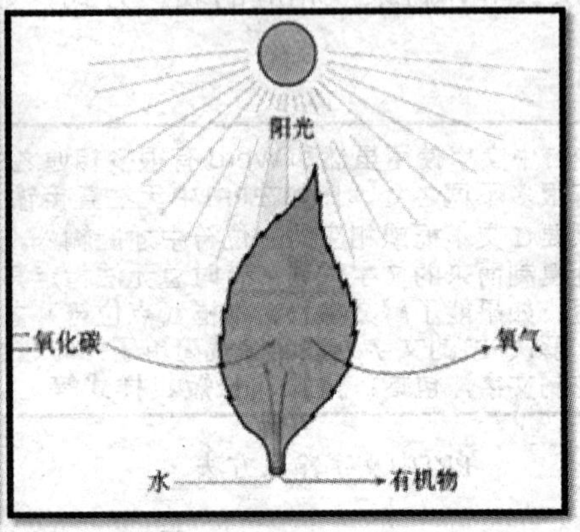

光合作用 示意

图 4—10　光合作用的示意图

2. 图表信息表达

图表是一种数据的组织形式，也是信息的可视化一种手段，比如课程信息、班级人数基本信息等。用图表的方式呈现，增强了数据的条理性，并且对数据的分析提供了基础，特别是在数据表的基础上形成的各种类型图表（折线图、条形图、饼图）等。它能将数据以直观的形态展现在人们面前，增强信息的可读性、可比较性，为人们解决问题、决策或预测发展提供帮助，因而它是数据分析的有效手段。如图 4—11 所示。

> 商品在网上畅销与否受网络购物的特点影响很大。按照重要性先后排序，**网络购物优越之处在于**：网络商店中的商品种类多而新、价格低、网络购物没有时间限制、商品容易查找、网络商店服务的范围广等。**网络购物的不利之处主要有**：信誉度问题、配送问题、支付问题、网络安全问题等。

	优 势	劣 势
网络购物	种类丰富	信誉问题
	价格便宜	配送问题
	容易查找	支付问题
	没有时间限制	网络安全

图 4—11 普通文本和图表的对比

表格使信息组织更有条理。结合相应的图示或主题图片，成为近年来的 InforGraphic 一种表达趋势，也称 Data Viz（数据可视化），如图 4—12 所示。

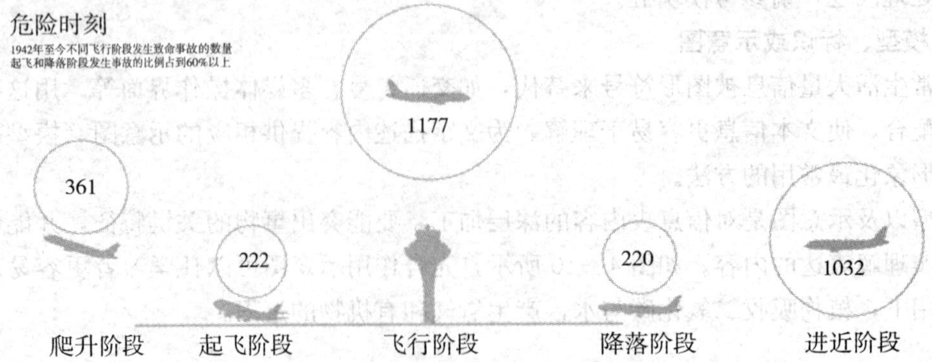

图 4—12　飞机的危急时刻示意

又如对看电影人群的年龄阶段以及教育程度的分析，如图 4—13 所示。

图 4—13　看电影人群的比例

4.2　文本应用常见问题与解决方法

文本信息在应用过程中最主要的问题在于文本信息输入、排版、组织以及呈现相关问题。

4.2.1　文本信息输入与字体兼容

文本的输入除打字输入外，还可从图片扫描识别、文字复制和粘贴、语音输入等方式。在文字信息输入过程中，经常会遇到以下几种问题。

1. 格式清除

复制与粘贴是处理文字常用的操作，但从网页以及其他应用程序中复制的文字经常会带有多余的格式（或样式），如链接、段落间距等。如图 4—14 所示。

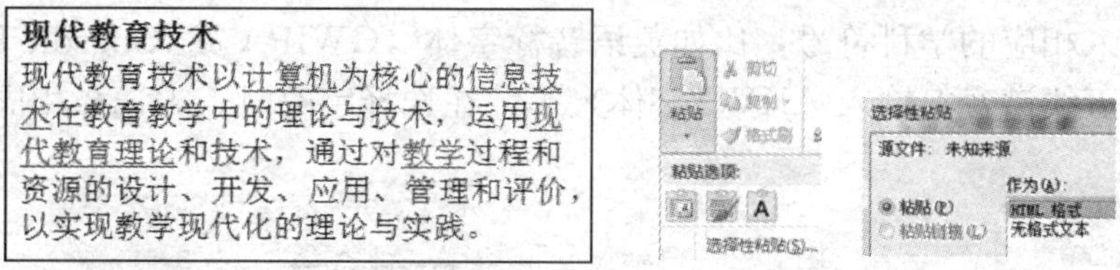

网页中保留原格式的文本　　　　粘贴时可选择纯文本方式

图 4—14　选择文本格式

也可以将复制内容先复制到记事本等纯文本软件中清除格式和复制内容中的非文本性信息或利用 Word 中的清除格式功能，如图 4—15 所示。

注意：如果在 Word 中处理较长文档时，文字格式设置尽量使用样式设置，以方便统一管理和编辑。

另外，如果需要将其他格式中的文字内容提取，比如图片中的文字或 PDF 文档中的文本，可以借助 OCR 类的专用软件。

2. 特殊字符输入

在处理文本时经常会输入特殊字符，如：“()”等。可以通过插入特殊符号、软键盘以及公式等方法实现，如图 4—16 所示。

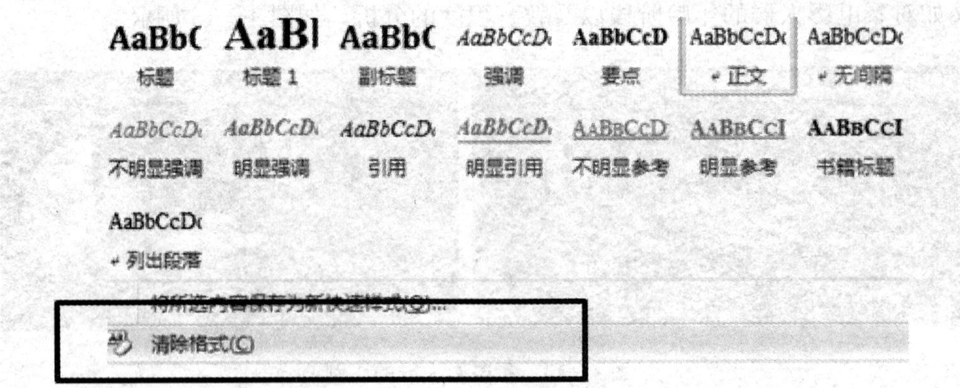

图 4—15　用 Word 清除格式

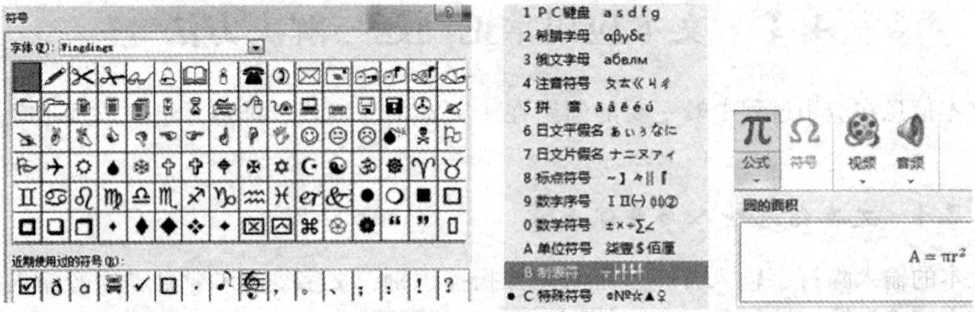

图 4—16　常规输入特殊符号方法—符号，软键盘和公式

但一些学科用的符号（如音标），在 PPT（或 Word）中有时无法直接输入，可以尝试以下几种方法。

（1）利用字体。PPT（或 Word）中插入符号的来源也是字体。因此，可以通过使用第三方字体插入相应的学科符号，比如英语音标字体（GWIPA 或 Kingsoft Phonetic）、音乐音符字体（五线谱音符输入 AKVO 字体）等，在选择字符时，先选择相应字体即可。

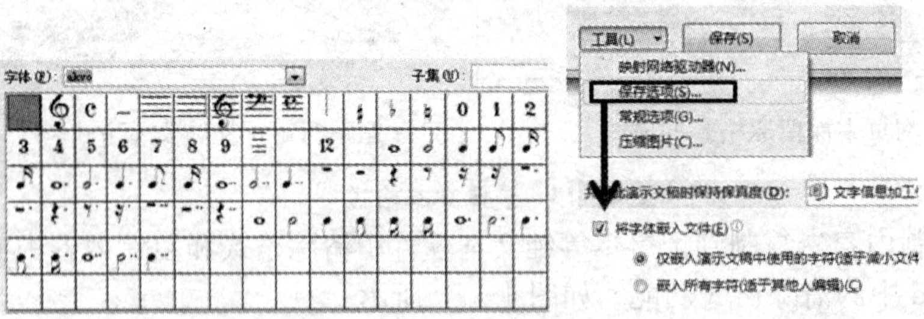

图 4—17　使用第三方字体在保存（另存）文件时需要嵌入字体

在使用特殊字体嵌入符号时，需要将字体文件嵌入，否则可能在其他计算机或应用场合无法正常显示。嵌入的方法：“文件保存（另存）”→“将字体嵌入文件”。

（2）利用图片代替文字。对于一些没有相应字体的符号，可以利用绘制符号或者直接从相关图片上截取见模块五，利用图片代替字体。

注意：利用图片代替字体也是一种实现字符兼容的方法，即插入特殊字体后利用选择性粘贴，将字符转为图片。但这样处理后，字符就无法编辑了。

也可以利用输入法提供的字符输入功能，实现一些特殊符号输入。

4.2.2 超链接文字处理

超链接可以实现内容之间的跳转和非线性组织，这也是其与传统文本的线性组织内容方式的最突出特征。但设置超链接的文字因为受默认的配色方案影响，其色彩与样式会与其他内容样式不协调。

改变超链接的方式有两种，一种是修改配色方案设置，另一种是利用遮盖或对文本框设置链接，如图 4—18 所示。

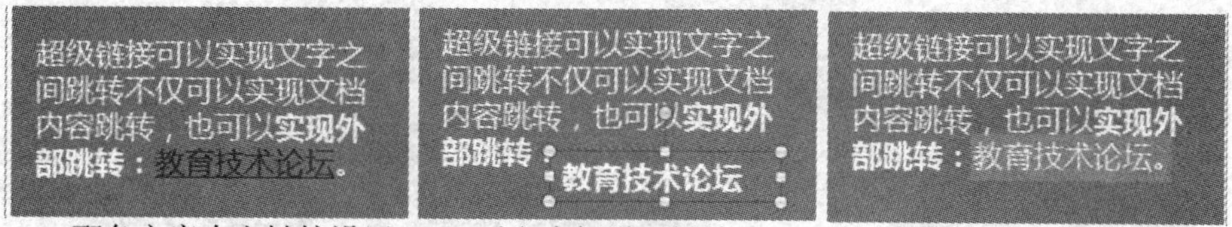

配色方案中文链接设置　对文本框设置链接　大文本框上遮盖一透明图形

图 4—18　改变链接文字颜色的方法

透明对象的绘制和设置方法见模块五。

4.2.3 文字颜色与背景颜色问题处理

文字颜色与背景颜色对比强烈（如黑与白、红与黄等），则文字显示比较突出；如果比较接近，则难以辩论与阅读。图像上添加文字时需要特别注意，因为图像的颜色比较丰富，很难与文字颜色协调，如图 4—19 所示。

对比强烈　对比不强烈　在背景和文字之间放置形状

图 4—19

调整文字、图形以及背景图像之间的顺序可以通过叠放次序设置，利用叠放的次序遮挡，这在绘制图形中也是一种重要技巧，如图 4—20 所示。

图 4—20　设置叠放次序：上移或下移

4.2.4 文字排版问题

文字信息呈现效果除上述所说的结构化、形象化处理外，文字的排版也极大影响着人对信息的感知与阅读意愿，影响内容呈现界面的重要因素。这里所说的排版不是一般文字处理软件中的字体设置或段落设置，而是一般意义上对文字显示位置、布局设置的规则。

注意：在 PPT 或其他软件中为了让文字灵活排版，每个组块（信息单元）内容应当使用独立的文本框，避免使用只一个文本框。

1. 一致性与变化原则

一致性是指文字的字体、颜色、大小以及位置的统一。有时强调某些特别信息，习惯对文字进行特别设置，以增强对比。但这也让文字在呈现时比较乱、影响视觉效果，因此必须要在统一与变化中寻求平衡，如图 4—21 所示。

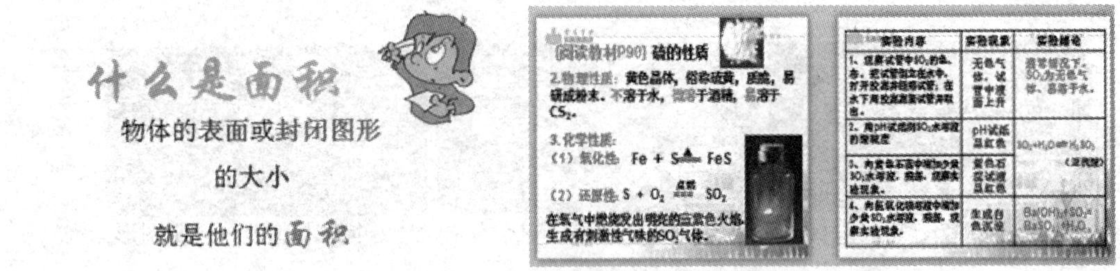

图 4—21　变化不当使文字更为混乱

文字排版的“变化”是指标题与正文的变化，“重点强调内容”与“普通内容”之间的变化（区别）、“当前呈现内容”与“非当前呈现内容”之间的变化。在这个基础上来谈统一，即标题与标题之间的统一、重点强调内容与重点强调内容的统一（一致性）。统一并非一成不变，是变化中的一致，如图 4—22 所示。

统一中有变化：位置，缩进，大小，颜色等　　　　统一缺乏变化

图 4—22　变化与统一的结合

简洁统一是文字排版的要求。同一级（层次）的内容在字体、大小、色彩、描述方式的一致性能够增强文字表达的结构化，也符合接受者的认识预期。变化是为追求关键信息的强化，而不是为了变化而变化。设置艺术字、使用各种风格、各种文字效果有时只会让人感觉版面凌乱，反而影响文字信息的呈现与表达。

2. 对齐

对齐是文字排版的基本要求，在 PPT 中也提供了专门的对齐工具，方便设置对象之间的对齐方式（左对齐、右对齐、顶端对齐、底端对齐等）、间距设置和网格等工具，如图 4—23 所示。

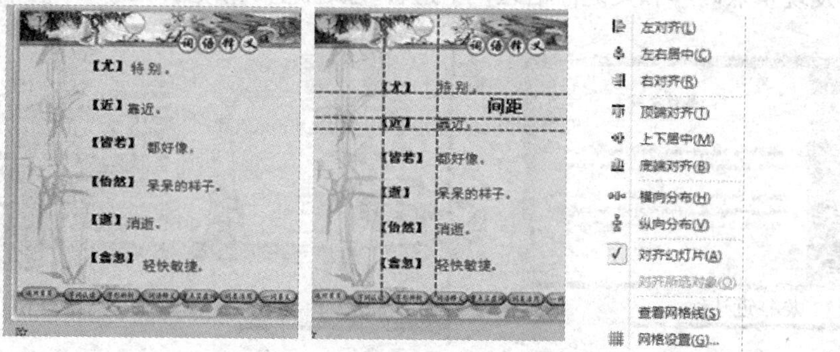

图 4—23　PPT 中的对齐格式

3. 聚拢

聚拢是指将彼此相关的内容放在一起，容易让人忽略的一个原则。与组块化原理类似，聚拢可以让分散的信息组成一个整体（单元）。彼此相关可以是表达内容或形式上的相关，在排版这些信息时可以在幻灯片上相对接近（或时间上连续呈现，参考模块七）。聚拢的前提是了解内容表达的含义与形式的相近，利用时间、空间相近原则进行处理，如图 4—24 所示。

图 4—24　聚拢—相关信息空间上相近

标题与制作者信息有一定的相关性，在呈现的时候可以将标题信息与作者信息靠近一些，在呈现上作为一个信息单元。在设计中相近的信息单元也要突出最关键的信息：课件标题，如图 4—25 所示。

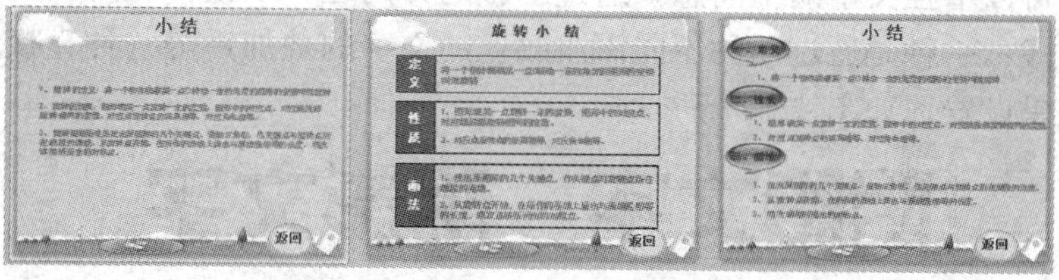

图 4—25　“旋转”课小结示例

在关于“旋转”一课小结时，小结内容主要包括旋转的定义、性质和画旋转图的方法。将所有内容依次呈现是一种方式，但按相近内容空间接近呈现的方式更有助于学习者了解内容之间关系。使用结构图（如前结构化方法）或框架等方式组织信息，框架具有极强的视觉引导作用，另外在小结中也可以参考前述的文本形象化呈现方法，学习者能更为直观的接受信息。

4. 空白原则

文字处理在排版时还经常见到文字内容太多，显得很紧、密密麻麻，使界面毫无美感，很难从中发现重点内容和关键性信息，不适合多媒体呈现信息原则，如图 4—26 所示。

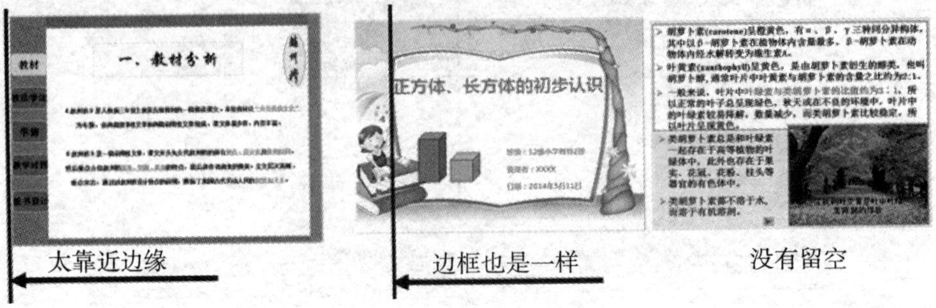

图 4—26　留空原则

以上所述的文字排版时应当注意以下几个问题。

（1）简化内容。

（2）分散内容。

（3）不靠近边缘（与框架保持一定的距离）。

（4）内容之间留空。

在处理其他界面元素时也可以参考。在 PPT 中文字处理的基础和前提是文字的简化，文字过多，无论如何设计与排版也无法在投影时让人快速了解。

4.3　几种文字效果制作

为了增强文字艺术效果或强化部分文字，有时对标题文字进行一些设计，能够有效吸引注意力，突出标题。

4.3.1　阴影文字制作

阴影文字可以增强文字的空间感，通过阴影的方向还可以模拟相应的光照效果。阴影实现有两种方式：一种是通过两种不同深浅颜色的文字的叠加，另一种直接通过软件中的文字格式和效果设置。如图 4—27 所示。

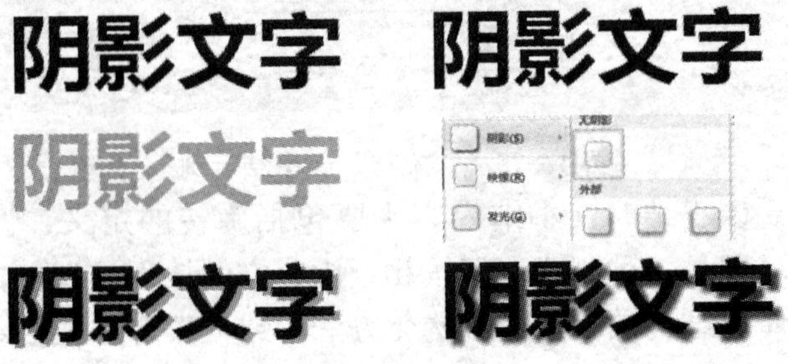

图 4—27　两种实现阴影效果的方法

1. 叠加方法制作阴影文字

通过叠加方法制作文字要点在于两种方字的颜色深浅设置，以及它们之前的前后顺序（或叠加次序）和位置控制，如图 4—28 所示。

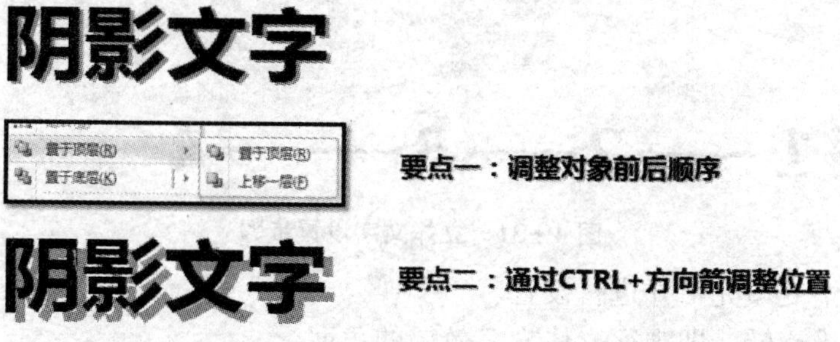

图 4—28　阴影文字制作要点

2. 通过文字格式选项内置的效果及设置制作阴影文字

在 PPT2010 中，文字内置了阴影、映像（倒影）、发光等多种效果，具体设置通过“选中文字”→“格式”→“文本效果”按提示选择和设置即可，如图 4—29 所示。

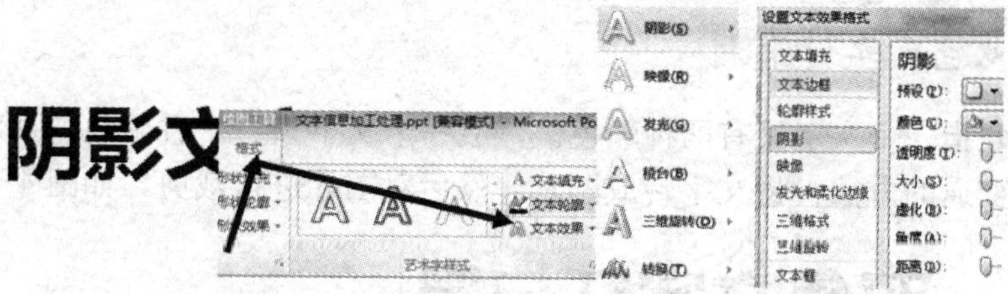

图 4—29　内置的文字效果及设置选项

注意：通过右键单击文字，选择设置形状格式也可以快速进入文字效果格式设置，可以一一尝试，了解各选项功能和用途。

4.3.2　立体文字制作

在文字处理中，文字的立体效果主要通过阴影、光照和透视设置实现。在 PPT 文字效果设置中，立体文字效果主要四个要素：文字的填充颜色、文字的边框颜色、文字的三维旋转和三维格式，如图 4—30 所示。

图 4—30　立体文字制作

具体设置步骤，如图 4—31 所示。

（1）选中设置的文字（非文本框），右键选择设置文字效果格式。如果选择的是文本框，出现的设置形状格式。虽然两者有部分设置相同，但指向对象不同：一是对文本框设置，一是对文字设置。

（2）设置文本的填充颜色和轮廓样式，建议设置对比强烈的颜色。为了使立体效果更

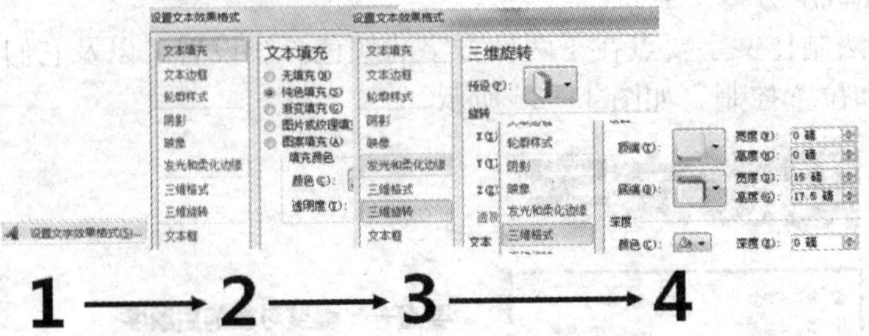

图 4—31　立体文字设置步骤

逼真，可以使用渐变填充，并进行设置。

（3）设置三维旋转，即观察立体文字效果的角度。

（4）设置三维格式。主要对低端设置。具体数值在调整时可以观察文字立体效果的变化。

注意：PPT 2010 对文字效果设置最大特征即文字与普通图形一样，由填充和轮廓组成，具体设置见“空心及各种材质文字制作”案例。

4.3.3　双色文字制作

双色文字是指一个文字具有两种颜色。一般一个文字只有一种颜色，两种颜色的实现方法只有通过变通的方法：将文字转成图片，然后对图片进行裁剪，如图 4—32 所示。

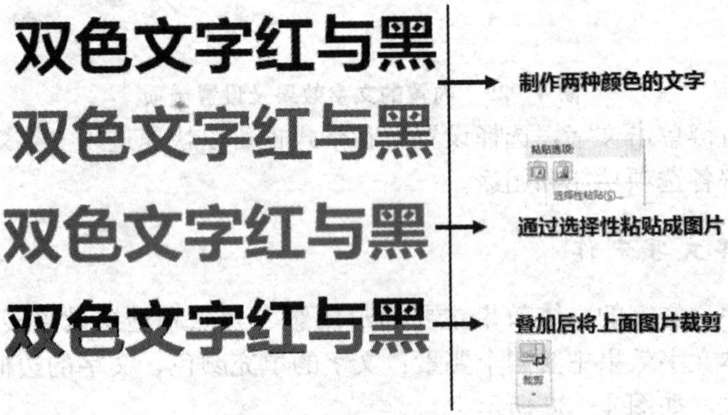

图 4—32　制作双色文字步骤

制作双色文字应注意以下几点。

（1）制作两种颜色不同的但内容与大小相同的文字，在选择颜色时可以考虑两种背景颜色相对，以形成如图 4—33 所示的效果（以矩形填充不同颜色，置于文字下方）。

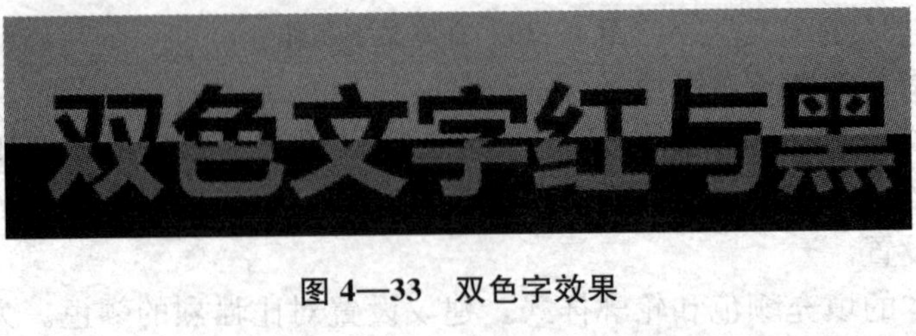

图 4—33　双色字效果

（2）将其中一种颜色文字转换成图片。可以右键将文字另存为图片再插入图片，也可以复制文字后，选择“选择性粘贴”，把文字转换成图片对象。

（3）把文字和图片叠加，尽可能重合，并保证图片在上方。

（4）选择图片格式中的裁剪工具，将上方的图片裁剪一部分，从而露出下面另一种颜色的文字。

4.3.4 空心及各种材质文字制作

如前所述，在 PPT 2010 中文字可以视为填充和轮廓组成，因此通过设置不同的填充（颜色、纹理、图片）即可实现不同的文字效果。空心文字即是把填充设置成与背景相同颜色（或透明）实现的，如图 4—34 所示。

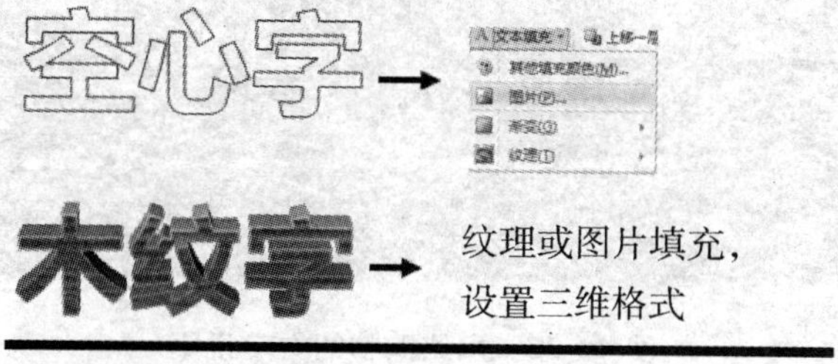

图 4—34　空心文字制作

结合立体文字设置方法与图片填充方法可以实现各种材质文字效果，如木纹、冰雪、钢铁等。

另外因为文字填充可以使用图片填充，所以文字能够转换成图片，图片也能够“变”成文字。

实践任务：文本和信息加工与处理

一、实践任务与目标

（1）了解文本表达结构化和可视化方法，能够根据文本表达内容对文本信息进行适当加工，突出关键信息。

（2）根据自己专业，输入本学科特殊符号，并掌握将文字转换成图片的方法。

（3）了解文字使用中的常见问题，根据文字排版与加工基本原则，能够指出给定的文字材料表达上存在的问题。

（4）掌握几种特殊文字效果制作方法，结合制作阴影文字经验，自主探索制作映像、环形文字等不同效果，并提供具体制作过程（或制作说明）。

二、实践内容与过程

（1）在四线格上输入汉语拼音（根据不同专业可以输入指定不同的特殊符号）。

（2）结合文字处理与要求，对以下文字效果进行适当处理。

①关于网络购物的文字说明，如图 4—35 所示。

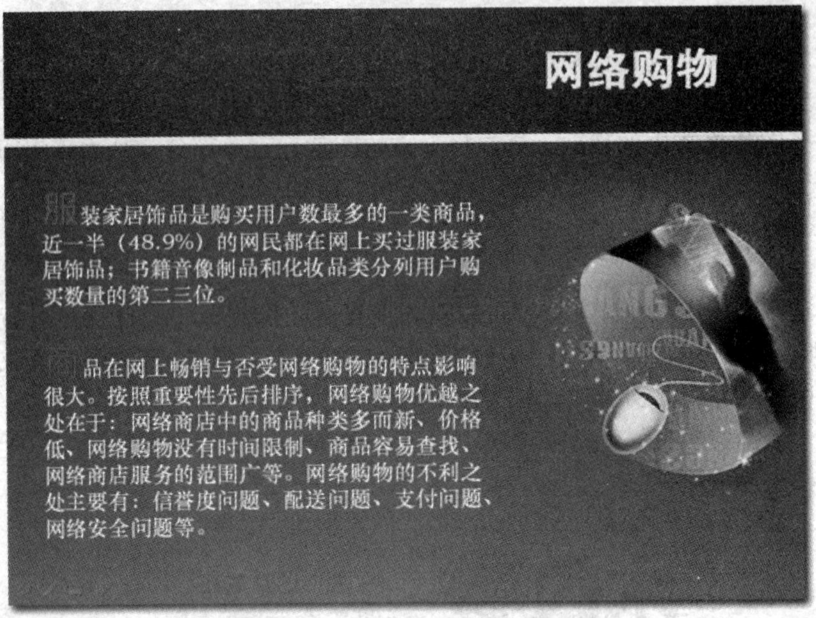

图 4—35　网络购物的文字说明

②指出如图 4—36 所示文本信息在使用中存在的问题，并进行加工处理。

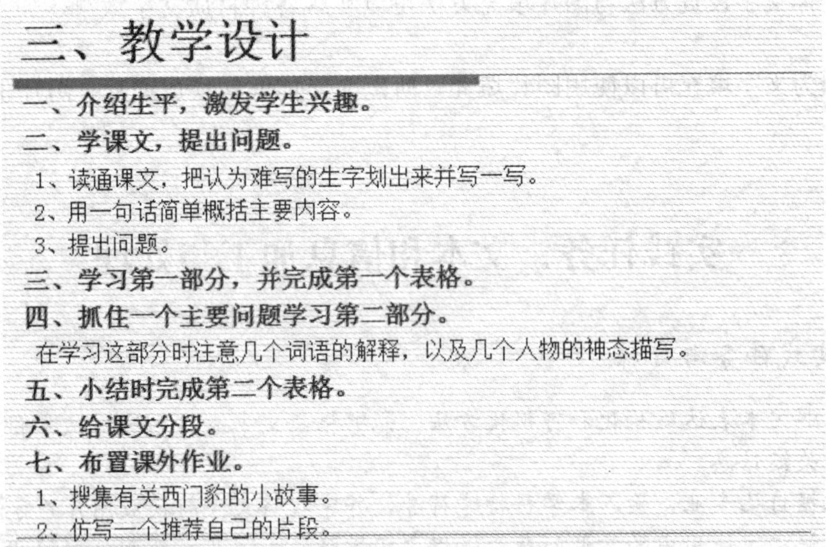
三、教学设计

一、介绍生平，激发学生兴趣。

二、学课文，提出问题。

1、读通课文，把认为难写的生字划出来并写一写。

2、用一句话简单概括主要内容。

3、提出问题。

三、学习第一部分，并完成第一个表格。

四、抓住一个主要问题学习第二部分。

在学习这部分时注意几个词语的解释，以及几个人物的神态描写。

五、小结时完成第二个表格。

六、给课文分段。

七、布置课外作业。

1、搜集有关西门豹的小故事。

2、仿写一个推荐自己的片段。

图 4—36　待处理的文本信息

③为一首古诗《静夜思》设计一标题效果，可以根据专业特点选择其他内容标题进行设计，至少设计三种以上效果。

三、实践结果与评价

(1) 自我评价。

看自己是否能完成和回答问题。

①会使用选择性粘贴吗？掌握了文字转为图片的方法吗？将文字转为图片有什么好

处？图片转换成文字呢？

②会使用图片裁剪工具吗？

③能够改变文字中超级链接的颜色与样式吗？采用的是什么方法？

④会使用文本处理中的对齐工具吗？

⑤在输入文字信息时，习惯使用多个文本框输入内容，还是习惯用尽可能少的文字框输入内容？习惯使用幻灯片上自带的文本占位符吗？说说自己选择的理由。

（2）教师评价。

按要求提交以上文字处理案例，对完成的案例进行评价。

模块五

图像信息加工与处理

本章导学

图像不仅是教学信息的重要表达方式，而且对教学资源界面艺术性有着决定性的影响。课件、教学视频、网络课程等这些多媒体教学材料界面都是一种屏幕界面，相当于一幅图像。

内容的整体可以视为一幅图像，图像信息加工处理主要包括两方面：一是图像本身信息（教学）内容的表达；二是界面设计（构图）。

5.1　图像信息表达特点

图像与文字相比，表达信息更直观、明确，更有视觉吸引力。在相同的时间内，“读”图比阅读文字更为轻松。在“新媒体”（或社会网络）情境下，最引人关注的内容都有配图。如果让你描述一下日落的美景，再优美的文字也无法匹敌一张漂亮的日落照片。虽然图片可能无法给读者一个想象的空间，但却能快速吸引用户的眼球。如图 5—1 所示，孙悟空的文字描述与图片的区别。

孙悟空文本描述　　孙悟空形象图形

图 5—1　文本描述和图像展示的区别

5.2 图像资源的获取

图像资源获取主要有四种方式：一是通过网络或其他资源库搜索；二是自我绘制；三是通过拍照或扫描；四是截取屏幕获取。由于智能手机的普及，人们利用手机拍摄、分享图片信息越来越便捷。

5.2.1 网络搜索

网络搜索正成为人们普遍获取信息的方式，图片信息也是如此。但在获取图片信息时有一些特别的要求，需要注意事项，如图 5—2 所示。

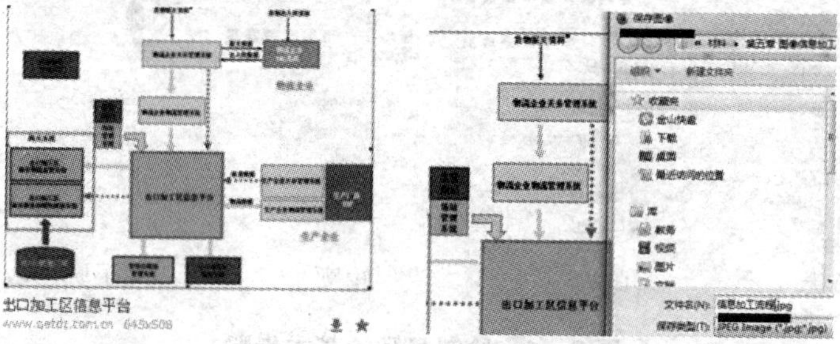

注意图片大小　　不直接复制网页中图片要保存

图 5—2　获取图片的要求

(1) 注意图片大小。要根据使用用途确定图片大小。在搜索图像时既可以利用搜索引擎提供的图像尺寸筛选功能，也可以在选定图片时确认一下图像具体尺寸。

如果图像用做背景图像，根据大多数屏幕分辨率配置或投影输出要求一般不要低于 1 024×768（或 800×600）。尺寸太小的图片放大后会明显失真，影响显示效果。

注意：图像大小一般以图像分辨率来表示，即图片长与宽像素乘积，像素越多，其在相同的设备上显示的尺寸也就越大，占的存储空间也越大。如果图像用于修饰的图标或按钮则不需要太高的分辨率（尺寸），可以利用图像编辑软件改变其大小，具体方法见模块五。

(2) 不要直接复制网页中的图片使用。网页中的图片可以通过复制的方式直接粘贴到其他软件中，但不利于图片的编辑和管理。建议在使用图片资源时将图片命名分类以文件方式保存，方便图片文件以后查找和重复使用，而且可以借助第三方图像编辑和处理软件对图片进行加工处理。

5.2.2 绘制

教学材料中的示意图或简单的图形组合可以直接绘制，绘制图像在于基本图形的组合，改变它们之间的顺序以及填充效果，如图 5—3 所示。

(1) 绘制图形主要工具在于选择适当的形状，并选择相应的填充方式。

如图 5—4 所示的月牙是一个填充为蓝色的圆和一个填充为白色（与背景色）相同的圆叠加在一起形成的效果。设置中形状填充可以是颜色也可以是图片、纹理，如果制作光影效果可以利用渐变填充。轮廓可以设置线的形态、粗细、颜色等。

图 5—3　利用基本图形绘制

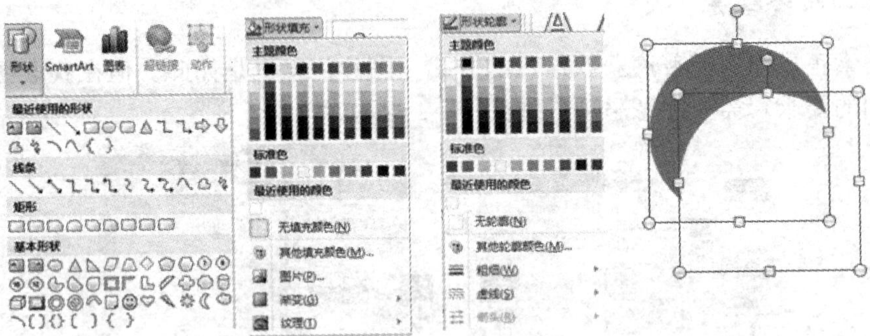

基本形状　　填充　　轮廓　　两个圆形成的月牙

图 5—4　绘制月牙的基本步骤

（2）利用编辑顶点功能，更灵活调整形状和线的形态。

如图 5—5 所示。黑色的点为顶点，白色的点为控制线的曲率，黑色的点可以移动位置从而改变形状，白色的点的移动调整线的形态。

顶点也可以删除，增加，并改变顶点的类型（直线点还是平滑顶点）。

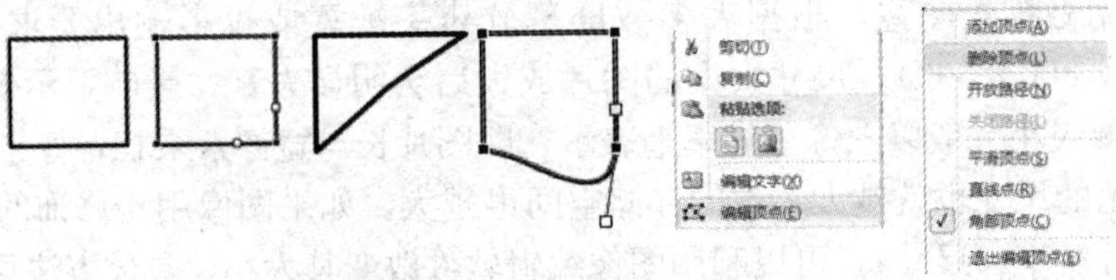

图 5—5　调整形状和线的形态

5.2.3　相机或手机拍摄

随着数码设备的普及，除相机以外，手机与平板电脑也具有良好的拍摄功能。教学中一些图像素材完全可以自己拍摄获取，但需要注意以下几点。

（1）根据图像用途，设置合适大小。用于教学材料的图像素材，一般不需要洗印成照片，不需要设置过高的分辨率，如图 5—6 所示。

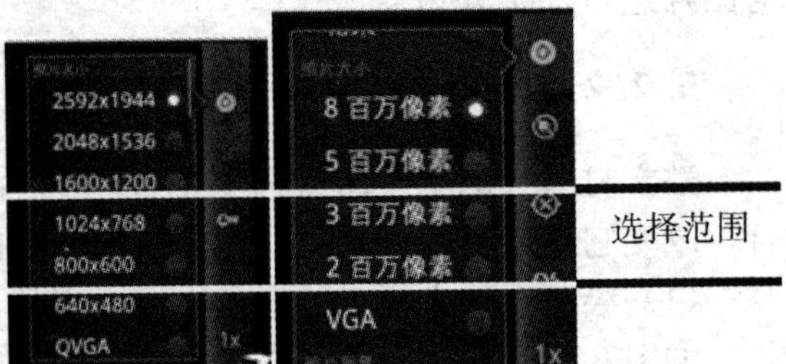

图 5—6　像素的范围选择

（2）拍摄过程中注意干扰信息，保持画面简洁干净。与绘制图像不同，摄影（拍照片）是做减法，即把与教学内容无关的元素剔除，避免带入干扰信息和后期编辑困难。

5.2.4 截取屏幕

在观看视频或其他形式学习材料过程中，可以通过截取屏幕的方式获取素材。

截取屏幕可以使用键盘“PrintScreen”或“Alt＋PrintScreen”键复制屏幕，或利用第三方截图工具，比如QQ软件、一些输入法带的截图功能，也可以利用一些功能更为强大的专用截图软件，如FastStone Capture或PicPick等。

注意：有的截图软件不支持视频画面截图，可以利用视频播放软件带的截取功能获取。

5.3 图像排版与美化

与文字排版一样，图像布局和排版时也应当注意“一致性”、“对齐”、“聚拢”和“空白”等原则。但无论是作为一种修饰元素还是教学内容材料，图像在处理上都有自己独特的一面。

5.3.1 基本的构图原则

如果将学习材料呈现的画面（如课件的屏幕画面、教材的一个版面、网络课程的一个页面等，后统称界面）视为一幅图像，则可以借鉴构图原则来安排界面上的元素。

1. 三分法

通常界面会有多个文字和图像对象（元素）。三分法的原则是安排这些元素的一个参考，即将重要的信息尽可能置于画面的兴趣中心。如图5—7所示。

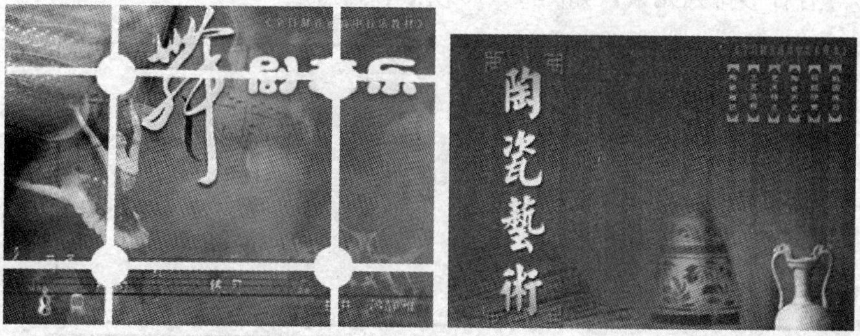

图5—7 界面的兴趣中心

如图5—7所示的界面中的元素包括课件的标题、课件的导航以及作者、教材出处和修饰的背景图片，最关键的信息当然是课件的标题与导航链接，这些内容的安排位置都参考了三分规则。

界面设计不完全等同于摄影构图的三分法构图原则，并非严格遵守。有时一些元素会偏离，使界面有更大的空间呈现教学内容的主体信息，实际应用过程中更多体现在对界面空间的分隔和空间的充分利用上，如图5—8所示。

图 5—8　更大空间的界面

通过屏幕分割，使界面上安排元素位置相对统一，在处理具体元素位置时仍然可以遵循三分的构图原则。

2. 引导线

在构图中有多种原则与“线相关”，比如对角线构图、水平构图、垂直构图、十字构图等。这些线并非真实存在，而是画面元素在布局上呈现出相应的排列规则，如图 5—9 所示。

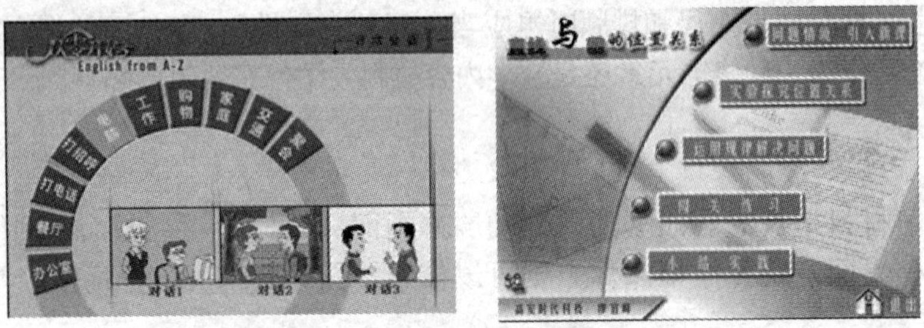

图 5—9　角线构图与水平构图

在排列图像及相应元素时，除常规的水平、垂直对齐排列以外，还可以依据圆形、弧形以及扇形等各种形排列元素，如图 5—10 所示。

图 5—10　依据图像、弧形以及扇形等排列元素

5.3.2　图像边框

为美化图像，让图像元素与界面其他元素相区分，为图像添加边框是常见的方法。实

现边框效果有多种方法。

1. 利用自绘图形或图形格式集成的边框样式

图像的边框可以利用线条直接绘制，也可以利用软件中自带的图像效果。如图 5—11 所示。

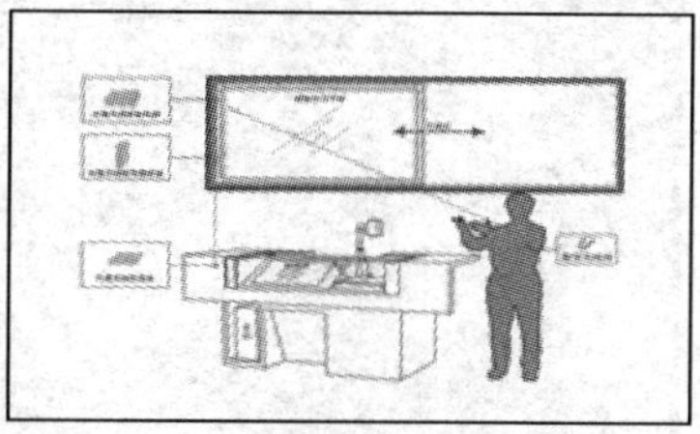

利用线条绘制的边框

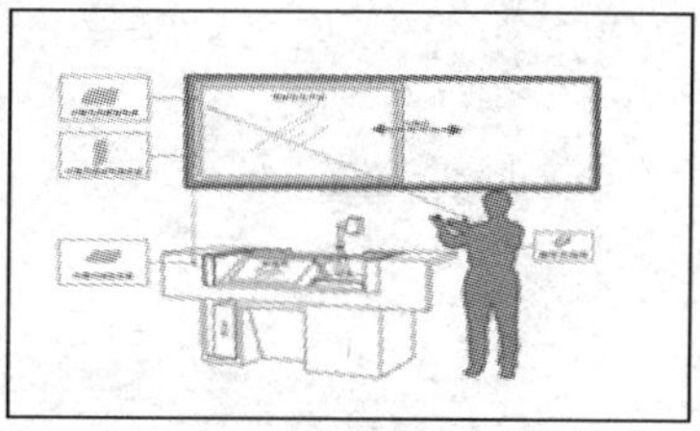

图片格片效果

图 5—11　绘制和集成的边框

利用自定义形状绘制边框，图像与边框是分离的，每条边的粗细、样式都可以独立设置。利用集成的图像样式，图像与边框是一个整体。如果需要在后期对图像边框做导引动画，则不如自我绘制的灵活，如图 5—12 所示。但图像样式中的边框样式使用起来方便，可以像文字效果一样设置映像、倒影等。

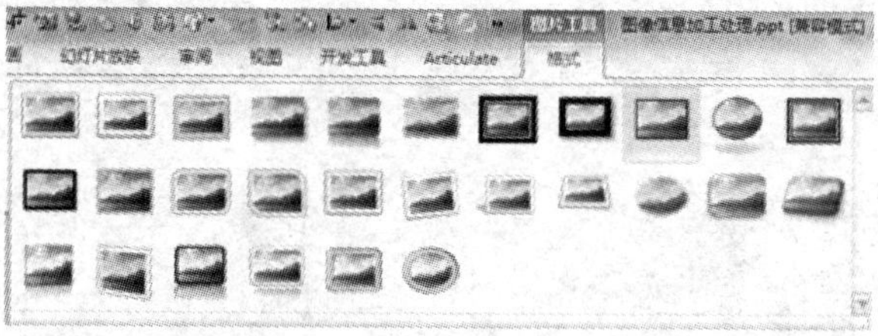

图片格式自带的效果

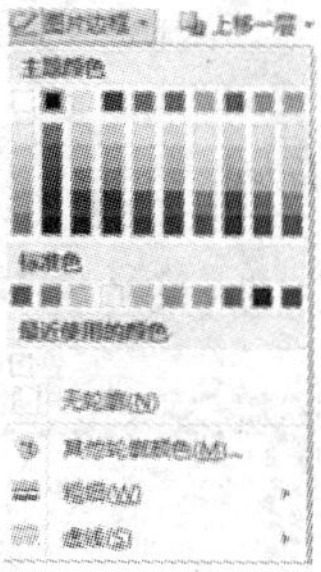

边框设置

图 5—12　利用自带的效果进行边框设置

图像的边框设置与线条（轮廓）设置完全一样。

2. 利用形状填充

矩形边框利用线条（或矩形工具）绘制非常方便，但对于圆形或其他非规则边框绘制则很困难，可以利用绘制图形的图片填充功能实现，如图 5—13 所示。

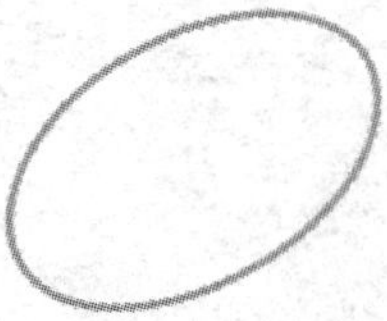

绘制形状

复制图像

设置填充

图 5—13　利用填充设置边框

设置图像填充有多种方式，如果图像是独立文件，可以直接选择文件；如果图像已经在界面上，可以复制后选择粘贴板填充，如图 5—14 所示。

绘制形状右键——设置形状格式

图 5—14　设置图像填充

3. 直接利用边框素材

网络上有很多相册模板，可以直接用来修饰图片，这些图像边框更为个性，在选择的时候应当注意边框风格样式的统一。如图 5—15 所示，利用相册模板绘制图像步骤。

图 5—15　利用相册模板添加边框

在使用相册模板素材时不要让图片遮盖边框，通常需要对照片与边框次序进行调整。为使照片与边框更协调，需要对图像边缘进行渐变处理或对边框中央区域做透明处理。如图 5—16 所示，利用相册模板绘制图像最终效果（具体处理方法见 4.5）。

图 5—16　利用相框绘制图像的效果

边框的实现还有很多方法。边框并不是严格意义上的封闭图形，可以借助一些修饰元素形成边框。

5.3.3 图文排版

在教学资源设计与制作中，文字与图像一般会相互结合使用，特别是图像通常不会单独使用。图像与文字的排版实际就是图像与文字结合，最基本的要求能够使文字找到对应的图片，图片也有明确的文字解释。

图文排版一般有以下几种方式。

1. 文在图边

在对以图像为主的内容设计时，文字主要功能用于解释图像的基本信息，如标题、关键信息等。如果解释文字较多，则注意标题文字与内容文字的对比，增强界面视觉效果，如图 5—17 所示。

图 5—17 以图像为主的内容设计

图像是界面的主体内容，图像质量以及与主题内容匹配度对界面效果有至大重要的影响。处理好图像与文字之间布局关键在于图像与文字之间适当的距离，以及合适分离的形式：可以是留白，也可以是线条等。

2. 文在图中

文在图中的排版因为文字与图像重叠，必须考虑两者之间色彩以及空间。为不影响图像效果，要严格控制文字字数（背景图除外）。同时为了提高文字的阅读，可以采取强化文字的方法，在文字与图像之间绘制形状，如图 5—18 所示。

图 5—18 在文字与图像之间绘制形状

处理文字位置以及样式可以参考之前所述的构图和处理方法。

3. 图在文中

图在文中的情况，以文字信息呈现为主，配图则是为了解释相应的文字信息。在文字中的图像布局，一定要让人能够明白其是对哪一段文字的配图或解释，所以图像的标识非常重要。一般的图像使用过程中，在图的下方会有图的序号及标题，用以说明图像与文字对应关系，如图 5—19 所示。

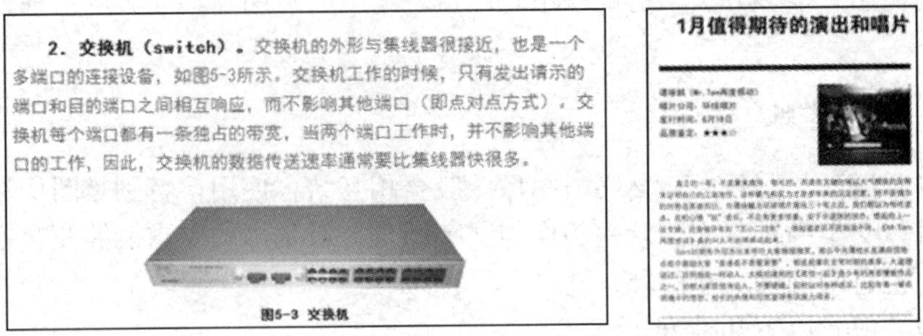

图 5—19　图像的标识

另外在界面内容排版中如遇到多张图像展示，排版规则同样需要注意一致、对齐等原则，如图 5—20 所示。

选择主题图片　　排列布局　　美化修饰

图 5—20　多图排版

5.4　几种常见图像使用问题的处理

图像与文字相比有更强的视觉吸引力，图像的编辑、修改也比文字编辑修改难度大。在使用过程中，图片选择至关重要，可以有效减少在图像编辑处理上的问题。例如，选择与表达主题相关的图片、选择背景简洁的图片、选择尺寸适当的图片等。如果获取的图像资源无法满足自己要求，则要进行加工处理。

5.4.1　图像干扰信息问题的解决

图像干扰信息主要来源有两个：一个是使用的图片与表达的主题内容无关或者图片素材有多余的信息；另一个是图片使用不当、排版错乱、失真变形、分散用户注意。

图像失真、变形、放大模糊不清使人辨认困难。介绍日本的城市：人口、地理位置和中国的熊猫有什么关系呢？为什么要选择这样的图像来表达让人困惑的信息，如图 5—21 和图 5—22 所示。

如图 5—23 所示，如果将 COSPLAY 服装、道具按一定的类别分类，则有助于别人了解其特点。随意放上几张图片，别人如何理解这种服装的特别之处呢？如图 5—24 所示，在介绍糖果的图片中“大众点评”、“教师俱乐部”赫然在目，对信息表达有干扰。

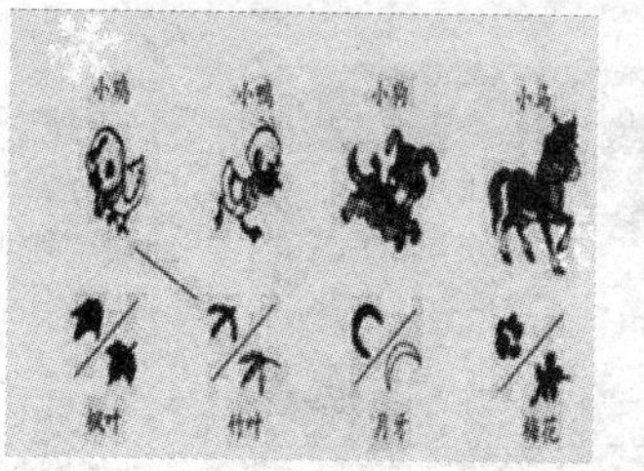

图 5—21　图像质量影响阅读

图 5—22　图像与表达内容无关

图 5—23　图像排列错乱

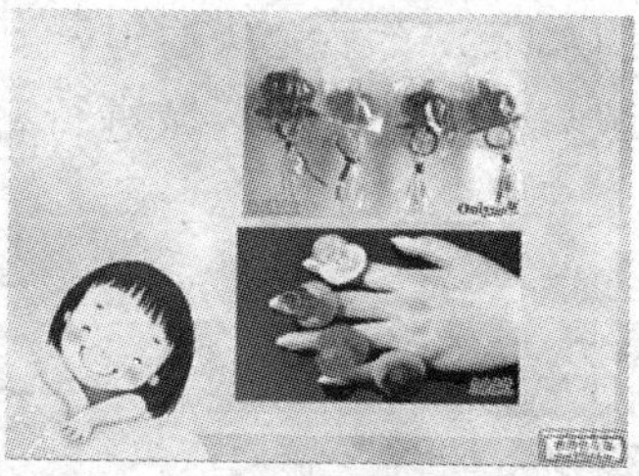

图 5—24　图像水印

1. 图像失真变形问题

选择图像时要注意图像大小，使用时要按比例缩放（保证图片原长宽比），没有必要把一张小的图像拉大到充满整个版面，也没有必要使用尺寸太大的图像。

改变图像大小的方法，除在处理时靠控制点或缩放外，也可以直接在图像处理软件中真正改变图像原有尺寸。本书中采用 PhotoShop CS5.1 软件为例介绍实现方法，如图 5—25 所示。

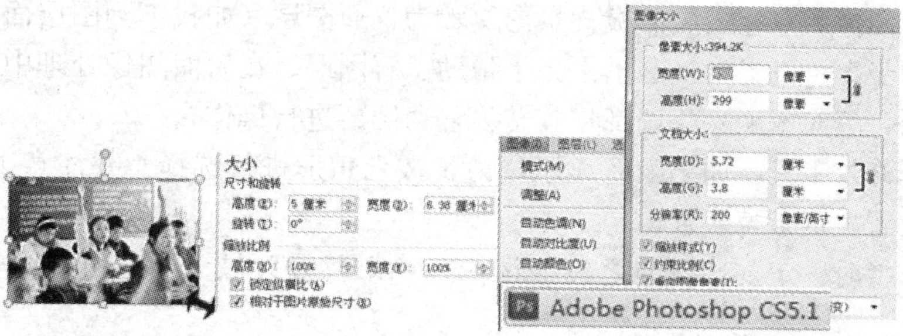

控制点　　精确数值控制　　Photoshop中改变图像大小的方法

图 5—25　改变图像大小

在 PhotoShop 中改变图像大小，可以通过图像菜单中的图像大小命令实现，直接改变图像的宽与高即可。

2. 删除水印和图像上的文字

网上获取的图像资源有的会带有来源以及作者等水印信息，也有的在使用时需要更改图片上的部分内容，在处理时可以利用剪辑、局部替换（修补）以及填充方法实现。

对于靠近图像边缘的水印，而且不影响主体内容，可以直接通过裁剪工具将水印裁剪。剪辑可以直接利用 PPT 中的裁剪工具或 PhotoShop 中的处理工具，如图 5—26 所示。

图像边缘水印　　直接裁剪去除　　裁剪工具

图 5—26　利用裁剪去除水印

图像中间的水印或文字无法通过裁剪方法处理，可以利用修补工具。修补是将图像中类似的部分区域与要被修复的区域进行替换运算，如图 5—27 所示。

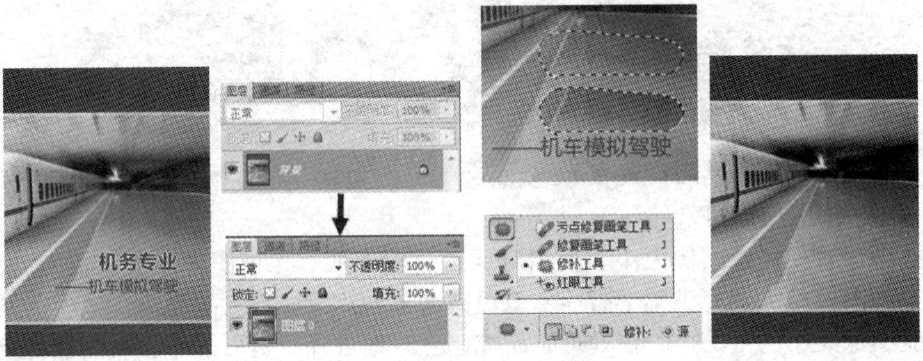

原图　　转换图层　　使用修补工具　　文字去除

图 5—27　利用修补工具去除水印

（1）打开图像后，在图层面板背景图层转为普通图层（如找不到图层面板则打开窗口菜单开启。此步骤可以省略，这里是为了帮助了解图层。在后面图像处理中如需要对背景图层设置透明、填充或删除建议都将其转为普通图层进行操作）。

（2）选择修复工具，如果没有显示，请长按三角形进行选择。并注意工具选项设置，源与目标的设置决定谁替换谁。

（3）在替换时一定要选择与之类似区域，如果替换区域太大，可以分成小部分多次进行。

去除背景一致的图像上的文字，也可以利用变形与填充的方法实现，如图 5—28 所示。

原图　　矩形选择工具　　“Ctrl+T”自由变形

图 5—28　利用变形和填充去除水印

注意：在用矩形选择工具建立选区时，一定要高于文字高度。

3. 选择图片部分内容

如果只需要图像素材中的部分区域，利用裁剪又无法实现，可以通过套索工具选择要保留的区域，如图 5—29 所示。

原图　　套索选择并羽化　　羽化效果

图 5—29　利用套索工具保留图片部分内容

(1) 套索工具可以建立不规则形状选区，磁性套索具有识别图像边缘功能，特别适合选择区域与背景差别比较大的对象。

(2) 建立选择范围后，右键设置羽化效果，即在选择边缘形成一定的渐变效果。可以使图像与界面背景融合性好一点。

(3) 选择菜单：反向选择，按“Delete”键删除不需要的区域。

5.4.2　强化图像信息

为突出重点信息，文字通常采用对比的方法，图像也不例外，可以通过图像的大小、色彩、虚实等对比方式强化某些关键区域或当前呈现内容。

1. 颜色对比

彩色比黑白更有吸引力，可以通过颜色对比突出当前内容，如图 5—30 所示。

图 5—30

图像颜色的改变可以通过 PPT 中的图像格式直接设置，也可以在 PhotoShop 中利用去色命令完成。在 PhotoShop 中还可以对同一图像不同区域设置颜色对比。步骤是先选择改变颜色的区域，然后反向选择。

将彩色照片转成黑白效果有两种方法：一种是利用图像菜单中的调整去色命令，如图5—31所示，另一种是调整图像的饱和度。

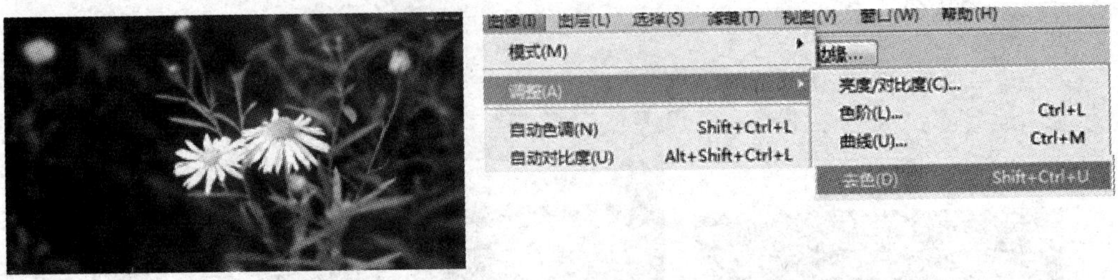

图 5—31　去色操作方法

2. 大小对比

和颜色对比一样，大小对比可以在同一图像内对比，也可以在图像之间。把图像、大小结合起来对比效果更明显，如图5—32所示。

图 5—32　图像、大小综合起来对比

在制作同一图像内大小对比，实际也需要两种图像素材，一张小图，一张大图，具体制作过程，如图5—33所示。

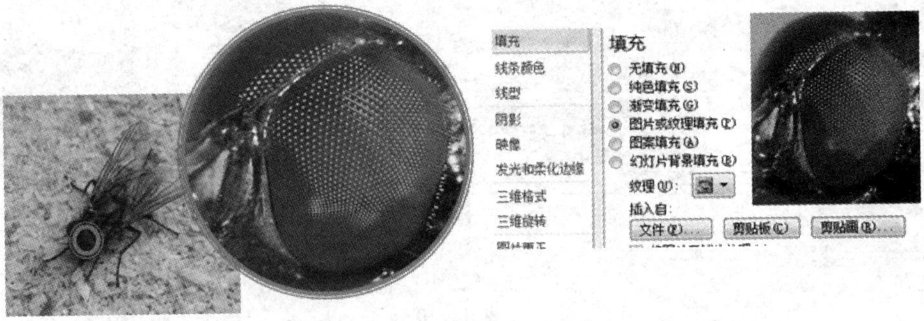

图 5—33　图片局部放大效果

（1）在小图上标识出要放大的部分，可以使用箭头，也可以使用其他标记，如圆等。本案例中是观察苍蝇眼睛结构的特点。

（2）插入大图，裁剪保留要放大的部分，注意长宽比例，最好为矩形，以适应圆形填充时不会变形。

（3）绘制一圆或“放大镜”图示，选择填充为粘贴板填充。

3. 虚实对比

清晰的图像比模糊的图像更容易吸引注意力，因此也可以利用图像的虚实对比强化内容表达，如图 5—34 所示。

拍摄时形成的虚实对比　　选出模糊区域　　处理后效果

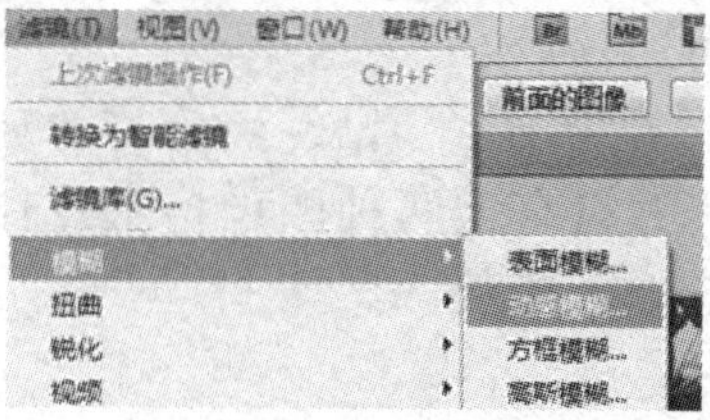

利用Photshop中的模糊滤镜：高斯模糊

图 5—34　对部分区域进行模糊化处理

选择模糊选择时，可以先选择保留的区域，并设置一定的羽化效果，然后进行反向选择。(见上述选择操作)

5.4.3　图像背景问题解决

图像背景问题通常表现在与其前面的对象或后面的对象颜色的对比问题。如图 5—35 所示。

图像背景与大背景不协调　　图像背景影响文字显示

图 5—35　常见的图背景问题

1. 图像背景与整体背景不协调的问题解决

图像背景与整体背景冲突从原理上可以修改图像自身背景，修改背景可以利用 PPT

中图像格式中自带的“删除背景”工具，如图 5—36 所示。

图像背景与大背景不协调　　删除背景　　处理效果

图 5—36　删除背景

在使用“删除背景”工具时，红色区域是将要被删除的。如果需要保留可以使用工具中的“ ”“ ”进行调整。

背景删除工具适合处理背景颜色较单一图像。如果图像背景颜色变化范围较大，处理效果不理想。可以在 PhotoShop 中利用其他选择工具，选出图像主体，再删除背景。

也可以直接利用“魔术棒”工具进行颜色选择，“魔术棒”工具容差值越大，选择的颜色范围越广，如图 5—37 所示。

处理图像时，先确定图像“背景图层”已经转为“普通图层”，处理完毕后，图像必须保存为 PNG 或 GIF 格式，因为只有这两种图像格式支图像背景透明。建议选择 PNG 格式，其色彩范围更广，如图 5—38 所示。

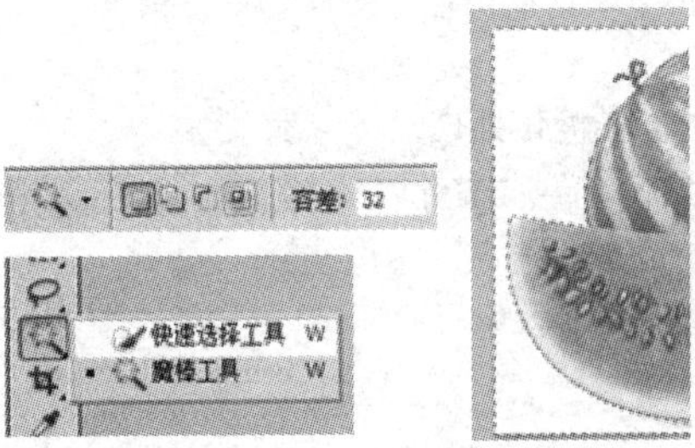

图 5—37　魔术棒：颜色选择

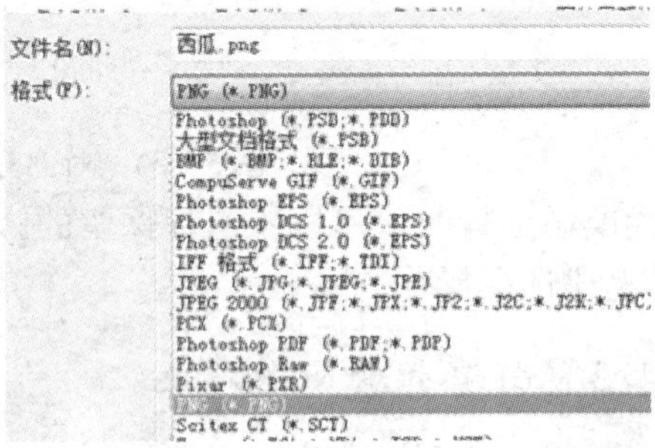

图 5—38　必须保存为 PNG 格式或 GIF 格式

2. 图像影响文字显示

前面已经介绍通过改变文字颜色或在文字与图像之间添加绘制的形状解决这样的问题。实际还可以通过改变图像效果来避免对文字带来的干扰，即改变图像的透明度。如果图像不是主体内容，主要作用只是修饰与美化的背景功能，可以将其尽可能地透明，如图 5—39 所示。

图 5—39　改变图像的透明度

（1）改变整个图像透明度可以在 PPT 中直接遮盖绘制的形状，也可以在在 PhotoShop 中直接改变图层的透明度（设置后文件必须只在为 PNG 或 GIF 格式），如图 5—40 所示。

图 5—40　设置图像形状填充透明度

图像上方的遮盖形状可以改变大小，从而调整透明范围。

在 Photo Shop 中将背景图层转成普通图层后（双击），可以直接调整透明度。注意调整后图像文件要保存成 PNG 格式或 GIF 格式，如图 5—41 所示。

图 5—41　转为普通图层后调整透明度

（2）如果改变部分图像渐变透明效果，可以采用渐变填充，如图 5—42 所示。

图 5—42　渐变填充

渐变填充内置了很多预设类型，可以直接选择后改变每一个对应“色标”的位置、透明度等，也可以增加或删除“色标”。如图 5—43 所示。

在 PhotoShop 中，可以利用快速蒙板形成渐变选择范围，从而实现部分渐变透明效果。如图 5—44 所示。

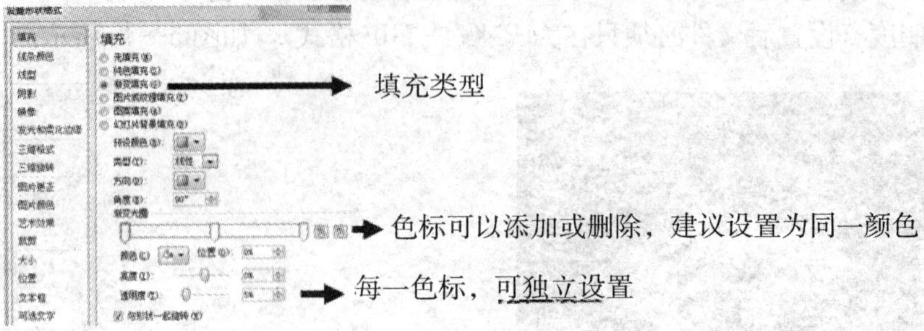

图 5—43　设置色标

图 5—44　部分渐变

在 PhotoShop 中蒙板是根据“黑”“白”“灰”转化选区的工具，将黑白渐变转为透明向不透明的选择范围，渐变的方向和范围相比 PPT 中的设置更加灵活，如图 5—45 所示。

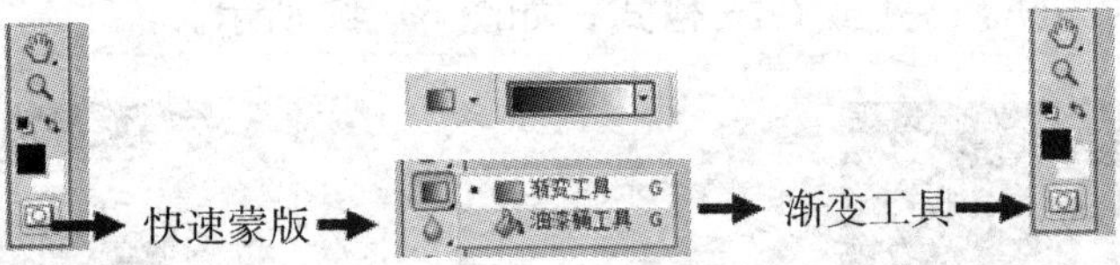

图 5—45　使用快速蒙板

（1）进入快速蒙板模式（工具栏最下方按钮）。

（2）将前景色与背景色修改为默认的黑白色后，选择渐变工具中的前景到背景填充。

（3）用渐变工具中图像上“拉”出渐变范围和方向。

（4）退出快速蒙受板，填充转为选区，根据情况选择是否需要反选。按“Delete”键删除，可以多次删除。

（5）将图像保存为 PNG 格式。

实践任务：图像信息加工与处理

一、实践任务与目标

（1）掌握获取图像资源的方法，能根据实际需要选择适当的图像素材。

(2) 熟悉图像表达特点，能够借助图像有效表达教学内容，能够根据指定文字内容配图或绘制图示等。

(3) 掌握图像格式转换、透明背景、裁剪、去除水印等简单编辑方法。在设计与制作教学资料时，能有效解决图像制作中的信息干扰、图像变形等问题。

二、实践内容与过程

(1) 将如图 5—46 所示的背景去除，保留水果主体。

图 5—46　去除背景

(2) 将如图 5—47 所示的文字去除，并将如图 5—48 所示框架中的图像替换成自己喜欢的图像。

图 5—47　去除文字

图 5—48　替换框架中的图案

(3) 选中如图 5—49 中所示朱自清头像，将其用于《春》的教学中作者介绍资料，简单设计作者简介。

图 5—49　选出朱自清图像

(4) 利用相关素材，为“任务三 主题信息化资源搜集与整理”设计一 PPT 封面。注意标题、背景图像和其他辅助元素的排版。

(5) 利用 PPT 中的绘制功能，绘制一与自己所学专业（或中小学课程教学）相关的物体（如：实验器材、学习内容中的涉及的对象等）或场景（如小学语文中的曹冲称象、小学数学中的“植树问题”、“确定起跑线”等）。

三、实践结果与评价

(1) 自我评价。

能否独立完成任务过程中的前两个任务 (1)、(2)。如无法完成，请在教育技术论坛搜索相关案例或教程。通过完成这两个任务，了解 PPT 和 PhotoShop 编辑图像基本方法。

(2) 教师评价。

将任务过程中的后三个任务 (3)、(4)、(5) 内容放在一个 PPT 文件内，按指定交送方式提交作业。

模块六

数字音频信息加工与处理

本章导学

《鸟的天堂》是一篇小学语文课文。在教学中教师想让学生感受到鸟的美，让学生听到各种鸟的叫声。他搜集了一些鸟的照片以及它们的声音，但如何把它们对应起来呢？如图 6—1 所示。

如何实现鼠标经过或单击时听能到鸟的叫声？

图 6—1　鸟的照片

声音是人接受外界信息第二主要通道，仅次于视觉。声音比文字与图像更容易吸引用户注意，更容易触动听者情绪，所谓随音乐“翩翩起舞”就是声音对人的行为的直接影响。声音可以给人以无尽的想象，正所谓“墙里秋千墙外道。墙外行人，墙里佳人笑。笑渐不闻声渐消。”

6.1　声音的表达特点与教学应用

声音信息一般包括人声、音乐和音效三种类型，在教学中可以通过声音传递教学内容和渲染学习情境。多媒体教学材料中，声音是构成内容重要元素之一，合理使用声音能够提高教学信息的传播效果。

声音在多媒体教学及资源设计中使用主要有以下几种形式。

6.1.1　背景音乐，营造氛围

适当的背景音乐能够为学习者提供轻松的学习氛围。在多媒体课件、教学视频片段、诗文朗诵等教学材料中，经常采用背景音乐，如图 6—2 所示。

图 6—2　背景音乐的使用

在选择背景音乐时，节奏要与表达氛围应教学主题相符，增强学习者对内容的理解而不是造成干扰。在使用背景音乐时应提供开关选择，以使用户能自主选择播放，还能控制背景音乐内容的选择和音量的调节。

6.1.2　吸引注意或提示

与动画或其他视觉元素相比，声音提示更明确。例如，如图 6—3 所示的登录学习课程时声音提醒未查看的信息，如图 6—4 所示的课件提示按钮响应等。

图 6—3　声音提醒

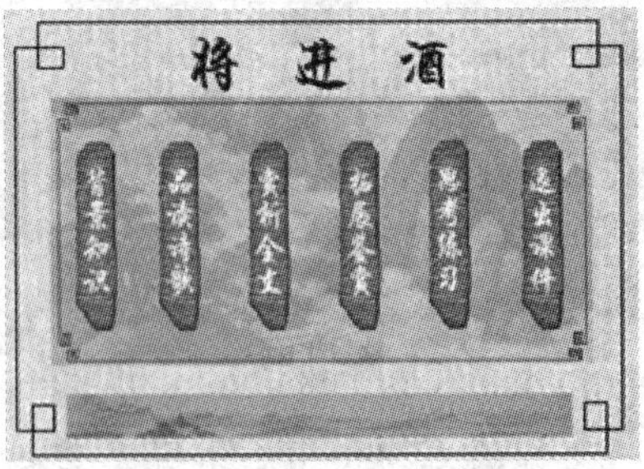

图 6—4　按钮提示音

声音提醒应避免突兀，按钮提示音要轻、要短，避免鼠标快速移动带来声音混响干扰。声音提醒或提示操作要与视觉提示一致，也应当考虑在听不到提示声音时课件也能够正常使用和操作，即声音提醒一般是为辅助视觉或提醒来使用，而不单独使用。

6.1.3 增强教学内容表达

声音是模拟真实场景必不可少要素，利用声音更容易引用听者情绪的共鸣，呼啸的北风能让人感觉寒意，一阵沙沙细雨又让你心生温暖。

没有声音的京剧，即使动画制作再精美，也很难引起观看的兴趣，如图 6—5 所示。“中华人民共和国，中央人民政府，今天成立了”声音比画面更有穿透力，如图 6—6 所示。

图 6—5 没有声音的京剧动画

图 6—6 声音比画面更有力

6.1.4 声音是教学内容

语言、音乐等很多课程中，声音本身就是学习内容，通过提供“声音示范”是一种常见的教学手段，如图 6—7 所示。

图 6—7 读音师范和朗读示图

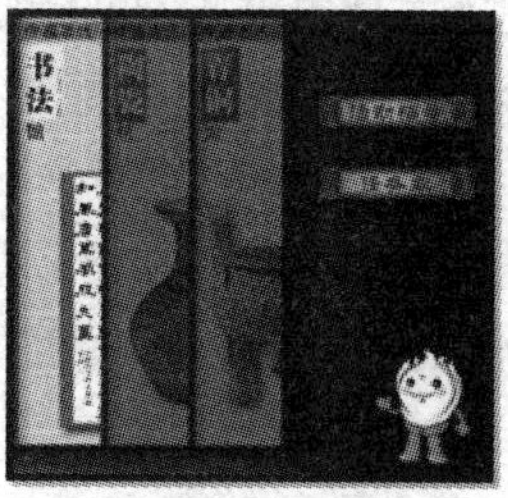

图 6—8 内容解说

内容解说或旁白也是利用声音表达教学内容常见方式，如图 6—8 所示，一个虚拟的小人在博物馆的特色。

6.1.5 使用手机录音或录音笔自我听写

在语言学习中，经常需要听写训练。通常需要两个人才能完成这样的学习任务，但学习者也可以利用录音笔或手机录音功能一个人完成。先录好听写内容，自己尝试听写。另外，利用录音还可以自我纠正发音和朗读等。

在多媒体教学材料制作制作中还可以通过声音提供反馈信息，根据用户的选择与操作提供响应的声音信息。例如，一个练习做对了，除利用文字反馈结果，也可以通过声音强化反馈效果。使用声音还有一个优势：声音不占用屏幕空间，方便与视觉元素配合使用。

6.2 数字音频的基础知识

与文字和图像相比，声音是新的信息表达方式（通道），对声音信息的编辑处理和视觉信息处理有自身的要求。要做好声音处理，必须了解一些声音基本属性和相关的基础知识。

6.2.1 声音基本性质

声音从物理学角度看是一种振动产生的波，响度、音调和音色是人们区分声音的三个主要特征。在教学中利用声音素材和媒介主要看声音的播放音量（响度）和声音的频率范围（音调）以及声音的播放控制等，如表 6—1 所示。

表 6—1　　声音的相关属性

属性	声音设计与编辑问题
响度	音量大小，主要问题是音量调节，制作淡入淡出效果等
音调	声音频率高低，主要问题是在录制不同声音时要选择不同的频率范围
声道	声道数也就是声音录制时的音源数量或回放时相应的扬声器数量
量化位数	声音动态范围，8 位的最低音到最高音有 256 个级别，16 位有 65 536 个高低音级别

（1）响度是声波振动的幅度，给人听觉的感受就是声音音量的大小高低。在制作学习资源时，与音量相关的设置主要有调整大小和制作淡入（声音由低变高）淡出（声音由高变低）等。

（2）音调和声音振动的频率范围相关，也是人对声音的主观感受之一。频率高的声音尖锐，频率低的声音低沉。日常生活中一般女生的声音音调比男生的高，儿童的比成人的高。在录制声音时要选择相应的频率，才不会让声音失真。通常在录制人声时选择的频率为：11 025Hz、广播级别频率为 22 050Hz、音乐 CD 级别频率为 44 100Hz（根据模拟信号转化为数字信号规则，通常采样频率设置为源最高频率的 2 倍即可保证信号不失真）。

（3）声道指声音在录制或播放时在不同空间位置采集或回放的相互独立的音频信号，所以声道数也就是声音录制时的音源数量或回放时相应的扬声器数量。相应的声音分为单声道声和立体声。单声道声音缺乏对声音位置的定位，但在日常生活中录制（采集）声音时只有一个音源数量，只能制作单声道声音教学材料。

（4）声音量化位数是声音录制（数字化）过程中，声波振幅表示的位数，即采用多少位二进制表示声音音量。它决定了模拟信号数字化后的动态范围，一般录制教学解说采用 8 位量化位数。

6.2.2 常见的数字音频格式类型

数字音频格式对应声音在数字化过程中特定的编码方式，在教学材料中使用的声音格式主要有 WAV、MP3、MIDI 和手机录音格式等，如图 6—9 所示。

WAV 也称波形格式数据，是录音时用的标准的 WINDOWS 文件格式。声音质量较

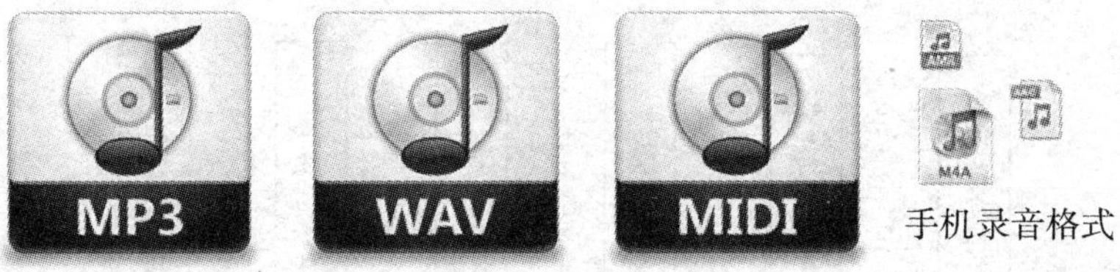

图 6—9　声音格式

好，在 Windows 系统及常用多媒体软件中可以直接使用。

MP3 是一种音频压缩技术，可以在保证音质的前提下，有效降低声音文件存储空间，通常可以减少到 1/10 左右。文件扩展名为 mp3，与之类似的声音格式还有 WMA 等格式。

MIDI 是 Musical Instrument Digital Interface 的缩写，是乐器数字化接口。它是一种声音表示的方法，而不是声音的波形。即用特定的指令表示声音，再与专用的设备（电子乐器或电脑）还原出声音。它占用存储空间很小，通常用于背景音乐或音效。在学习材料设计与制作中采用 MIDI 格式声音的情况越来越少。

AMR 全称 Adaptive Multi—Rate，是一个专门为“说话（speech)”所优化的声音编码格式，适合在低比特率环境下采用，是在手机录音中常见的声音格式。由于手机品牌以及系统不同，格式变化比较大，通常需要将其转为常用的 MP3 或 WAV 格式才能在教学中使用，转换的方法有两种：一种是利用专用的声音转换格式软件，另一种是在电脑上重新播放再录制。

6.3　声音素材获取与录制

声音素材通常可以从网络获取或录制，音乐、自然音效、一些经典朗诵内容一般可以直接从网络搜索下载，如图 6—10 所示。随着手机等移动设备的普及，利用手机录音或电脑录音越来越方便，如图 6—11 所示。

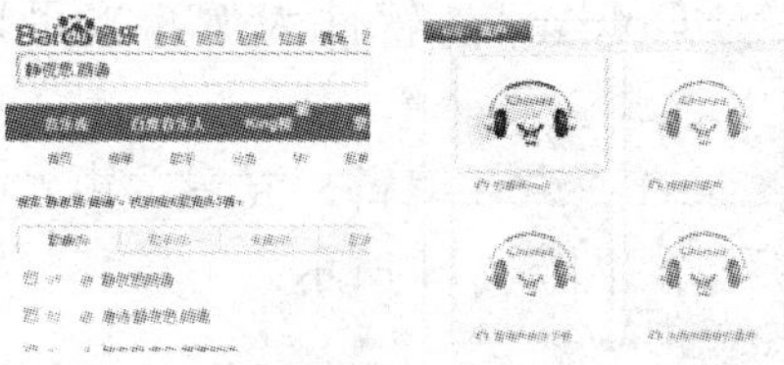

图 6—10　网页下载音乐和音效

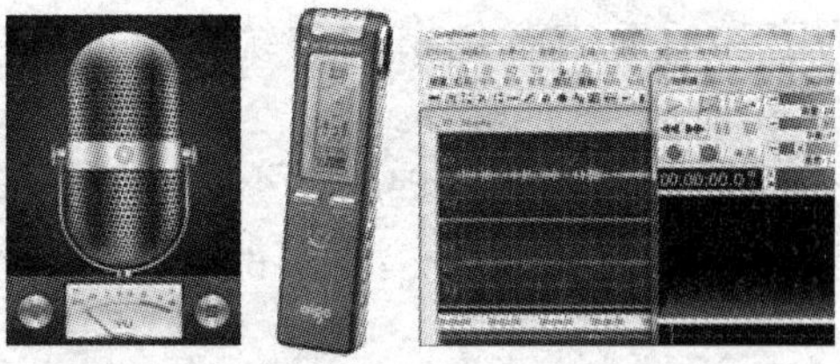

图 6—11　使用手机/录音笔/电脑录音

在利用手机或电脑录音时，主要注意录音的环境及说话时与话筒之间的距离，调试满意后再录制声音。

6.3.1　使用电脑录音

使用电脑录音，首先要确定录制的声音源和要求。电脑录音，可以选择麦克风声音也可以选择电脑播放的声音（如视频旁白）或其他外部声音播放设备播放的声音录音过程中如图 6—12 所示。

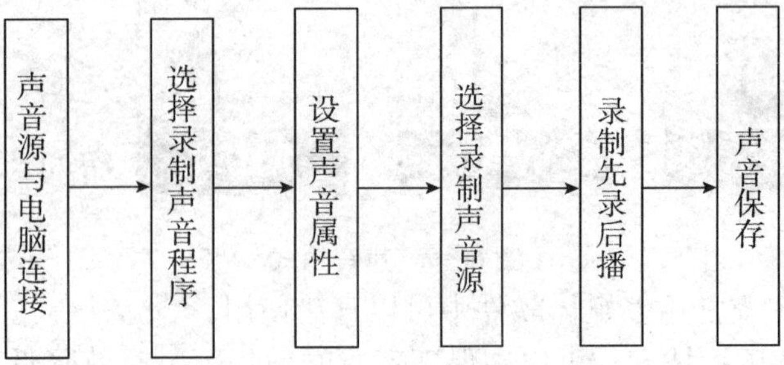

图 6—12　电脑录音一般过程

1. 连接装置

根据录制的声音来源，做好声音源与电脑之间的连接。一般是指声音输入设备与电脑声卡之间的连接。如图 6—13 所示。

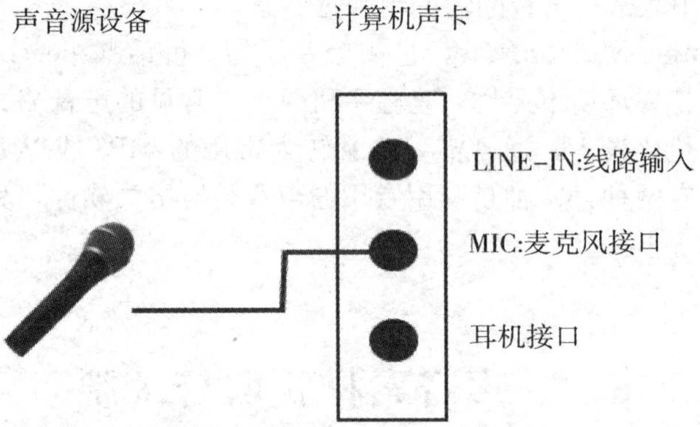

图 6—13　声音输入设备与电脑声卡之间的连接

一般录制的外部声音源来自于麦克风，做好它与电脑之间的连接。

2. 选择录制声音程序

录音程序很多，Windows 操作系统里就有录音机功能，但仅能录制 1 分钟时间长度的声音。为了和后面声音编辑软件统一，本书中采用 GoldWave 软件为例，也可以使用 Adobe Audition 等其他软件。

GoldWave 声音编辑处理软件小巧、便于安装，录音、声音编辑、混音、声音合并等功能丰富，能够满足教学声音材料的设计与制作使用。如图 6—14 所示。

图 6—14　Gold Wave 的录音界面

3. 设置声音属性

使用 GoldWave 录制声音，新建声音文件时需要设置声道、采样频率及时间长度。按照人的语音特点和实际环境需求，一般设置为单声道、11 025Hz 采样频率。如果录制演奏音乐可以提高采样频率。

4. 设置和选择录制声音源

在确定设备与电脑正常连接后，还需要在录音软件中设置声音源。因计算机声卡处理声音功能不同，声音源的选择界面可能不同。最常见的有三种类型声音源：立体声混音、麦克风和线路输入。如图 6—15 所示。

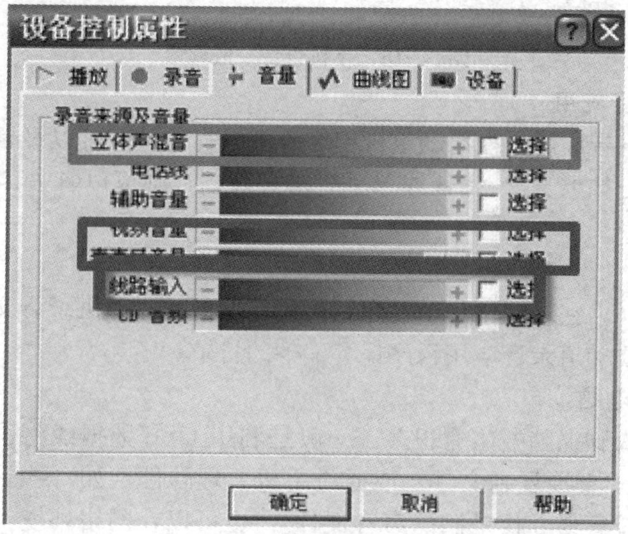

图 6—15　软件声音源的选择

立体声混音实际上是录制电脑本身播放的声音，如播放视频文件中的声音或课件中的声音。利用录音的方法还可以实现声音格式的转换。例如，一种不常见的手机录音格式，无法在教学材料中直接使用，可以先在电脑中播放再录音保存成 WAV 或 MP3 常用的声音格式。

麦克风输入一般是录制教师自己的讲解音或现场音。录制过程中要注意保持麦克风稳定，防止环境干扰。现在许多笔记本电脑已经内置麦克风，不需要外接设备就可以直接录制人声。

线路输入主要用于录制外部声音播放设备输出的音频信号，如录音磁带的声音翻录到电脑中等。虽然原理上录音机的声音也可以通过麦克风录制，但使用音频线连接的线路输入方式可以有效减少环境噪音的干扰。

6.3.2　利用手机或录音笔录音

手机和录音笔是两种非常方便携带的工具。特别是录音笔，体积小、耗电少、可以长时间录音，录制声音质量较好，非常适合现场记录，如听课、报告或者会议讨论等，也适合教师录制自己教学音频材料。因为手机比录音笔更为普及，在本节中主要介绍使用手机录制声音。

手机录音与电脑相比，一般只适合录制人声或现场音，而且录制的格式一般需要二次转换才能在教学中使用，如 AMR、M4A 和 3GA 等格式。手机录音一般过程省去了电脑选择声音源的过程，手机录音过程，如图 6—16 所示。

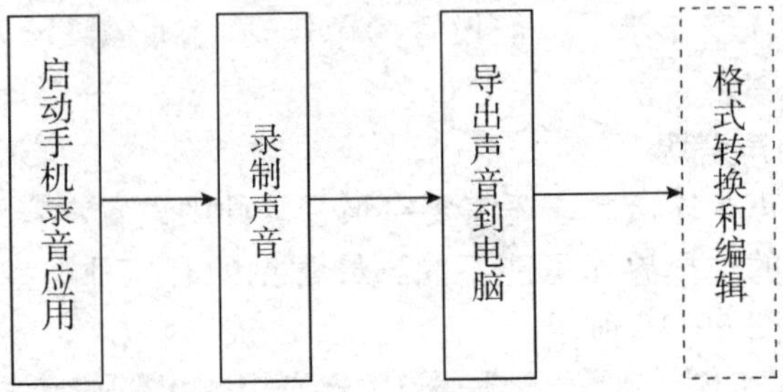

图 6—16　手机录音一般程序

1. 启动手机录音应用

智能手机带有录音应用，在启动手机程序时可以查看是否可以设置录音声音质量等级和录制保存的格式。如果支持 MP3 或 WAV 格式录制，则可以省去声音导出到电脑后带来的格式转换问题。

2. 录制声音

与电脑录音一样，在录制过程中要注意避免环境干扰。手机录音文件是在录制结束后自动保存的，所以要知道录音应用程序保存文件的目录。

3. 导出声音到电脑

将手机文件导入到电脑方法有很多。一般是利用 USB 数据线将手机与电脑连接，打开手机 U 盘存储模式直接复制文件，或通过手机管理软件（如一些手机助手软件等）导出文件（此种方法较容易寻找录制的声音文件）。也可以在网络环境下直接通过网络将文件传送至电脑，如 QQ 软件的文件传送工具或在手机里将录音文件直接传到网络硬盘或空间，在电脑上下载也可以实现文件导出。

在手机中实现文件管理的方法通常是按文件名，把文件删除、复制、转移或共享等。

6.4　声音在教学应用中常见的问题及解决

声音在教学应用中，并不是学习者直接听“声音材料”。一般声音是与其他媒体素材配合使用。声音在使用过程中会涉及内容选择、播放控制、音量大小等问题。

6.4.1　数字音频截取与合并问题解决

获取的声音素材、录制的声音内容通常有一部分是需要的，一部分是不需要的。如何对内容进行选择和编辑是处理声音常见的问题。录制声音过程中遇到过长的空白等待或语言表达有问题时，需要对这些内容删除修改。

不论是删除声音，还是保留声音，抑或要对声音自己其他处理，首先都需要选择声音，然后再进行编辑操作，如图 6—17 所示。

如要删除不需要的声音部分，可以直接用鼠标框选不需要声音的部分，再按“Delete”键即可，像操作 Word 中文字编辑方法一样。要是对声音精确选择，可以先播放声音记住需要处理声音的时间节点（配合声音控制器面板），通过设置开始标记和结束标记进行选择，如图 6—18 所示。

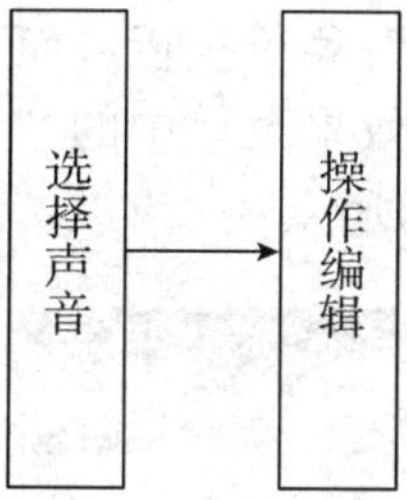

图 6—17　声音编辑处理一般过程

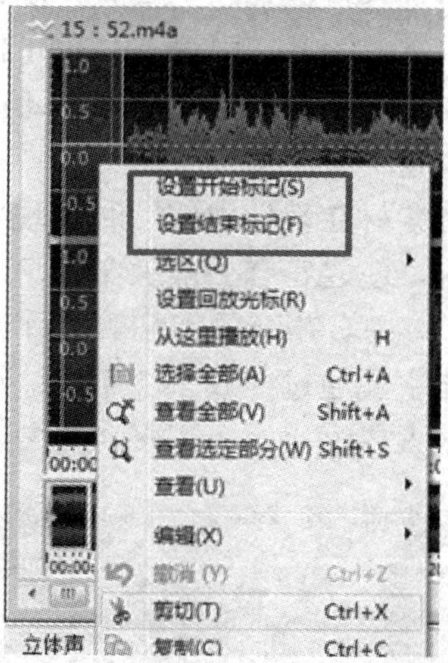

图 6—18　设置开始标记和结束标记

如果仅需要声音中的一部分，可以选中“声音→右键单击→复制→粘贴成新的声音文件→保存声音文件”，如图 6—19 所示。

图 6—19　常用声音编辑命令

GoldWave 的其他声音编辑处理功能可以直接见编辑菜单，请遂一尝试。

在声音录制时，建议尽可能使用短的时间单位录制声音，比如录一段解说词可以一句一句地录，录制一篇文章的诵读可以一段一段地录。这样方便声音内容管理，特别是有部分声音录制需要修改可以直接重录要修改的部分，但这也带来声音文件合并问题，如图 6—20 所示。

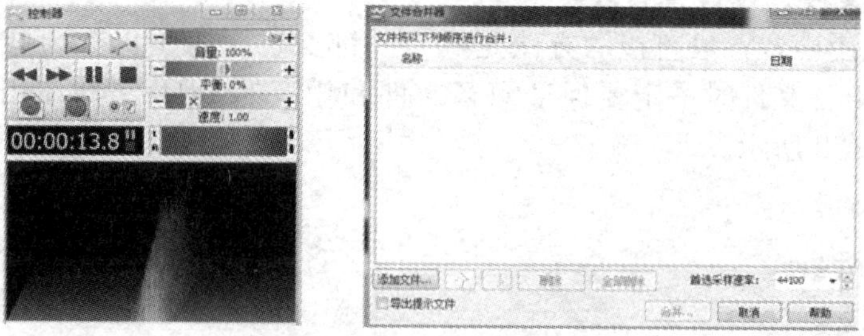

图 6—20　控制器和声音文件合并器

声音文件合并是指将不同的声音按先后次序组成一个新的声音文件。可以利用控制器和声音文件合并，也可以利用“复制→粘贴（或插入）”功能，将不同声音文件的部分内容组合成一个新的声音文件。

如果要把两个声音文件（一个是背景音乐、另一个是朗诵内容）合并在一起，可以使用混音功能：打开两个声音文件，选中其中一个声音文件复制，然后在另一个文件中选择混音功能。

6.4.2　数字音频音量控制及音效设置处理问题

在获取的声音素材或录制声音时，经常需要调整音量，特别是背景音乐和讲解声音的音量。用户可以在系统音量中调节，也可以在教学材料使用过程中调节。后面一种方法更为灵活，而且如果多个声音素材的音量不匹配，依赖系统音量调整则不可行，忽高忽低的音量对学习者也是一种干扰。

为避免声音素材在教学中使用时出现音量问题，最佳的方法是在声音素材编辑过程中就调整音量大小，使之符合一般教学环境下的使用要求。

在 GlodWave 中，声音的剪切等操作主要集中在“编辑”菜单执行，而对声音具体效果的编辑与制作主要通过“效果”菜单。改变音量可以通过效果菜单中的“音量→更改音量”实现声音放大或缩小，可以多次重复修改，如图 6—21 所示。

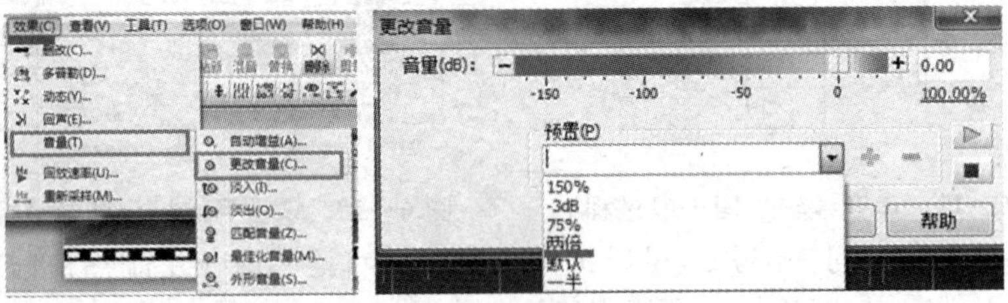

图 6—21　编辑音量增加和缩小

声音的淡入淡出是一种声音音量变化效果。先选择声音的开始（或结束）部分，再选择音量中的淡入或淡出命令。

6.4.3　背景音乐功能实现

背景音乐设计时，需要选择与表达主题相关的节奏与情感。在制作时通常采用两种方法：插入声音文件和幻灯片切换。

1. 插入声音文件，设置背景音乐

在 PPT 中使用声音，最直接的方法是插入外部文件。为了保重声音文件能够正常播放，在插入外部声音文件时一定要保证声音文件和相应的 PPT 文件在相同的目录（文件夹）内，如图 6—22 所示。

图 6—22　插入声音文件

通过插入文件中的音频，将声音文件插入到幻灯片中。设计背景音乐的难点在于背景音乐，在多张幻灯片上连续自动播放。在使用时不需要出现声音图标，可以设置时声音图标在放映时隐藏或置于幻灯片外部，背景音乐在播放时还应当注意循环设置。

在设置跨幻灯片播放同一声音文件，也可以通过动画窗格来设置。即插入的声音文件对象实际在 PPT 也是一个“动画”对象，如图 6—23 所示。

使用PPT中“动画”设置背景音乐功能时，建议声音对象的动画放在最顶部，以保证其最先自动开始播放。在动画效果选项卡上，能够设置声音在哪些幻灯片上连续播放，计时选项卡上能设置声音重复循环播放“直到幻灯片末尾”和自动开始播放，“与上一动画同时”，如图6—24所示。

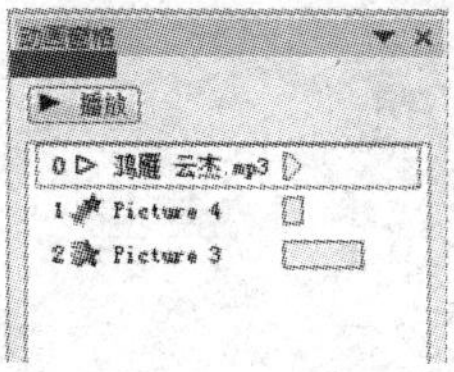

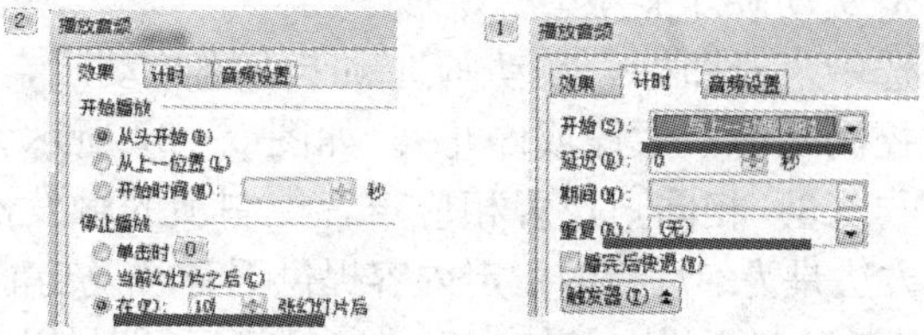

图6—23　通过动画设置　　　**图6—24　利用动画设置声音自动在多张幻灯片循环播放**

2. 通过切换幻灯片实现背景音乐功能

在PPT中幻灯片播放切换时可以设置切换动画效果和声音，如图6—25所示。

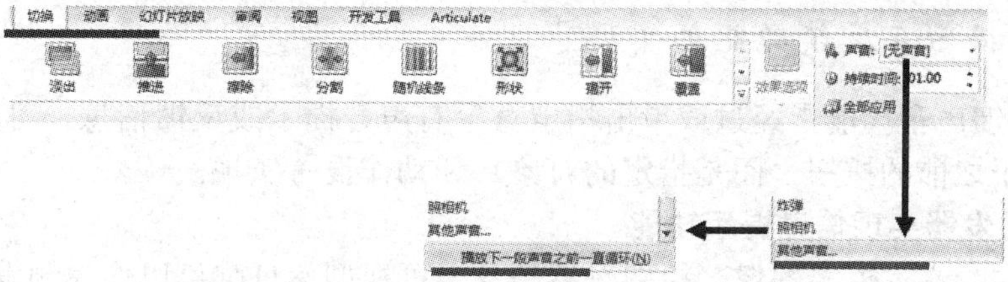

图6—25　利用幻灯片切换实现背景音乐功能

利用幻灯片切换实现背景音乐功能时，背景音乐不支持MP3格式，必须是WAV格式。如果声音素材不是WAV格式，需要用声音编辑软件转换格式。通过幻灯片切换提供的声音文件是嵌入在PPT中的，一般不会出现无法正常播放的问题。

6.4.4　解说和控制声音播放功能实现

为指导的内容或幻灯片提供语音解说也可以像插入文件实现背景音乐功能一样。也可以直接通过录制幻灯片旁白实现解说功能，如图6—26所示。

图6—26　解说功能的实现

教学材料的解说功能在使用时一般会根据教学实际情况需要实现一定的控制功能，即声音的停止、继续（暂停）播放等。在PPT中可以通过声音的动画中的触发器实现播放控制。

（1）准备好控制声音播放的按钮，可以是图片，也可以绘制。绘制时注意暂停按钮是一个整体对象，要将两个矩形组合在一起。

（2）插入声音文件后，设置声音图标放映隐藏，因为在解说功能实现中是通过按钮控制声音，而不是通过声音图标控制声音。

（3）为插入播放声音设置触发器（动画设置中的计时选项卡）。触发器相当于控制动画播放的按钮，只有单击了触发器，自定义动画才能激活。

（4）选中声音图标，在动画选项卡上添加动画，增加声音的新的控制功能（暂停或停止）。如图 6—27 所示。

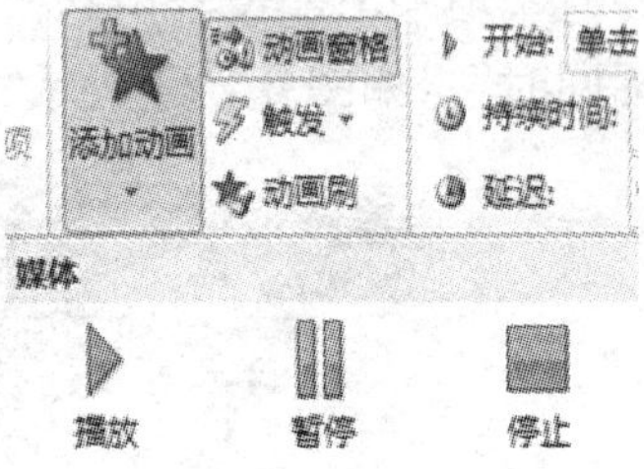

图 6—27　添加动画效果

（5）与（3）相同，设置相应声音控制项的触发器。

以上方法是为幻灯片的指定内容提供语音解说功能。如需要在幻灯片放映时提供对整体内容进行解说，可以使用旁白功能。也可以使用类似实现背景音乐的方法，插入声音文件，使其与幻灯片播放内容对应即可。

播放声音时间长短可以通过幻灯片切换时间来决定。

6.4.5　提示与反馈功能的实现

提示与反馈声音功能指经过或单击指定对象有声音提示或反馈信息，可以通过触发器（触发器不同于之前的按钮，而是指定的对象）和动作设置实现。

1. 利用触发器实现信息提示功能

在 PPT 中，文本框、图像、绘制对象等各类可视型信息都可以作为触发器使用。

下面以单击狗的图片就能听到狗叫声为例进行说明。

默认插入声音文件是通过声音图标（小喇叭）控制声音播放的，或者说声音图标就是播放声音的触发器，根据这种方法可以利用幻灯片上任何可视对象来控制声音播放（原理与声音控制方法相同）。

具体实现过程如下。

（1）插入狗的图片，如图 6—28 所示。

（2）插入相应的声音文件，如图 6—29 所示。并设置声音播放时声音图标隐藏或将图标移到幻灯片外。

（3）在动画窗格改变声音播放的触发器，双击动画对象，在计时选项卡中将触发器设为插入的图片，如图 6—30 所示。

图 6—28　插入图片

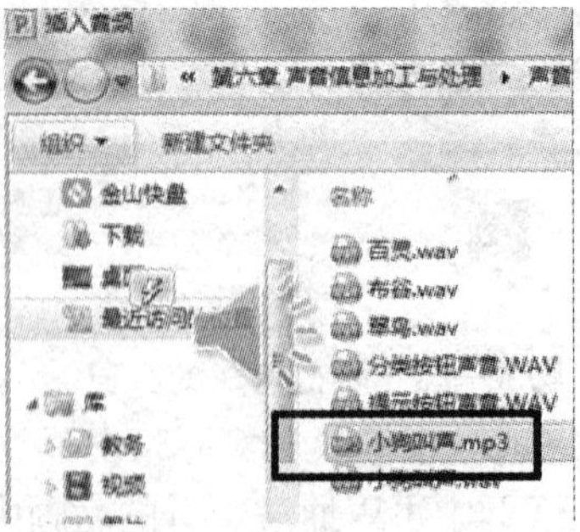

图 6—29　插入声音文件

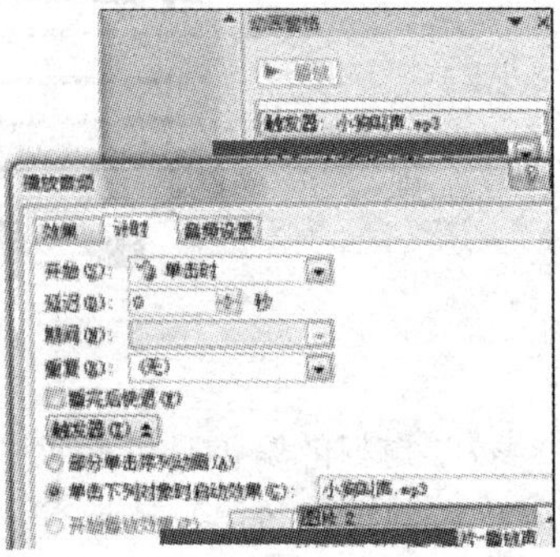

图 6—30　设置播放声音的触发器

2. 利用动作设置实现信息的提示与反馈功能

通过更改触发器可以实现不同对象发出不同音效，也可以通过动作设置实现。利用动作设置控制声音更灵活：可以选择是鼠标单击时播放还是在鼠标经过时播放。

利用动作设置的播放声音只能是 WAV 格式的声音文件。具体实现过程如下。

(1) 插入狗的图片。选择图片，插入“标签→动作”，如图 6—31 所示。

(2) 选择播放声音的方式：是单击鼠标还是鼠标移过。也可以为同一对象设置两种声音效果，即经过和单击时分别播放不同的声音文件，如图 6—32 所示。

(3) 选择声音文件。

利用鼠标经过设置播放声音，可以实现按钮的提示音效果。

图 6—31　插入图片

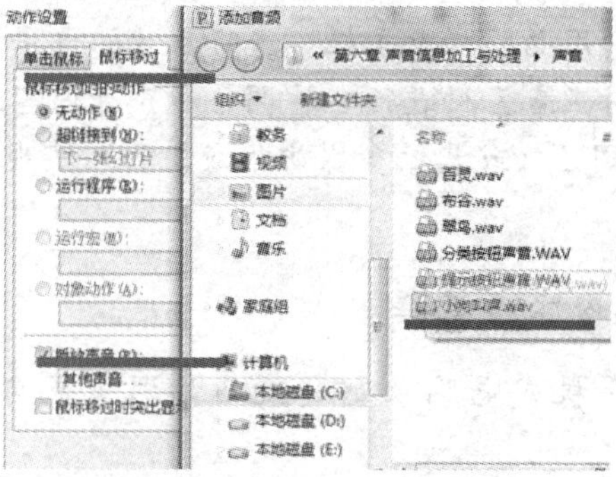

图 6—32　动作设置-鼠标移过-播放声音

3. 自定义动画中的音效设置

通过触发器和动作设置能够实现声音播放的选择与控制功能，但在教学材料中经常需要对象和声音同步出现，如闪电之后的雷声效果。

在动画中设置声音，也必须是 WAV 格式声音文件。具体实现方法如下。

(1) 插入图片或相应的对象。

(2) 添加相应的自定义动画，并对动画设置声音效果，如图 6—33 所示。

图 6—33　对插入的图片添加动画并设置声音效果

（3）选择声音文件。动画中的声音效果，可以伴随对象出现而播放（进入动画），也可以伴随对象消失而播放（退出动画）。利用动画这种功能也可以实现声音与内容同步（提示或反馈）功能。例如，选择一个正确答案后（触发器），出现一个“带有掌声”的图片（动画设置）。关于动画功能的介绍，详见模块七。

实践任务：声音内容加工与处理

一、实践任务与目标

（1）掌握利用电脑（或手机）进行录音的方法。

（2）能够对声音素材进行音量调整、声音内容裁剪、格式转换等操作。

（3）利用 PPT（或其他多媒体集成工具）实现背景音乐、声音播放控制、单击对象发声等功能。

二、实践内容与过程

（1）通过手机或电脑录制一段朗读课文或自我介绍 r 的声音，时间长度不超过 1 分钟。

①将录制的声音文件插入 PPT（或其他多媒体集成工具）。

②利用播放、暂停和停止按钮控制声音播放。

（2）设计一场景音效（如动物园、下雨天），鼠标经过（或单击）不同对象模拟各种不同的声音效果。

①场景中图像素材（或绘制对象）不少于三个，注意排版。

②声音素材文件名命名适当。

（3）为汉字或英语单词提供不同的读音（男声和女声），形式如图 6—34 所示。

图 6—34　英语单词提供不同的读音

（4）为“XX 声音处理模板”设计背景音乐功能，背景音乐自主选择，并在指定的幻灯中停止播放。注意背景音乐的节奏与表达氛围和主题内容相符。

三、实践结果与评价

(1) 所有任务在一个文件中完成，具体见设计“××声音处理模板”。

(2) 所使用的素材分类合理、命名规范。

(3) 声音素材处理音量一致，与表达内容主题相符，能有效增强（或配合）文字（或图片）信息的表达效果。

模块七

数字视频信息及动画的加工与处理

本章导学

现在网上流行着很多教学微视频片段。这些微视频片段展示了一些重要的学习知识点，如图 7—1 所示。与传统的教学视频录像（课堂教学实际录制）不同，其在展示教学内容的同时配以教师的讲解语言。如何才能制作和利用类似于如图 7—2 所示的学习材料呢？

图 7—1　用视频教学

图 7—3　使用视频素材

本模块重点介绍视频素材及动画在教学中应用，在此基础上视频学习材料的制作请参考模块十中数字化学习平台使用中的视频学习资源设计与制作。

7.1 视频与动画信息的表达特点

常言“百闻不如一见”、“耳听为虚、眼见为实”，这里的“见”指的就是真实的场景。但现实教学情境中受条件限制又无法为学生处处提供这种“真实”，视频与动画就成了记录与模拟这种“真实”的最佳方式。

7.1.1 视频与动画的区别

视频是指用摄像机获取的连续的帧图像，并以一定的速度进行播放（重现)。动画则是指计算机绘制并生成的运动画面，通常有两种形式。帧动画和造型动画。帧动画是一系列画面，对需要动画的地方作微小变化，当它们以每秒 15 帧以上速度连续播放时，人就感到像动起来一样。而造型动画是通过改变画面物体的坐标等属性来实现运动的。

很多情况下，我们对动画的理解可能会和“视频”相近，之间的区别很难说清楚。实际上，我们并不需要理解它们之间的区别，甚至我们把“动画”理解为能动的“画面”也没有关系，因为它们在教学功能上并没有什么区别。如果你非要区分它们，那就在制作过程中做一点区分：视频是用设备拍摄抓取的，而动画我们可以自己直接“制作”。例如，要做一个小球的下落运动，我们不需要去拍摄小球下落的过程，而可以直接绘制一个球，然后改变它的坐标位置使它动起来。

7.1.2 视频表达信息的特点

1. 信息直观、多样

视频信息的多样性主要体现在有声有色，具有时序性与丰富的信息内涵，可以记录事物的原型信息。画面部分可以使用自然界的颜色直观记录真实的场景、模拟画面和文字，动态或静态展示物体的结构、运动状态和说明，形象和有效地传达视觉信息；声音部分可以同步传达声觉信息，辅助画面的表现与传播。

2. 重复观看、真实

视频在传播信息过程中可以实现一次记录，重复再现的功能，而且可以复制和编辑。不仅提高了信息的传播范围，扩大了受众的数量，而且保持了传播过程的一致性。网络视频学习者可以根据自己实际情况控制视频播放时间和进度。

视频因其采用摄像机拍摄，“真实性”比动画表达强。

3. 时空切换、变化

视频可以不受时间与空间的限制，实现自由切换，扩展了受众的视野，丰富了受众的认知，使受众更快、更多、更方便地“看”到、“听”到和“感受”到更加丰富多彩的世界。

特别是通过视频拍摄与播放技术可以实现“变快为慢”、“变大为小”、“变远为近”等多种手法，观察到在常规状态下人眼无法观察的现象，比如花开的过程、翅膀的振动、地球的全貌等。

7.2　数字视频的类型与教学应用

视频媒体载体形式多样，有电影、录像、光盘、电视以及 VCD/DVD 和网络视频等，特别是随着网络应用的普及，出现了一些专门的视频分享网站，如优酷、土豆等，数字视频已经成为视频的主要形式。

网络视频格式主要特点是为适应网络传输，对视频的分辨率以及传输速率有一定的要求。能够实现边下载、边播放，也称之为“流媒体”，例如，FLV、FL4V、WMV、ASF 等，如图 7—3 所示。而在普通电脑上应用的视频材料则没有这方面的限制，常用的有 AVI、MPEG、VCD、DVD 等格式，如图 7—4 所示。

图 7—3　网络视频格式

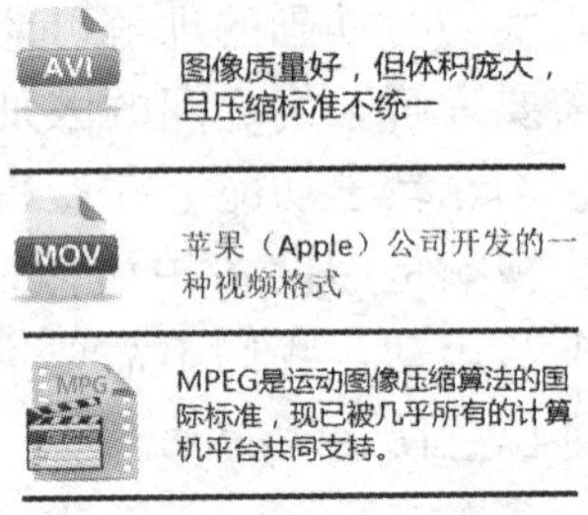

图 7—4　单机视频格式

7.2.1　情境导入、渲染氛围

视频能够再现真实场景，影像资料能够更好地引起学习者注意与兴趣。在历史、语文等很多学科中，可以使用视频材料创建教学导入情境。

利用视频作为导入或分析学习的材料，要注意选择视频的内容与教学主题相符，以避免带来干扰信息。如图 7—5 和图 7—6 所示。

图 7—5　甲午风云视频用于甲午战争背景分析

图 7—6　死亡诗社视频用于讨论“师生关系”类型

7.2.2　提供直观、操作示范

视频与图像相比更能反映事物真实状态，特别是物体的运动和过程性信息。在教学中可以利用视频为学习者提供其不易观察的现象，如微观世界物质运动状态、一些危险性现象等，如图 7—7～图 7—9 所示。

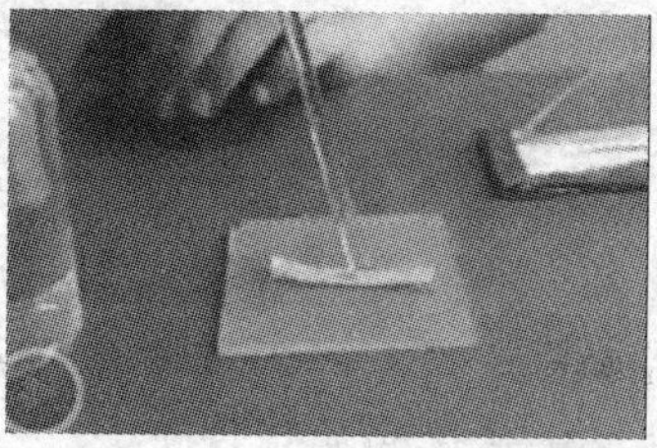

图 7—7　实验操作演示

图 7—8　篮球运球动作示范

图 7—9　观察花开的过程

利用视频提供直观经验要注意，在拍摄视频时突出表达内容的关键性特征和动作，必要时可以借助特写镜头、改变播放呈现速度等方法强化内容。

7.2.3　自我记录、真实反馈

视频不仅可以用来拍摄学习资源与内容，也可以拍摄自己的学习过程，为自己提供真实的学习反馈。例如，在一些技能训练中使用的微格教学（一种借助视听设备记录师范生教学过程再相互评价的一种培养师范生教学技能的方法），如图 7—10 所示。

图 7—10　记录过程——自主学习

在实践技能以及操作相关内容的学习中，视频既可以提供示范也可以提供反馈。学习者通过观看自己的视频材料更有利于学习反思，以纠正自己操作中的错误或不当之处。另外，随着拍摄设备（手机）的普及，视频也成为学习者记录学习内容的一种重要手段。

知识卡片

微格教学是一种利用现代化教学技术手段（主要是视听媒体技术）来培训师范生和在职教师教学技能（同样也适应其他专业的实践技能训练）的系统方法。它是一个缩小了的、可控制的教学环境，针对某一特定的教学技能进行集中训练。微格教学实际上是提供一个练习环境，使日常复杂的课堂教学得以精简（对训练内容进行加工，组成小的训练实践单元是微格教学设计与实践的关键），并能使练习者获得大量的反馈意见。

微格教学的“微”主要体现在三个方面。

1. 对训练内容的“微”

微格教学强调的是某一具体针对性的技能进行培训，如“提问技能”、板书技能、书写技能等。参与培训的师范生可以根据自己的真实情况选择不足的地方进行针对性的训练，有利于使受训者明确学习目的，便于把精力集中放在重点上。

2. 真实实践场景的“微”

微格教学训练并不是在真实的教学情境下进行，而是一种模拟的场景，一般由小组成员（人数规模为5～10，不宜过大）和指导教师组成。模拟的情景可以减少训练者的心理压力，使环境更为可控，同时参与的小组成员与指导教师可以提供建议和反馈评价。

另外，不论采用何种方式模拟训练场景，都要采用现代信息技术对学生的行为进行记录，能及时准确地获取反馈信息，这是微格教学的核心特征。在教学结束后，必须及时组织受训人员观看教学实况录像或进行视频点播。先由试讲人进行自我分析，检查实践过程是否达到了自己所设定的目标，是否掌握了所培训的教学技能，指出有待改进的地方，也就是“自我反馈”。然后指导教师和小组成员对其教学过程进行集体评议，找出不足之处。教师还可以对其需改进的问题进行示范或再次观摩示范，以利于受训者进一步改进、提高。

3. 训练时间的“微”

微格教学训练因为是针对一具体的教学技能，时间和真实的课堂教学相比较短，一般在5～10分钟。

在进行微格训练中，通常会提供示范（视频或教师现场示范），增强受训者对所培训的技能的形象感知。指导教师根据实际情况给予必要的提示与指导。示范可以是优秀的典型，也可利用反面教材，但应以正面示范为主。如有可能，应配合声像资料提供相应的文字资料，以利于对教学技能有一个理性的把握。要注意培养受训者勤于观察、善于观察的能力，吸收、消化他人的教学经验的能力。

7.2.4 视频主导、自主学习

教师可以通过制作视频教学材料为学习者提供学习内容，如将自己教学过程拍摄或通过计算机软件利用电脑生成教学内容讲解视频（具体方法见模块十）。在教学中视频主要起支撑作用，处于主导地位，用于全面展示教学内容，引导学习过程。学习者一般通过视频的学习即可完成知识构建，实现学习目标，如图7—11所示。

图7—11 视频主导教学

视频与其他媒体形式相比，在教学中具有以下优势。

(1) 与教师单纯用语言和板书相比，视频信息的多样性表达更加生动。可以形象地表达教学内容中重要的概念、原理和规律，增加了教学容量，使学生更易记忆、掌握，有利于学生接受知识。

(2) 反复使用视频可以大大减少教师的工作量，提高教学容量。教师和学生可根据教学内容、教学时机进行自定义播放，使学生获得丰富而直观的教学信息，但教学视频内容编辑比较困难。

(3) 视频可以带来不同空间和时间的信息，让学习者了解到事物变化的过程，体验到微观或宏观世界的信息。学习者还可以通过视频记录学习过程和内容。

7.3 视频资源应用时的常见问题与处理办法

视频在教学中应用的常见问题与声音媒体的类似，主要也是素材获取、转换、编辑和控制等。但视频编辑软件对计算机性能要求较高，视频素材的导入（采集）到视频输出需要占用大量时间，编辑视频也需要一定的专业知识。在教学中主要是对已有拍摄视频内容的截取与格式转换等。

7.3.1 数字视频的获取途径

获取数字视频资源的途径有多种，通常包括利用摄像机等设备录制并采集视频信息、利用屏幕抓取软件来捕捉计算机屏幕的动态信息、从网络上下载数字视频资源等。在使用数字视频资源的时候，既要考虑该数字视频资源是否符合教学需要，又要注意版权问题。

1. 拍摄数字视频

获取数字视频的最基本途径是通过摄像机、照相机、手机等设备捕获并数字化。特别是随着智能手机的普及，利用手机拍摄视频更为方便。

拍摄视频时需要考虑以下几个因素。

(1) 保持拍摄的画面稳定，**要做到平、稳、匀、清、准**。平是指画面框架的水平线要跟地平线平行或重合，画面框架的垂直线要跟建筑物的铅垂线平行或重合；稳是指画面要稳定，不要抖晃；匀是指速度要均匀，不能忽快忽慢；清是指拍摄的图像要清晰；准是指落幅、聚焦取景平衡要准。

(2) 利用拍摄距离远近和推拉镜头等操作选择合适景，利用好全景和特写等手法表达教学内容，突出重点。

(3) 注意拍摄画面的布局和构图。在教学视频中，画面主体要明确突出，在画面中占据较大的面积。注意拍摄角度和画面美感。

2. 捕捉计算机屏幕的动态信息

在实际教学中，教师有时需要将计算机屏幕的动态信息保存为数字视频作为教学素材。例如，在计算机类的课程中，将操作步骤的动态演示过程以视频的形式存储下来，方便学生在课后随时观看学习。另外在无法下载网络视频时，也可采用录制屏幕的方法将视频录制，替代下载视频。

实现捕捉或录制计算机屏幕软件较多，如 Camtasia、Snagit、FastStone Capture、屏幕录像专家等，可以根据自己需要参考软件帮助说明实验。在模块十将简单介绍 FastStone Capture 录制屏幕视频的方法。

3. 从网络上下载数字视频

目前，网络上的视频主要以流媒体的形式进行传输。根据流式传输方式不同，可以分为实时流式传输的视频流媒体和顺序流式传输的视频流媒体。实时流式传输的视频流媒体主要有网络电视、视频会议等；顺序流式传输的视频流媒体一般是由 Windows Media Player、Real Player、Flash Player 等播放器支持的视频。例如，Windows Media Player 支持的 WMV、ASF、MPEG 等格式的视频，Flash Player 支持的 FLV 格式的视频。实时流式传输的视频流媒体通常不能直接下载，可以利用上文提到的捕捉或录制计算屏幕软件一边收看一边录制。而对于顺序流式传输的视频，可以通过浏览器临时文件夹或插件功能实现下载。

在使用 IE 浏览器观看视频时，视频存放在了 Internet 的临时文件夹，所以通过查看 IE 浏览器临时文件即可得到观看的视频材料，在使用此种方法时可以将 IE 临时文件夹存储空间设置大一些，并且取消退出浏览器自动清空临时文件夹设置，如图 7—12 所示。如果使用 Firefox 等其他浏览器可以利用浏览器的扩展插件等功能（如 AntVideo Downloader），自动探测网络视频文件进行下载和保存，如图 7—13 所示。

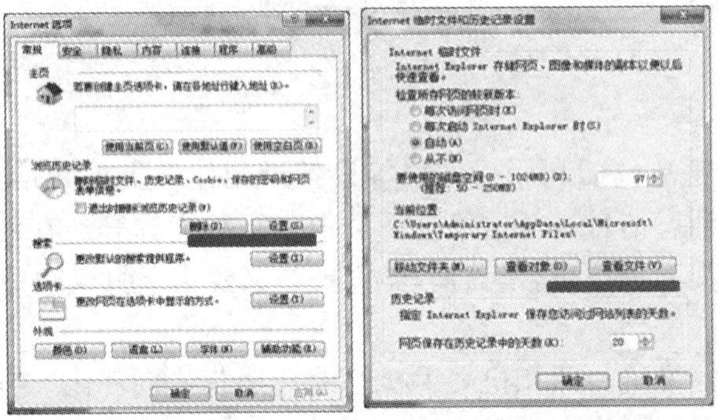

图 7—12　IE 浏览器临时文件夹设置

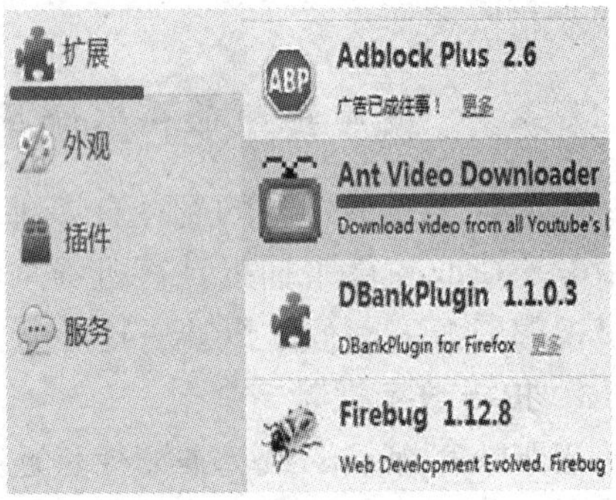

图 7—13　Firefox 浏览器下载视频扩展

通过 IE 浏览器临时文件夹查看浏览的视频文件时可以按文件大小排列或格式排列，视频文件比较大的一般会排在最前面。视频文件一般是 FLV、MP4 格式的。

另外国内一些视频门户网站都有专门针对自己网站视频的下载工具，如优酷有 iku、土豆有 itudou、搜狐有 xmlbar 等。可以安装这些门户网站要求的下载器，然后再下载所需要的视频。

7.3.2　数字视频格式转换与内容截取

在教师的实际教学中，往往会遇到以下情况：播放器不支持某种视频格式，无法播放；AVI 高清视频体积太大，没有足够的空间存储；在网络上下载的 RMVB、FLV 数字视频格式，无法进行后期编辑或插入其他课件制作软件中等。为了在不同的领域中应用数字视频，需要在不同的数字视频格式之间进行转换。视频转换软件有很多，常见的视频格式转换软件有 WinAVI、WinMPG、MediaCoder、WisMencoder、MeGUI、格式工厂等。下面以格式工厂为例介绍将 FLV 格式转换为 AVI 格式，使其能够在 PPT 中直接使用。

（1）选择转换类型和转换格式。格式工厂主要功能是实现视频格式的转换，使用时直接选择相应的转换格式，操作简洁。同时格式工厂也提供音频、图片文件格式转换功能，如图 7—14 所示。

（2）添加要转换的文件，即 FLV 格式的视频素材，可以同时转换多个文件，在转换前可以设置视频的输出参数如分辨率，采取的具体编码细节等，如图 7—15 所示。

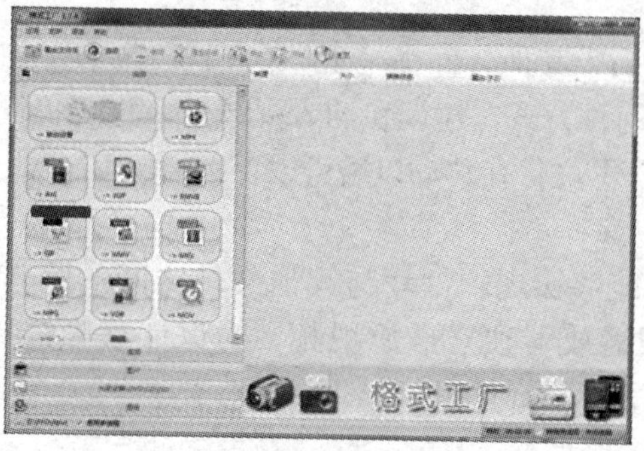

图 7—14　选择转换类型格式

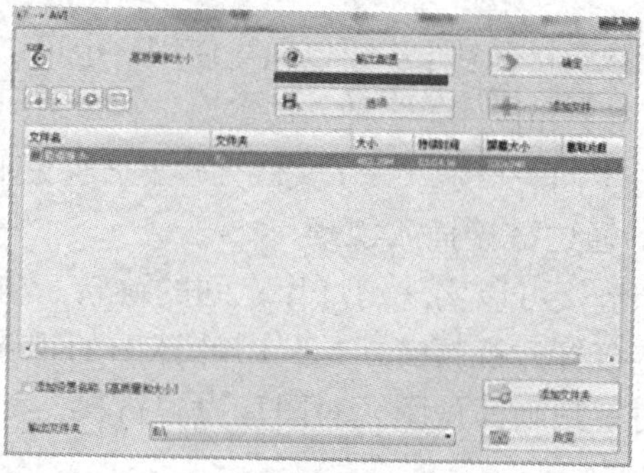

图 7—15　设置输出参数和选项

（3）在视频选项中通过开始时间和结束时间设置可以进行视频内容截取，如图 7—16 所示。格式工厂还能够实现视频文件合并以及视频文件和音频文件串流等功能（即实现视频文件配音），在输出设置中可以控制视频画面旋转方向，如图 7—17 所示。

图 7—16　截取视频内容

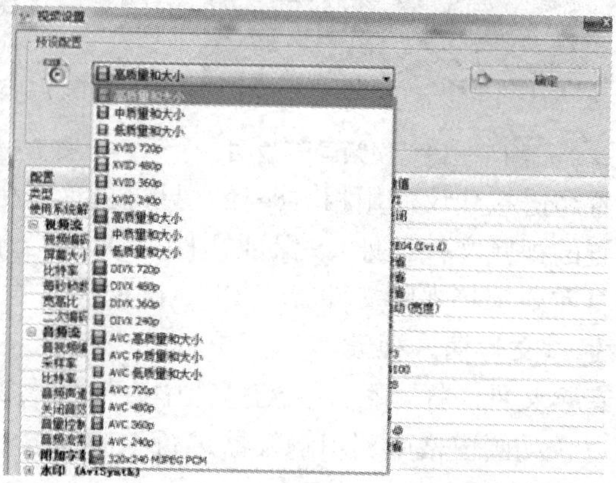

图 7—17　视频选项设置

视频格式转换和视频截取也可以通过播放器实现，现在常用的视频播放器都带有视频格式转换功能，如 QQ 影音等。

在播放视频时，右键单击选择“视频/音频截取”，命名兵并进行设置，选择保存文件格式。如图 7—18 所示。QQ 影音播放器实现输出视频格式选择较少，而且无法实现视频输出画面旋转等功能，对于有时水平拍摄有时垂直拍摄的手机拍摄视频后期调整就必须使用格式工厂一类的工具。

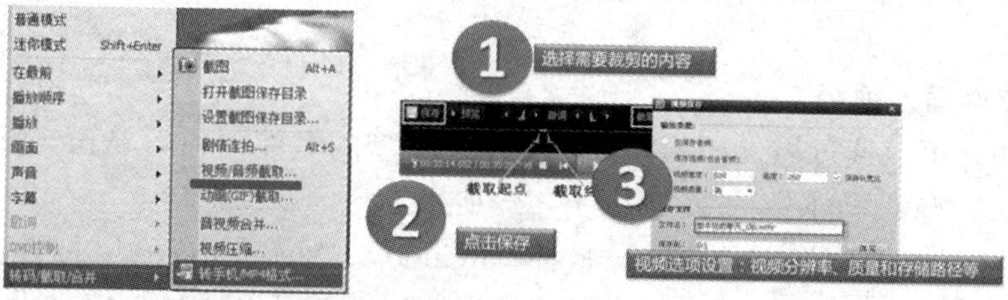

图 7—18　利用 QQ 影音播放器实现视频截取和格式转换

7.3.3 数字视频插入与播放控制问题的解决

视频素材在教学中可以独立使用，也可以插入其他软件中呈现。在 PPT 中可以通过链接、文件、对象和控件等多种方式实现。不管采用何种方式，建议在插入视频前一定要将视频素材置于 PPT 同一目录（或子文件夹）下，保证 PPT 文件在移动以后可以正常播放。

1. 通过链接插入视频

超链接可以实现幻灯片之间的跳转，也能够实现幻灯片与其他文件之间的跳转。在使用超链接打开视频实际是利用计算中的视频播放器独立播放视频。为保证视频链接效果，通常对视频画面截图，对图片设置链接。如图 7—19 和图 7—20 所示。

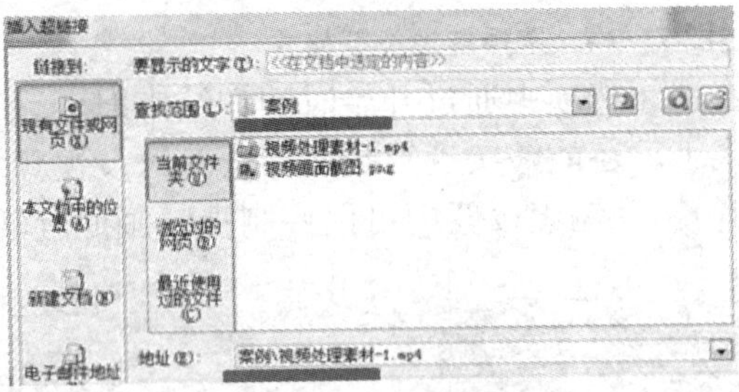

图 7—19　视频画面截图　　　　**图 7—20　对图片设置超链接**

设置超链接建议使用相对路径（见链接地址中没有出现计算机的盘符，只是相对 PPT 存储位置的视频文件地址），保证文件夹移动时仍然能链到文件正确位置。这也是在使用视频素材前要求将视频文件置于 PPT 目录（或子文件夹）下的原因。

2. 通过文件插入视频

与音频文件一样，可以在幻灯片中直接插入视频文件。视频文件也是被视为自定义动画，可以在动画窗格中利用触发器进行控制播放。如图 7—21～图 7—23 所示。

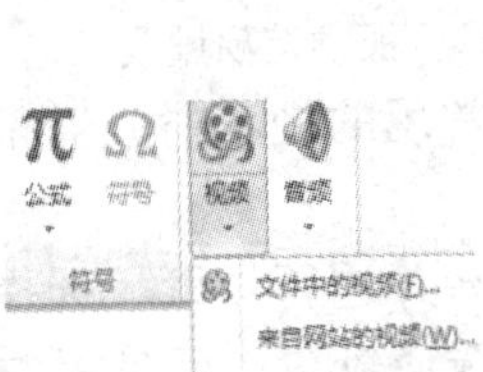

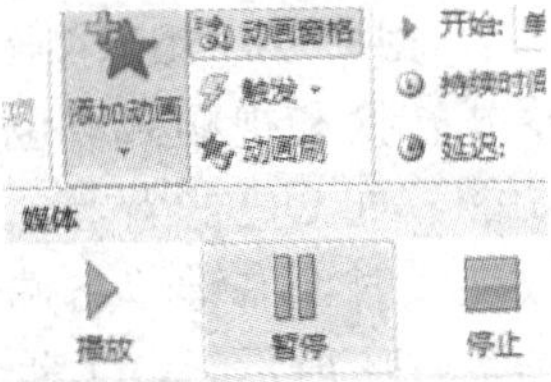

图 7—21　文件插入视频　　**图 7—22 插入视频的控制**　　**图 7—23　视频-触发器**

与使用链接方式插入视频相比，视频可以直接在幻灯片播放，但对视频控制没有独立播放器灵活。

3. 通过控件插入视频

在 PPT 中，可以通过控件插入外部各种不同类型的文件，利用 Windows Media Player 控件可以插入视频，如图 7—24 和图 7—25 所示。

（1）通过控件工具箱（其他控件）选择“Windows Media Player”控件。

（2）在幻灯片“画出”控件，并右键单击设置属性。可以通过自定义设置播放器控件外观和视频文件位置，也可以通过 URL 直接指定。注意路径必须完整，文件后缀名不能

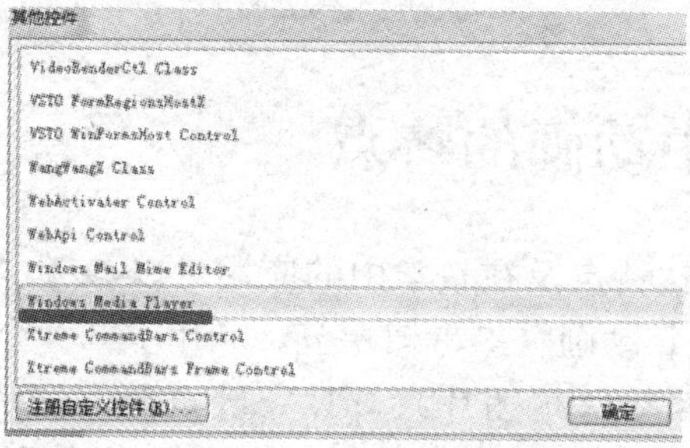

图 7—24　选择 Windows Media Player 控件

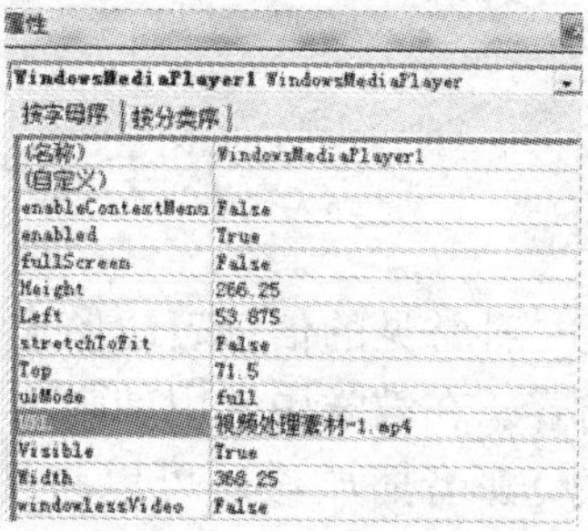

图 7—25　设置控件属性指定播放视频文件

省略，如图 7—26 和图 7—27 所示。

图 7—26　控件插播视频

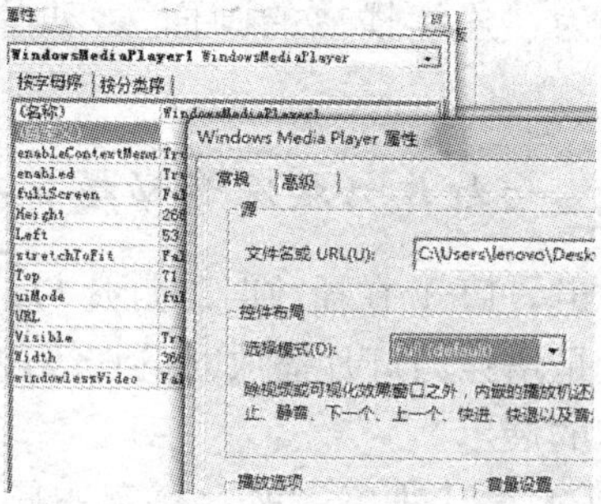

图 7—27　设置控件（播放器）属性

与插入链接或文件方式相比，通过控件插入视频既方便视频播放控制，也不需要跳转调用外部程序。

4. 通过控件插入 FLASH 动画

利用控件方法能够灵活将其他外部文件类型在 PPT 中直接使用，如利用 ShockWave Flash Object 控件插入 FLASH 动画，如图 7—28 所示。

ShockWave Flash Object 控件属性设置最主要的是 EmbedMovie 属性。选择 True，则 FLASH 动画会嵌入在 PPT 文件中。对于数小的动画文件可以选择此项，以保证动画可以正常播放。Movie 属性指 FLASH 动画文件路径，如图 7—29 所示。

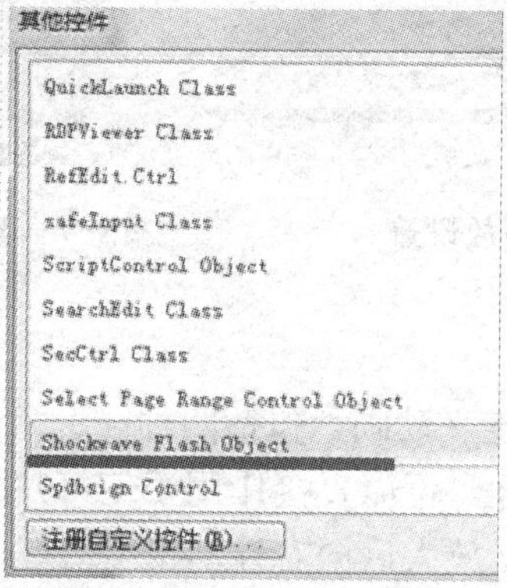

图 7—28　选择控件

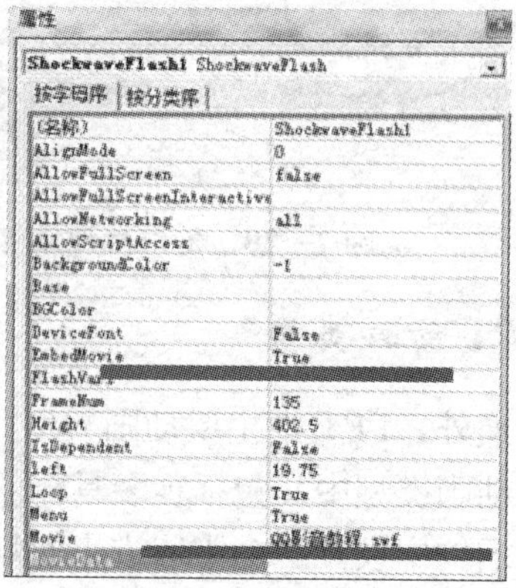

图 7—29　设置 FLASH 动画路径

7.4 PPT 中动画的特点

动画是一种常见的信息表达形式，其表达特点及在教学中的应用可以参考“视频”一节的相关内容。在教学中常用动画素材有 GIF 动画（参考模块五，利用 7.3.2 介绍的格式工厂以及 QQ 影音播放器还可以将视频转换为 GIF 图片）、FLASH 动画（FLASH 插入 PPT 方法参考 7.3.3）等。PPT 也可以制作动画效果，PPT 动画为“造型动画”，可以直接为对象指定“动画效果”，如移动、缩放、变色等。

PPT 动画主要包括幻灯片切换和幻灯片中的对象运动两种形式，但不管是哪种方式都可以动画视为“连续播放的画面”。动画必定与时间相关，时间设置是动画设置的主要选项。

7.4.1 幻灯片切换及自动播放功能的实现

严格来说，PPT 在播放时幻灯片与幻灯片切换在教学中无法体现“动画”的教学功能和应用，只是增强幻灯片播放时的连续性和视觉效果，了解幻灯片的播放和切换控制有利于特定内容的展示。

利用 PPT 设计故事、展示特定主题内容（如风景欣赏）等往往需要 PPT 自动循环播放。

（1）选择幻灯片切换方式。幻灯片与幻灯片切换方式尽可能统一，或者选择同一种类型的切换方式，避免幻灯片切换变化频繁引起干扰。根据播放内容节奏选择合适的持续时间。

（2）设置幻灯片切换方式。取消“单击鼠标时”切换选项，设置幻灯片播放时间（不是指切换效果的支持时间，也不包括幻灯片上其他自定义动画时间）。如图 7—30 所示。

（3）设置幻灯片放映方式。选择循环播放，在幻灯片播放到最后一张时会自动返回第一张播放，如图 7—31 所示。

图 7—30　幻灯片自动连续播放设置

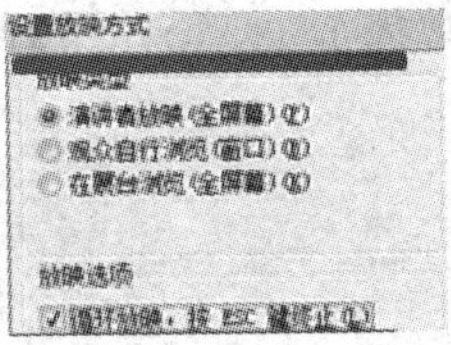

图 7—31　放映设置

7.4.2 PPT 动画类型

除幻灯片切换外，PPT 中主要动画类型为自定义动画，包括四种：进入、强化、退出和动作路径。每种动画类型中又包括很多具体的动画，可以直接作用于幻灯片中的对象，并可以叠加，如下面示例中设计一个小球进入幻灯片，放大后向右移动飞出幻灯片的过程。

1. 进入动画

进入动画是指一个对象（可以是插入图片，或绘制的图形以及输入的文本等）出现在幻灯片上的形式，有浮出、飞入、弹跳、擦除等。选择动画对象，再选择相应动画类型即可。如要实现小球飞入幻灯片的效果，可以选中小球，选择“动画选项卡”→“添加动画”：进入动画中的飞入动画类型，如图 7—32 所示。

2. 强调动画

强调动画对已有的对象设置的变化效果，经常使用的效果是放大、缩小、闪烁、陀螺旋等。与进入动画最大不同之处在于它应用于已经存在于幻灯片上的对象，而进入动画应用于将要出现在幻灯片上的对象。此外，进入动画多用于控制内容顺序呈现，强调动画多用于引起注意或模拟一些操作效果。

小球的放大缩小效果是强调动画中的缩放动画，也可以用于模拟心脏的收缩跳动。如图 7—33 所示。

3. 退出动画

退出动画与进入动画对应，是一个对象从幻灯片上消失的方式。两者结合使用可以控制对象在幻灯片上的出现与消失，更好体现对内容呈现的控制，也能有效利用幻灯片屏幕空间，如模拟两人之间的对话效果、提供解释字幕等，如图 7—34 所示。

要实现小球从幻灯片上消失，选择退出动画飞出类型即可，与进入动画中的飞入对应。

4. 动作路径

动作路径也称路径动画，可以实现指定对象沿设定的路径进行移动，并且可以多个路径组合使用。主要用于控制幻灯片上物体的位置，如图 7—35 所示。

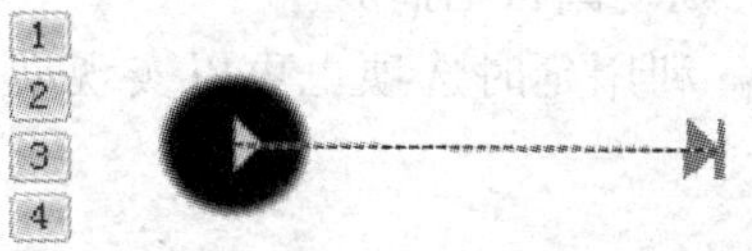

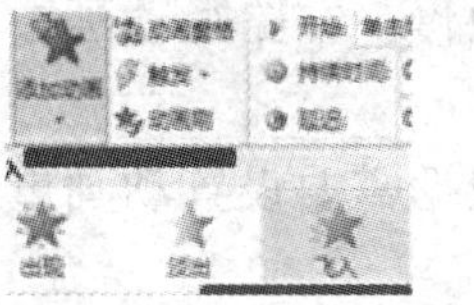

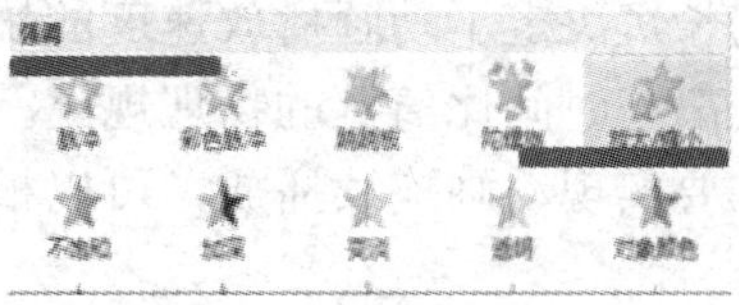

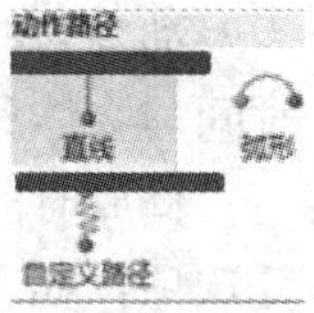

图 7—32　小球进入　　**图 7—33　小球放大**　　**图 7—34　小球消失**　**图 7—35　小球移动路径**

路径动画设置时有运动路径示意，绿色箭头指运动起点、红色箭头指运动终点，可以直接鼠标移动路径或控制起点、终点位置，路径也可以通过编辑顶点进行编辑，如图 7—36 所示。

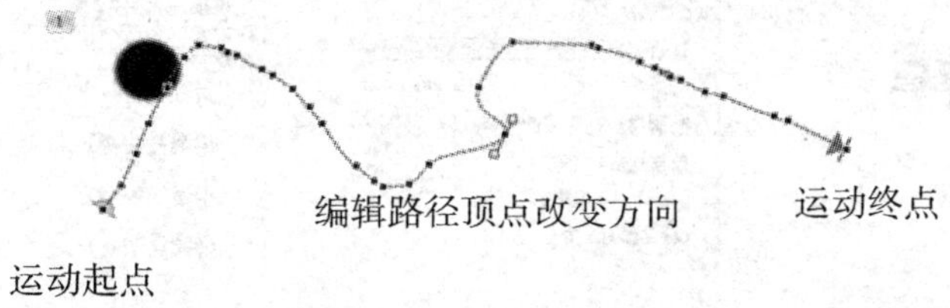

图 7—36　编辑路径

如表 7—1 所示为进入、强调、退出和动作四种动画的比较。

表 7—1　　四种动画的比较

	动画功能	动画特点应用	区别
进入动画	对象出现在幻灯片上效果	控制内容出现顺序	从无到有
强调动画	改变对象大小、形状、色彩	突出显示、模拟现象、吸引注意	从无到有
退出动画	对象在幻灯片消失效果	控制内容消失顺序	从有到无
动作路径	控制物体移动路径和方向	模拟位移运动	移动物体

PPT 自定义动画通过出现、强调、路径和消失来实现幻灯片中对象（物体）的动画效果，通常用来控制教学内容的呈现顺序或组合模拟一些操作和现象。如图 7—36 所示。

7.4.3　PPT 动画设置的一般方法

不论哪一种动画在 PPT 中使用都具有共通的设置属性，主要是动画的开始条件、动画持续的时间、动画自身效果设置。

1. 动画开始条件

动画开始设置有三个选项："单击"、"与上一动画同时"、"上一动画之后"，如图 7—37 所示。"单击"是指只有用户单击鼠标后动画才会播放。配合触发器设置可以实现用户单击指定对象（按钮等）来控制动画开始，适用于流程性操作（必须满足给定的条件才能播放下一个动画）。

"与上一动画同时"指动画同时播放，如果是第一动画，则动画自动播放。

"在上一动画之后"指动画在上一动画结束后才能开始，利用延时选项也可以实现动画顺序播放。

2. 动画播放时间

动画与时间密切相关，动画持续时间长短决定了动画播放速度的快慢。在路径动画中时间与物体移动距离也符合"速度等于距离与时间比值"的物理规律。

播放时间是指动画单次播放时间，如要实现动画连续播放，可以根据需要设置动画重复选项，如图 7—38 所示。

3. 动画效果选项

动画效果选项是指动画自身特有的效果设置。例如，旋转动画可以设置旋转的角度，擦除动画可以设置擦除的方向。如图 7—39 所示。

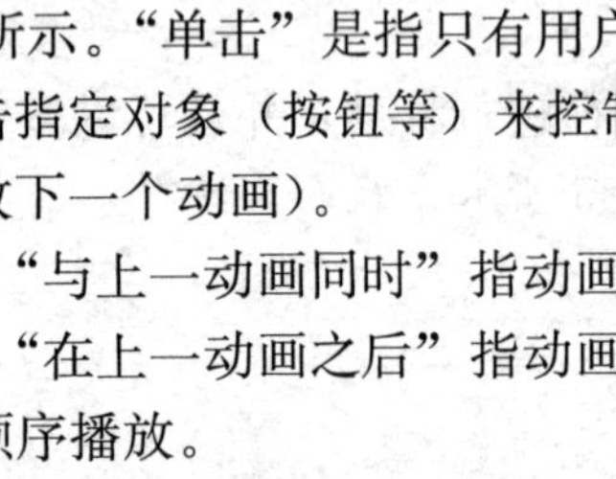

图 7—37　动画开始条件

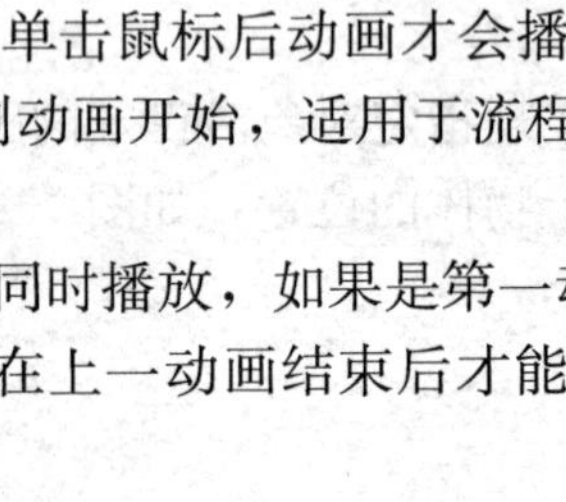

图 7—38　动画持续时间

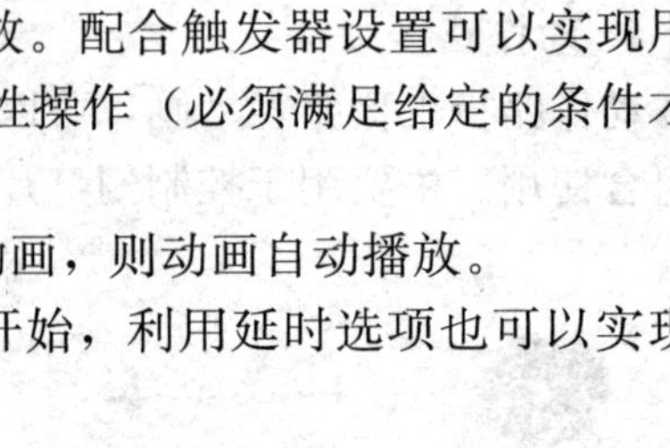

图 7—39　动画效果选项

7.5 几个动画在教学中应用案例

PPT 中进入动画和退出动画用于控制幻灯片中内容显示顺序和过程，而强化动画和路径动画可以模拟一些现象和操作。下面列举一些实例来简单说明。

7.5.1 日食形成过程

日食是一种天文现象，在月球运行至太阳与地球之间时发生。对地球上的部分地区来说，月球位于太阳前方，因此来自太阳的部分或全部光线被挡住，看起来像是太阳的一部分或全部消失了一样。为了帮助学习者更好理解月球、地球和太阳之间的位置关系，可以利用动画演示日食形成的原因。

在 PPT 中可以设计成月亮绕地球旋转，在旋转至地球和太阳之间时，太阳被遮挡（因为 PPT 不支持真实的三维空间对象，可以利用另一个“隐藏在背景中的圆”采用路径运动运动到太阳上模拟这种效果）。

1. 月亮绕地球运动实现

选择路径动画中的形状“圆形”。调整圆形的位置和大小，控制月亮运动的路径，如图 7—40 所示。

平滑开始和平滑结束选项用来实现加速和减速效果，如是匀速动画设置为 0 秒，动画时间设置为 5 秒，用来控制运动的速度。如图 7—41 和图 7—42 所示。

图 7—40 选择路径动画-图形

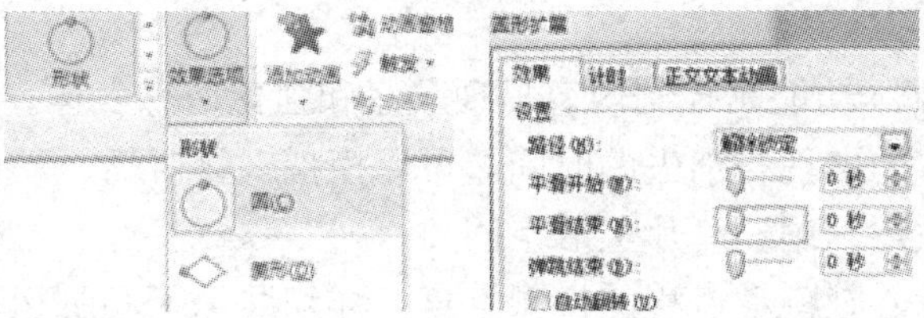

图 7—41 取消平滑开始结束

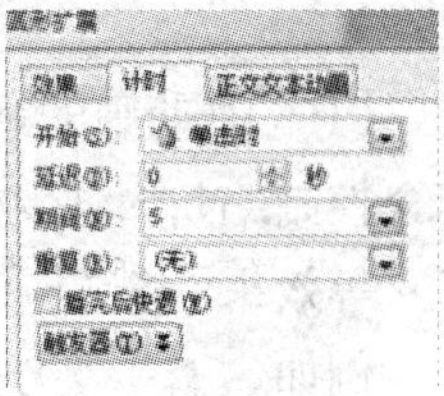

图 7—42 设置动画速度

2. 太阳被遮挡效果实现

通过一个圆从太阳上面经过即可模拟这种现象，关键是要控制圆的运动如何和月亮运动时间配合。

（1）为保证遮挡动画同步，开始选项设置为“与上一动画同时”并延迟 2.5 秒，如果无法同步，可以调整延迟时间，如图 7—43 所示。

（2）为了让日食演示动画多次播放，可以采用触发器来控制动画播放。如插入或绘制一个按钮，用来做“月亮绕地球”运动触发对象。

日食形成过程动画共包括两部分：月亮围绕地球旋转（路径动画中的圆形路径）和圆形遮挡太阳（路径动画中的直线运动）。圆形开始是隐藏在背景中的（设置圆填充颜色和背景一致相同即可，而且叠放次序要置于太阳之上）。触发器的设置与使用和前面声音控制部分相同，在动画窗格把圆形遮挡太阳的动画拖放至触发器动画后面，也就是说触发器可以同时控制多个动画，如图 7—44 所示。

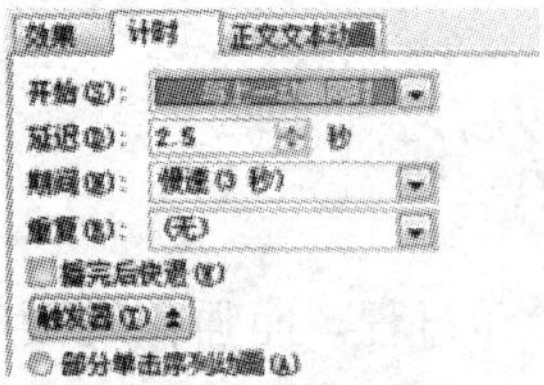

图 7—43　计时设置

图 7—44　动画示意图

利用遮挡的对象的叠放次序还可以设计近照灯效果。

让圆形在“隐藏的文字”下面经过，即可形成字被照亮显示出来的效果，制作时一定要让文字在圆的上方，文字的（或其他对象）颜色要与背景相同才能实现隐藏效果，如图 7—45 所示。

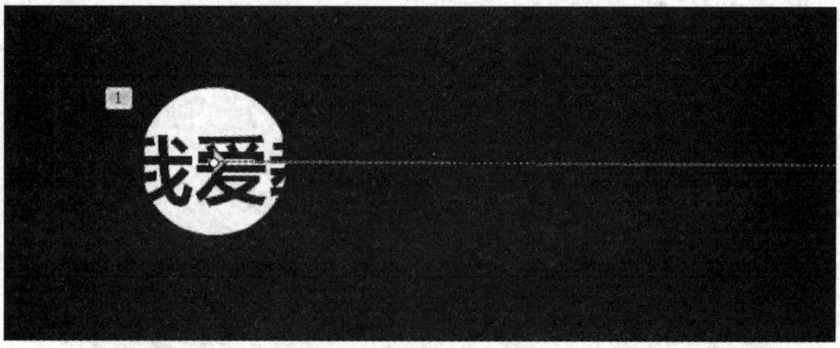

图 7—45　利用叠放次序设计近照灯效果

7.5.2　提供解说文字

PPT 中动画的最基本功能是控制内容呈现顺序和强化信息表达。通过进入与退出动画配合控制幻灯片上内容的出现与消失的时间，可以模拟人物对话、动画视频字幕（解释文字）等效果，能更有效地利用幻灯片上的空间。

例如，有一个演示心脏跳动过程的视频素材，详细展示了心脏运动的特点，但没有配音和相应的文字讲解。在使用时，如果想使关键阶段的特征更加突出，可以配合字幕解说，强调运动的特点。

(1) 设计好字幕内容，可以一次同时输入，也可以分组输入或逐条输入。不管采用哪种输入方式都要保证对每一个对象设置动画便利，在完成动画设计后对齐字幕。

因为字幕动画大致相同，可以设置一动画后，利用动画刷功能复制动画效果，如图 7—46 和图 7—47 所示。

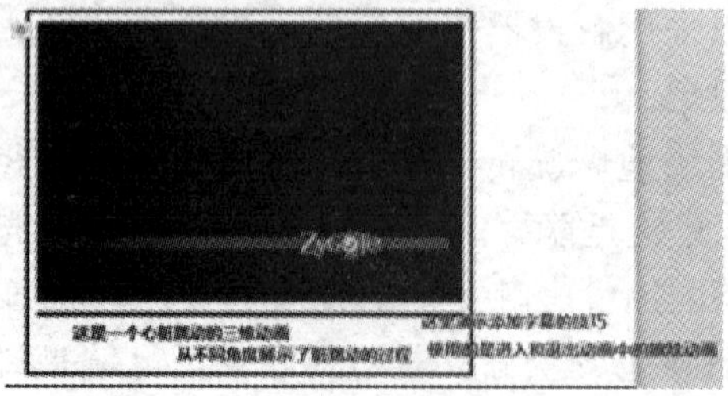

图 7—46　设计好字幕内容

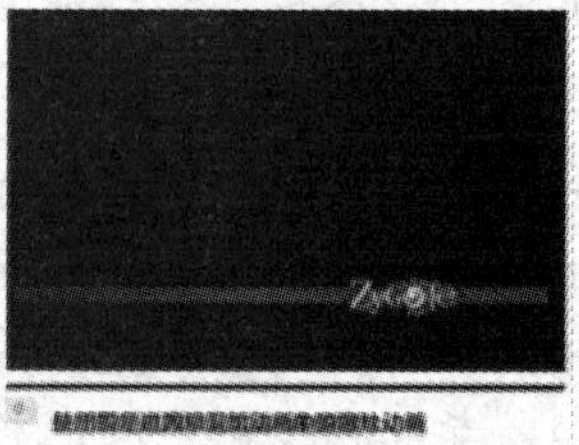

图 7—47　字幕对齐后效果

(2) 字幕的要求是出现后消失，所以每一个字幕动画需要设置进入动画（选择擦除，自左向右效果）和退出动画（也选择擦除，自右向左效果，与进入效果对应）。如图 7—48 所示。

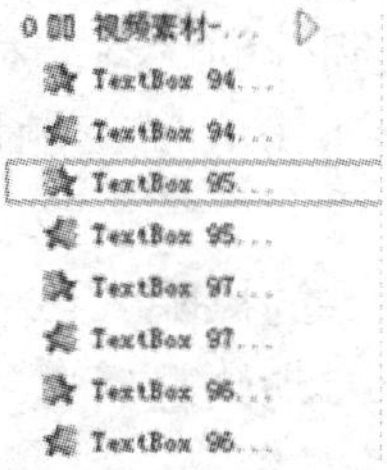

图 7—48　一个字幕一组进入和退出动画

(3) 根据动画演示过程，设置字幕呈现和停留（延时）时间，延时的时间计算根据视频内容决定如图 7—49 所示。

(4) 字幕要自动切换，第一条字幕动画开始方式选择为“与上一动画同时”，后面的动画开始方式选择为“在上一动画之后”。

进入动画中的擦除动画效果选项有“播放后隐藏”，利用它可以代替“退出”动画效果，字幕设计更为简单，只是无法控制字幕在画面上的停留时间以及消失的效果，如图 7—50 所示。

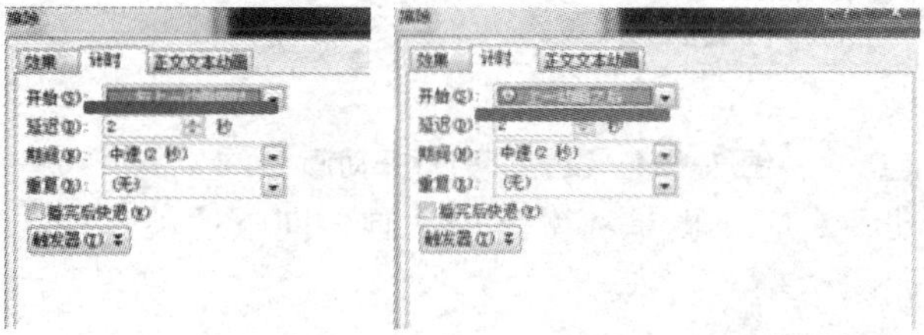

图 7—49　动画的开始设置和时间设置

图 7—50　播放后隐藏

7.5.3　开关电灯

电路的开与关，菜单的展开与收起、物体的运动与停止等很多事物都具有两种状态，如果想在这两种状态中切换，可以通过触发器控制“动画”来实现，这里列举利用开关控制灯泡的效果来说明。

开关控制原理是事物两种状态之间的切换，开状态出现（进入动画）和关状态消失（退出动画），反之关状态出现（进入动画）而开状态消失。消失与出现可以通过两种状态为触发器来实现，即用开控制关，用关控制开。

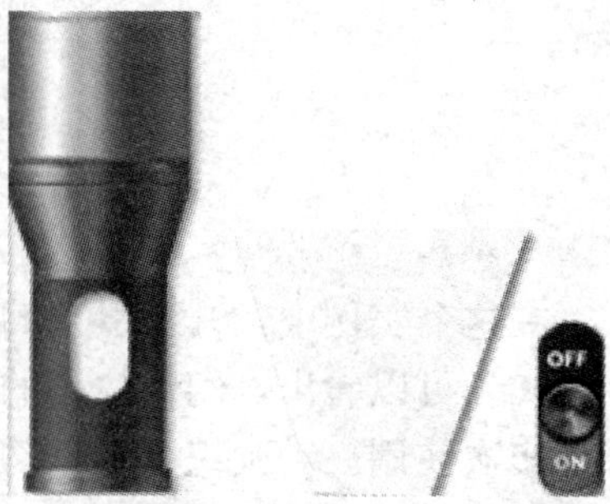

图 7—51　动画需要的对象

电灯开关控制需要四个对象（这里为模拟开关的滑动效果，将开与关两个按钮合并成一个，但为两种状态，向下运动为关，向上运动为开）：

电灯、电灯开按钮、电灯关按钮和灯光，通过电灯开关控制开与关的两种状态，如图 7—51 所示。

为方便控制按钮，在设计时可以将开关按钮置于顶层，完成后再将其置于手电筒下方。

（1）设置开关“开”动画，即切换到开的状态。利用路径动画“直线向上”实现开关向上滑动。因为按钮以后要置于手电筒下方，所以触发器对象选择为手电筒“图片 95”，而不是按钮自身，如图 7—52 所示。

（2）灯亮状态实现是利用进入动画中的擦除（自下而上效果）动画。在开关切换到开的状态时即灯亮，所以开始设置为“上一动画之后”。动画速度是“非常快”或者“比 0.5 秒时间更短”。触发器也为手电筒图片，如图 7—53 所示。

图 7—52　设置开关灯打开动画

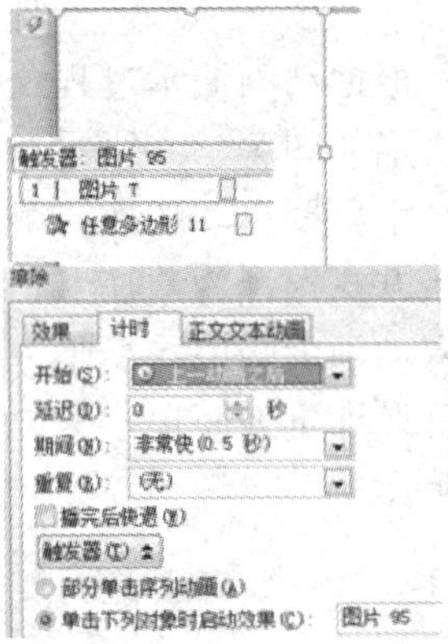

图 7—53　设置灯亮打开动画

（3）设置开关“关”动画和开动画对应，也是利用路径动画，向下运动。与之对应的是退出动画实现的“关灯”效果，如图 7—54 所示。

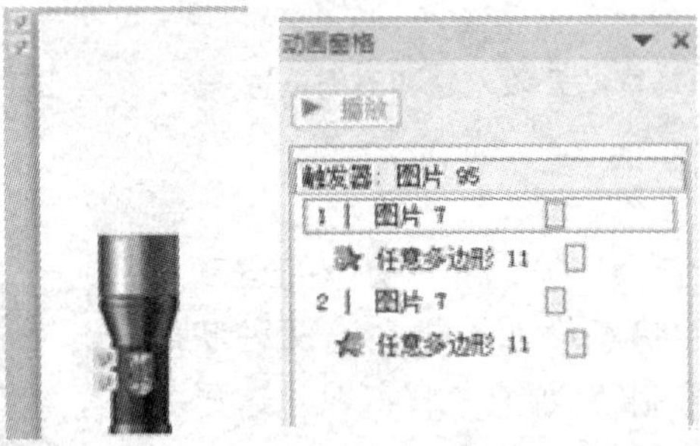

图 7—54　完整动画示意

在这个实例中，开关滑动的动作路径动画因为移动距离很小，需要细心调整移动位置和距离。可以看出，幻灯片上的每一对象都可以应用多种类型动画，动作路径动画也可以叠加多次使用。动画组合是 PPT 中动画应用的核心，在了解各种类型动画的特点的基础上可以模拟多种应用效果。

实践任务：视频（动画）内容加工与处理

一、实践任务与目标

（1）了解教学中常用数字视频格式类型，并掌握视频格式转换方法。

（2）掌握视频内容截取方法，并能够根据实际需要选择适当的方法将视频素材应用到教学中。

（3）了解PPT中动画类型，掌握PPT动画开始条件、播放时间效果设置。

（4）掌握PPT常用动画类型特点，能够根据需要选择适当的动画类型，增强教学信息表达效果。

二、实践内容与过程

（1）结合声音处理方法，模仿《小小的船》制作一声画同步效果的PPT，可以是儿歌、诗词或其他内容的解说，要注意声音与动画的配合。也可以自己设计制作一个有声故事，利用动画展示故事内容，并配音。如图7—55所示。

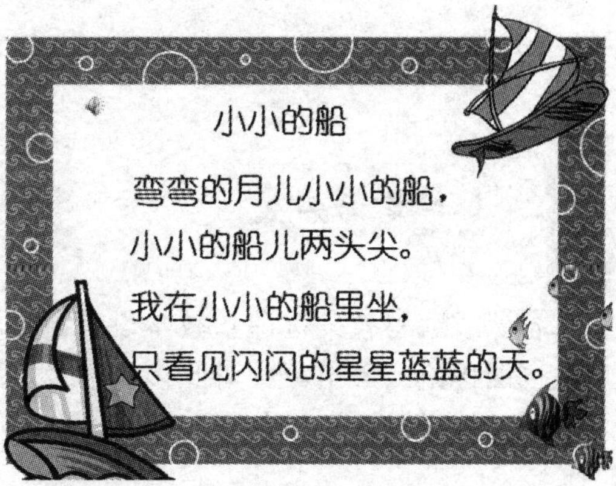

图7—55　小小的船

（2）探索PPT中各种动画类型特点，选择合适的动画类型模拟“画圆”过程。

（3）探索PPT中各种动画类型特点，绘制三角形，并实现三角形围绕一固定顶点旋转。旋转动画利用按钮控制，并能够无限循环旋转，效果如图7—56所示。

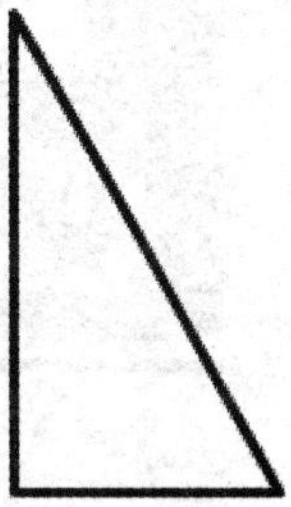
图7—56　三角形绕顶点旋转

（4）在初中物理教学中需要展示船闸原理和过程。请在网络上搜索视频素材，并尝试下载，选择需要的片段。

①转换成可以直接插入PPT中播放的视频格式。

②用链接、文件和控件三种方式插入视频文件。

③在以文件方式插入视频时提供视频播放和停止按钮，并配字幕解说词（如果没有语音，也可以配以解说）。

三、实践结果与评价

（1）自我评价。

独立完成以上动画和视频处理案例。如有困难，可以利用本模块的配套视频教程自主学习。

（2）教师评价。

将以上任务在一个PPT文件内完成，按指定方式提交作业。

模块八

信息技术支持下的课堂教学设计

本章导学

备课或编写教案称课堂教学设计，是教学实施之前必须做的准备。在教育学、课程教学法（课程论）等学习中对此多有涉及，很多人对教学设计一般过程已经很熟悉，教育技术中谈的教学设计又是什么。如图 8—1 所示，教学设计流程。

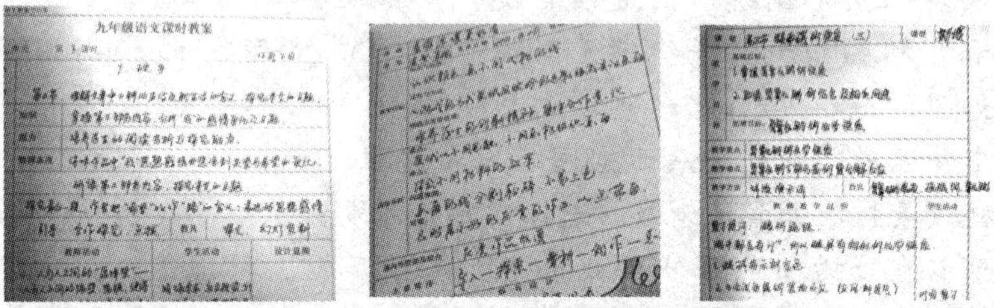

图 8—1　流程化的教学设计（教案）

本章主要介绍“信息技术在教师的教学设计过程的支持作用”和“在具体教学中常用的信息技方法或手段”。教师只有对信息技术应用方法及相关信息技术教学资源深入了解，才能够在教学中有意识地考虑如何利用信息技术解决教学问题。这种意识正是信息化教学设计与传统的教学设计编写相比最突出的特征。

教育技术中的“教学设计”与一般的所说编写“教案”或“备课”最根本不同之处在于教育技术更强调利用“系统方法”解决教学中问题，而且它并不局限于课堂教学的教案，也包括产品的“教学设计”，如课件、辅助教学软件等教学资源的设计等。近年来随着信息技术应用的不断普及，越来越多的人关注信息技术手段在教学中的应用。我们在这里探讨的聚焦于信息化教学环境下的“课堂教学”相关内容，探讨信息技术对课堂教学设计的支持作用，探讨教学过程中信息技术提供的教学活动支持作用。

8.1　信息技术对教学内容分析的支持作用

教学设计的主要任务包括学习者特征分析、教学内容分析、教学目标确定与阐述、教学方法选择及教学过程设计等。信息技术的使用不仅直接影响教学方法的选择和教学活动的设计，而且对教学设计也有着直接的影响。在本节中重点介绍信息技术对教学设计中内容分析的支持作用。

8.1.1　教学内容分析要求与常用方法

教学内容分析的主要目的是帮助教师解决“教什么、学什么”的问题，把握教学内容知识点之间的联系和重难点，并结合学习者认知水平，确定教学起点。教学内容分析方法有很多种，常用的有归类分析法、图解分析法、层级分析法、信息加工分析法等，各有特点和适用范围。归类分析旨在确定实现教学目标所需学习的知识点。而层级分析则从目标开始，层层递进推理出实现教学目标的教学起点。下面以信息技术教学中的电子邮件使用为例说明各种内容分析方法特点。

1. 归类分析法

主要通过对有关信息进行分类的方法，利用图示或列提纲，把实现教学目标所需学习的知识归纳成若干方面，从而确定教学内容的范围。

“掌握电子邮件的使用”通过归类分析，就是要求掌握电子邮件信息交流特点，能够使用电子邮件写信和收信。如图8—2所示。

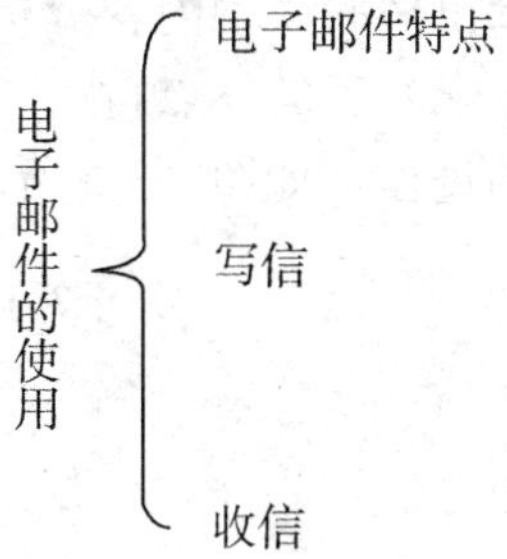

图8—2　归类分析法

2. 图解分析法

图解分析法是利用直观的形式来揭示教学内容之间的相互联系的一种分析方法。它是由归类分析法发展而来的，更强调直观呈现知识点之间的关联，也可以说是对归类分析确定知识点内容的细化，如图8—3所示。

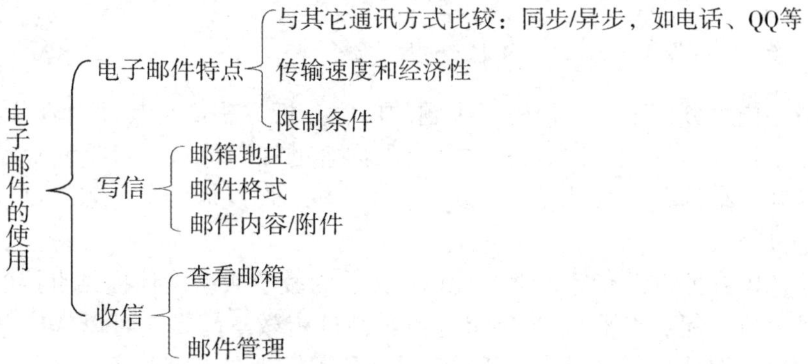

图8—3　图解分析法

图解分析是在归类分析基础上，寻找知识点之间的联系，并通过尽可能的直观方式展示。

3. 层级分析法

层级分析法是利用教学目标的层次关系，对教学内容进行分析的一种方法。它是用来揭示教学目标所要求掌握的从属技能的，是一个逆向分析的过程。

与归类分析法不同，层级分析主要从教学目标出发，确定实现目标需要哪些条件，依次寻找到学习者初始知识水平，如“掌握电子邮件使用”必须拥有电子邮件账号和知道中如何写信，而要注册邮箱账号，则必须知道浏览器使用方法，如图 8—4 所示。

电子邮件的使用	注册电子邮箱帐号 写信格式 附件	上网 登录邮箱 编写主题/正文/添中和上传文件

图 8—4　层级分析法

4. 信息加工分析法

信息加工分析法又称为程序分析法，由加涅提出，是将教学目标要求的心理操作过程揭示出来的一种内容分析方法。这种心理操作过程及其所涉及能力构成学习内容。它是对学生学习后的终点行为——教学目标进行分析，以揭示顺利完成该目标所具有的外显和内隐的过程，如图 8—5 所示。

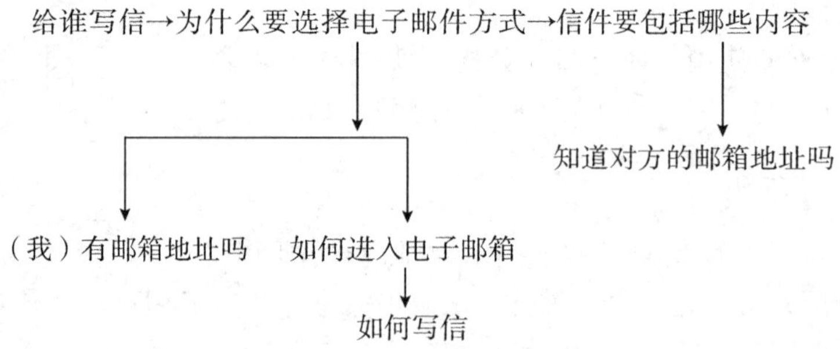

图 8—5　信息加工分析过程

8.1.2　基于概念图的教学内容分析方法

概念图教学内容分析法是一种基于主题的内容分析方法，与其他内容分析方法相比，它不考虑“教学目标”，也不考虑具体“教材”内容的知识体系，只是教师对主题内容的理解，是专业知识结构联系的呈现。所以，它要求概念图反应的知识点及结构要全面、深入，如图 8—6 所示。

因为概念图内容分析没有考虑学习目标，无法为教学活动设计提供直接的参考，但结合学习者特征分析（起点水平），教师可以更灵活确定教学起点：可以从信息交流特点比较入手，也可以从网址与浏览器使用开始教学。采用概念图内容分析方法最大优势在于增

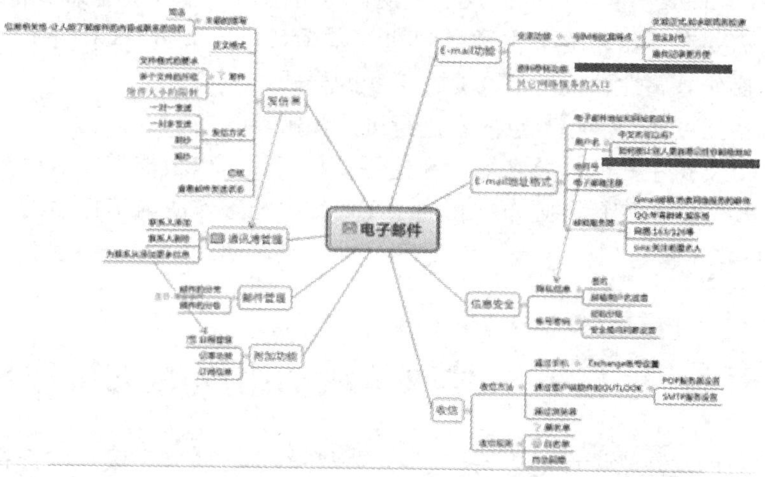

图 8—6　概念图内容分析法

强教师对于专业内容的理解和把握，并在此过程中帮助或引导学习者寻找最佳的学习路径。能够帮助教师预测教学中可能出现的问题并提供相应的解决问题知识准备，也能够帮助教师更全面理解知识点之间深层次的联系。

1. 概念图软件简介

概念图（Concept Map），又称思维导图，是一种用节点代表概念，连线表示概念间关系的图示方法，也是一种用来组织和表征知识的工具。它是一种有效的教学辅助工具，利用概念图和思维导图工具可以直观地展现知识内容之间的结构、组织讨论及学习记录等。常用的思维导图和概念工具有 MindManager、Xmind 和 FreeMind 等。本章主要介绍 Xmind 软件的使用。

2. 概念图软件的使用

概念图软件主要用来表征相关事物（知识）之间的联系，其主要操作就是确定节点（相当于软件中折主题）和节点之间的联系（相当于软件中的连线），如图 8—7 所示。

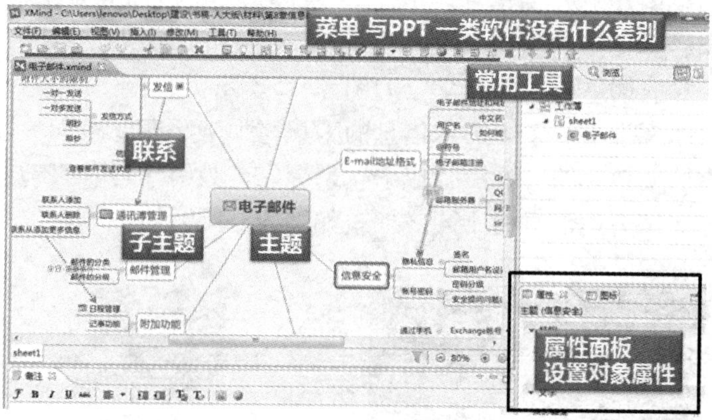

图 8—7　Xmind 软件界面

（1）主题表达主要是文字形式，也可以通过属性面板添加相应的图标（图片）。节点可以对应任意类型的文档，通过插入菜单中的附件功能实现。按“Enter”键可直接插入同级主题，按“Insert”键，可以插入子主题，也可以通过右键快捷菜单插入。

（2）如果需要在不相邻两个主题之间建立联系，可以通过“Ctrl+L”插入联系，也可以通过菜单操作。属性面板可以改变连接线的样式。

（3）通过备注可以对主题节点内容进行进一步解释。

（4）Xmind支持主题的折叠功能，在使用过程中，可以根据需要折叠演示。受界面屏幕大小限制，Xmind也支持多画布（相当于Excel中的工作溥与工作表的关系）功能，方便关系主题内容之间的管理。

8.2 信息技术对教学活动组织的支持作用

信息技术对课堂教学设计的支持作用还体现在教学方法（手段）的选择和教学活动的支持上，简言之即可以“应用信息技术优化课堂教学”。在信息化教学环境中，合理利用数字教育资源、学习教学工具开展教学活动。

信息化教学环境是运用现代教育教学理论和现代信息技术手段所创建的教学环境，是信息化教学活动展开过程中赖以持续的情况与条件。信息化课堂教学环境包括多媒体教室环境、多媒体网络教室环境、交互式电子白板环境等。

8.2.1 技术支持的课堂导入

“万事开头难”，但“好的开头就是成功的一半”。课堂导入是实施课堂教学的第一个环节，教学导入地好，可以激发学生浓厚的兴趣，提高课堂效率。技术支持的课堂导入是指教师利用各类技术资源支持多样的导入方式，提高课堂导入的效率与效果。

在教学可以利用信息技术提供的音乐、视频、图片或设计的动画、故事、谜语等多种方式导入。但不管采用哪种导入方法，其主要目的是吸引学习者兴趣，关注学习主题，或帮助学习者建立新旧知识之间的联系。

在语文教学中采用音乐方法导入，如教学《背影》，可以播放崔京浩《父亲》主题歌。以一曲《父亲》唱尽了父亲的爱，令人心潮澎湃，一首《背影》写尽了父亲身上的风光，让人为之陶醉，为导入语进入新课教学，如图8—8所示。

再如，信息技术教学中关于“图像信息的采集与加工”课题教学，通过收集整理相应的成语图片，采用简明扼要的“看图猜成语”来导入，吸引学习者兴趣，自然而然地引出用图像表达信息与文字表达信息的不同之处，如图8—9所示。

图8—8 音乐导入以情动人

图8—9 看图猜谜语以趣引人

导入方法有多种，教师可以根据教学内容与学习者兴趣利用多媒体技术与材料选择适当的导入方法，或创设情境，或为学习者设计挑战任务等。

8.2.2 技术支持的课堂讲授

讲授是课堂教学中的重要环节。利用信息技术手段辅助课堂讲授可以改变课堂教学信呈现方式，提高教学信息传播效果。形式适当的信息数字化教学资源能够为学习者提供“直观”、“结构化”、“多媒体化”的学习材料，特别设计的课件或借助学科工具还能够为学习者提供动态过程演示或模拟情境（实验）等。

“景深”是摄影课程中一个基础概念，是影响照片“虚实”效果的关键因素。但对概念的理解过程中，学习者对“对焦点”位置的理解可能存在障碍。通过利用图示的方法展示对焦点（物体部位）的位置及前后清晰距离，配合教师的语言讲解能够帮助学习者对此概念含义的理解，如图 8—10 所示。

初中化学关于“二氧化碳”教学中不仅可以通过视频演示配合课堂教学讲授“干冰”在生活中的应用，也可以利用动画配合，“二氧化碳制取过程”内容的讲解。通过动画不仅能帮助学生更好的掌握制作的过程与步骤，而且能突出每一过程中要注意的问题和操作要点，如图 8—11 所示。

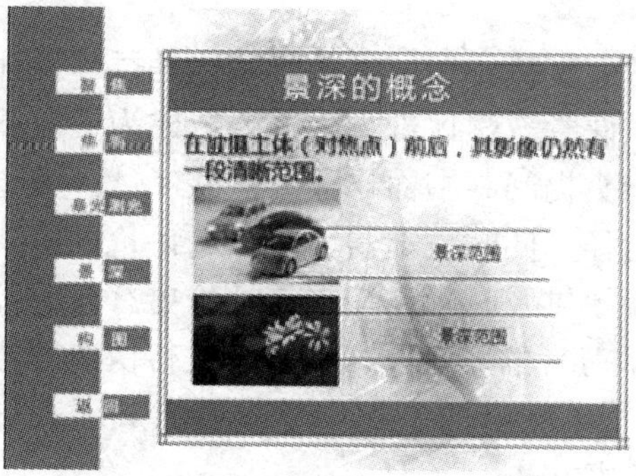

图 8—10　直观化解释景深概念

图 8—11　配合讲演-演示二氧化碳抽取过程

8.2.3 技术支持的学生技能训练与指导

在很多课程学习中实践技能，包括操作练习、实验、动作等是重要的学习内容之一，通过借助摄像设备记录过程的“微格”方法，能有效提高学习者学习反思和学习参与性。在具体的学科中，还可以利用数字化音频资源播放与控制的灵活性，反复增强训练效果，如运用数字资源支持语文教学中发音与朗读训练。通过学科工具软件或学科资源（模拟仿真系统等）对学习者的实验技能训练也是一种常见的信息技术在教学中应用方式。

在语言学习中，利用声音示范和录音对比，可以帮助学习者发现自己的发音或朗读方面的问题，提高学习效果，如图 8—12 所示。在物理电路学习中，学习者通过利用模拟电路元件组装电路，了解电路实验基本要求和注意的问题，如图 8—13 所示。

8.2.4 技术支持的总结与复习

总结与复习是教学过程中帮助学生巩固与内化学习的重要环节。通过总结进一步提高

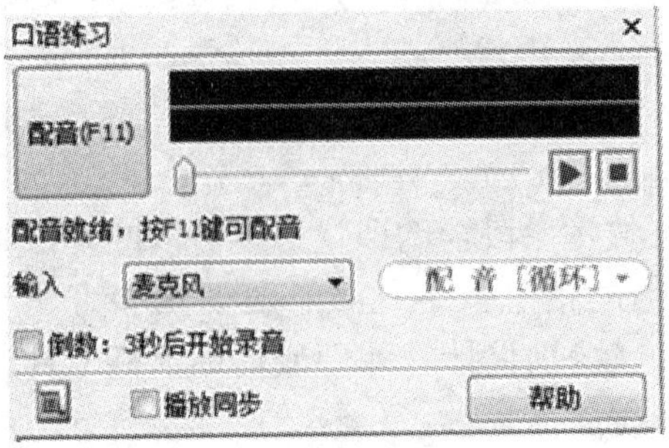

图 8—12　发音朗诵训练

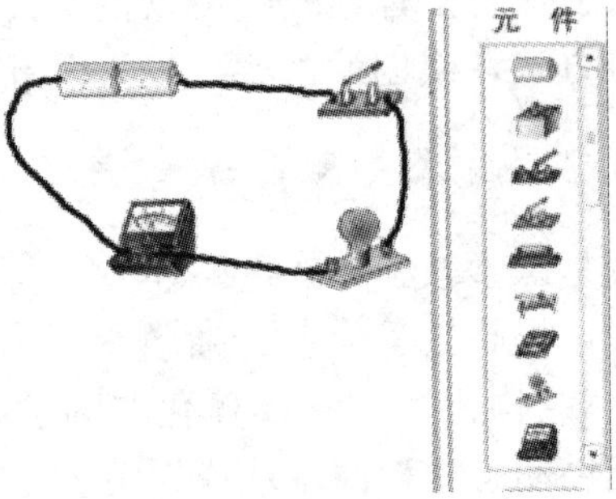

图 8—13　训练电路连技能

学习者对学习内容重点及知识结构的理解，在此环节关键在于帮助学生梳理知识结构，使其能够融入学习者自身的“认知结构”，提高学习者自身的概括、反思、举一反三能力。

概念图既是一种有效的学习内容分析工具，也可以用于学习内容总结与反思。通过概念图不仅能有效展示知识之间的联系，也可以演绎（展开与折叠）学习者自我反思过程：学习者通过一具体的“学习主题”自我绘制概念图，概念图加工与完善的过程也是学习者自我知识梳理和巩固的过程。

8.2.5　信息技术对学习者评价支持作用

本书前面章节中介绍的电子学档对学生学习的支持作用，电子学档也是过程性评价的一种主要形式。在新一轮基础教育课程改革中，课堂教学评价方式的改革成为了改革中的重点内容，传统课堂教学中的评价方法主要是口头提问、书面作业或测验考试。信息技术工具的使用不仅拓展了学习者获取学习资源的途径，同时也丰富了学习的评价的方式，多元评价及过程性评价。信息技术工具能为学习者提供及时的反馈，使评价更有时效性和针对性。另外通过电子表格（Excel 等），还能对学习者的成绩及相关数据进行快速分析，以更全面了解学生学习情况。下面通过对如图 8—14 所示的一初中学生考试成绩表进行分析，介绍 Excel 成绩分析中的一些常见问题和解决方法。

D5　fx　108

	A	B	C	D	E	F	G	H	I
1	考号	姓名	语文	数学	英语	历史	思品	总分	班级
2	001	吴韵仪	101	112	116	60	39	428	02
3	002	杨婉莹	101	115	118	54	40	428	06
4	003	李洋	95	116	116	60	39	426	06
5	004	付涵	105	108	114	58	40	425	11
6	005	冯皓	100	117	111	58	38	424	07
7	006	刘朝晖	97	116	109	60	40	422	06
8	007	杨玥	98	116	115	54	37	420	12
9	008	黄海轩	103	115	110	50	40	418	06
10	009	金刚宇	92	119	116	58	33	418	09
11	010	李骥	95	114	112	58	39	418	02

图 8—14　考试成绩单

Excel 电子表格由单元格构成，单元格通过地址引用，地址表示方式为行列坐标，如表示姓名李洋的地址的单元格为“B4”，如图 8—15 所示。单元格中的数据有多种类型，通过单元格式可以设置统计数据的小数点数位或其他选项。

数据引用和格式设置是处理电子表格数据的基本条件，如图 8—16 所示，单元格格式设置。在同一工作表中可以直接使用单元格地址引用，如果引用同一工作簿中不同工作表中数据使用：“工作表名称！单元格名称引用”，如果引用不同工作溥中（相当于电子表格存储文件名）数据则引用格式为：

'［文件名称 . xls］工作表'！B3

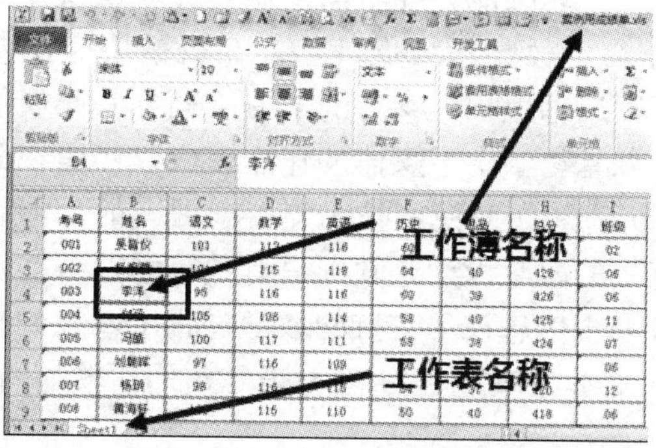

图 8—15　数据引用

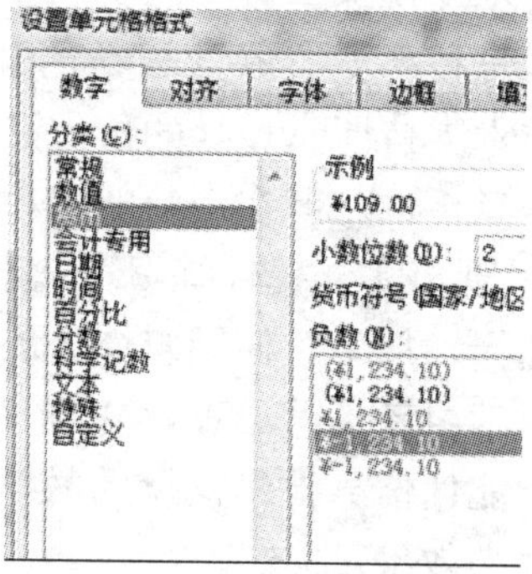

图 8—16　格式设置

1. 计算学科最高分与最低分

学科最高分与最低分可以利用 Excel 中的 MAX () 和 MIN () 函数实现例如，求语文中的最高分，可以输入：=MAX（C2：C566），C2：C566 为语文成绩的数据范围，以起始单元格地址和结束单元格地址表示，中间用“:”（英文冒号）隔开。为了增强数据可读性，在语文最高分前可以添加说明字符串，字符串连接用“&”符号，字符串需要用引号引起来。

完整的公式输入形式为：＝" 语文最高分为:" &MAX（C2：C566），而最低分则为：＝" 语文最高分为:" &MIN(C2:C566),相同的方法可以统计出其他学科的最高分和最低分。

2. 计算学生总分和平均分

总分与平均分计算使用的是 SUM()函数和 AVERAGE()函数。函数在使用过程中也需要指定计算的数据区域。

通过向下拖动填充数据能够自动实现其他行（或列）数据求和（或其他计算）功能，如图 8—17 所示。

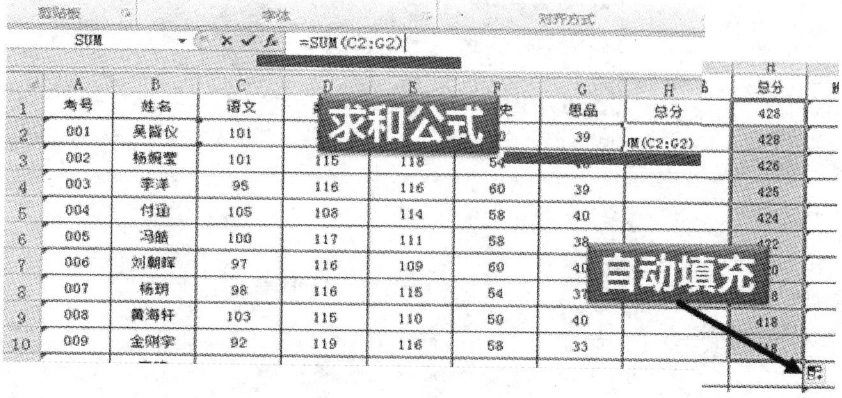

图 8—17　求和公式

3. 统计各种条件下成绩分布

各种分类总数统计可以利用COUNTIF（）函数，其有两个参数，第一个参数为数据范围，第二参数为统计条件，可以是各种表达式的，如统计90分以上，则用“＞90”。如统计1班参加考试的人数公式为：＝COUNTIF（I2：I566," 01"），I2：I566为统计的数据范围，01是统计数据中为01的值（即代表1班）。还可以利用COUNTIF（）函数计算每一学科成绩区间分布。

信息技术支持课堂教学的支点在于学生思维能力的全面发展，并非仅仅作为信息呈现的工具；信息技术支持课堂教学的载体在于教学系统设计，并非机械地操作各类技术手段；信息技术支持课堂教学的价值在于营造师生积极参与的学习空间，并非仅仅服务于教师的单向信息传输。但在当前的中小学课堂教学中多媒体的作用多仅仅停留在简单、重复的演示，“呈现事实、提供练习”。教师更应从如何使用技术支持学习者的学习心理过程视角来考虑选择、加工、使用媒体开展有效的教学设计。教师只有熟练掌握各类媒体的技术特性、了解学习者学习心理，并将二者融于信息技术支持的教学过程中，找到技术用力的“支点”，才能使信息技术支持的教学从根本上改进学习者的学习方式及教师的教学方式，提高课堂教学效果。

8.3 几个典型的信息技术在课堂教学中应用案例

8.3.1 案例：信息技术在小学语文《影子》教学中的应用

在语文教学中，经常利用语音示范解决字音及朗诵问题、利用动画及过程演示解决字形及拼写问题、利用多媒体特性解决情境创设问题。通过动画设计增强学生对语文课本内容的理解，如通过花生成长的动画，让学生理解花生落的过程和果实形成特点，《坐井观天》、《拔苗助长》等动画更能增加语文学习过程的兴趣。

人民教育出版社小学一年级语文曾经有一篇《影子》的文章，通过描写物体与影子的关系，体验作者把影子比作小黑狗和好朋友拟人化语言描写特点，感受影子从跟着到陪着的情感变化，如图8—18所示。

图8—18 《影子》

在《影子》课文内容讲解过程中，借助设计的动画帮助学生感受影子与物体前后左右的位置关系，特别是影子随着物体移动而移动的特点，如图 8—19 所示。

图 8—19　影子与物体的位置关系

感受影子跟随，理解“跟着”含义，如图 8—20 所示。

图 8—20　感受词语含义

另外在影子教学中，也利用信息技术提供字形结构和拼写，辅助学生认字、识字和写字，如图 8—21 所示。

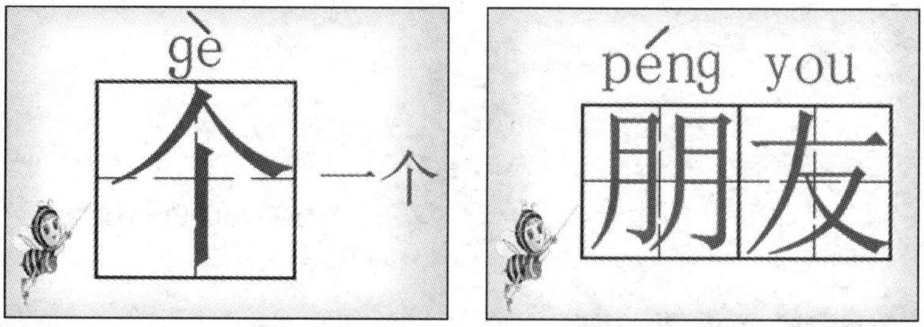

图 8—21　辅助识字

8.3.2　案例：信息技术在小学数学《角的度量》教学中的应用

在数学教学中，利用信息技术工具既可以为学习者提供个性化的练习，又可以通过图形转换与变化帮助学生理解数学问题中的条件及寻找数学问题解决方法。特别数学学科工具，如几何画板，MathLab 为数学学习提供了直接帮助和支持，如图 8—22 所示和图 8—23 所示。

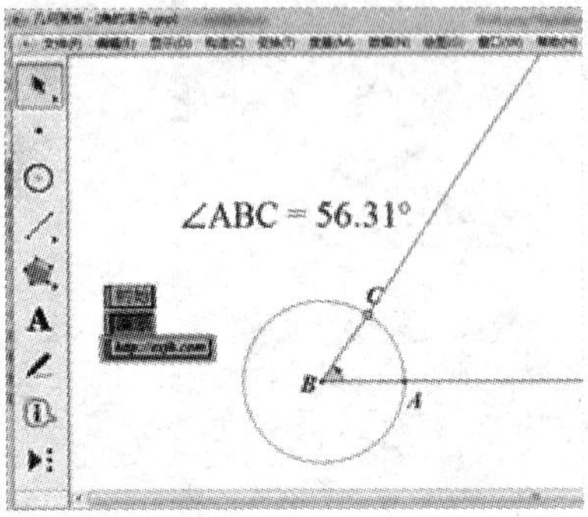

图 8—22　几何画板演示角的变化

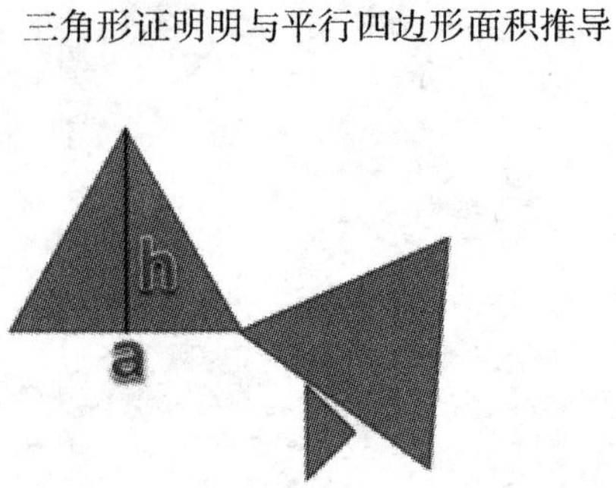

图 8—23　演示三角形面积与平行四边形之间关系

《角的度量》是义务教育课程标准人教版教材四年级上册的内容，主要通过测量角的训练掌握量角器量角和比较角的大小的方法，并认识到角的大小与两边叉开的大小有关，与边的长短无关，如图 8—24 所示。

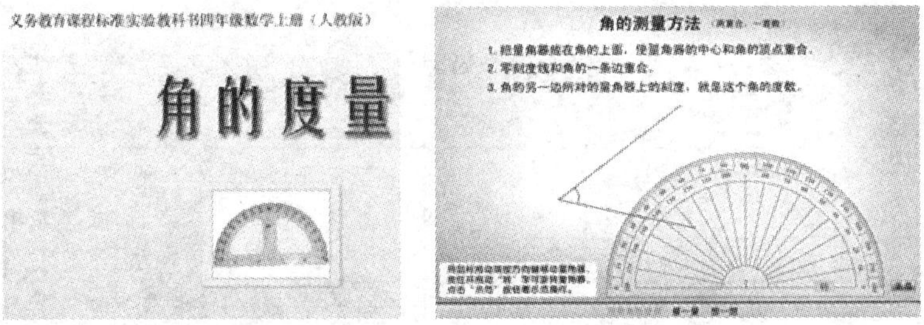

图 8—24　角的度量

角的度量强调学生动手操作与实践，但对于量角器的认识及量角的方法，信息技术标识与加工展示比实物更有优势，如图 8—25 所示。

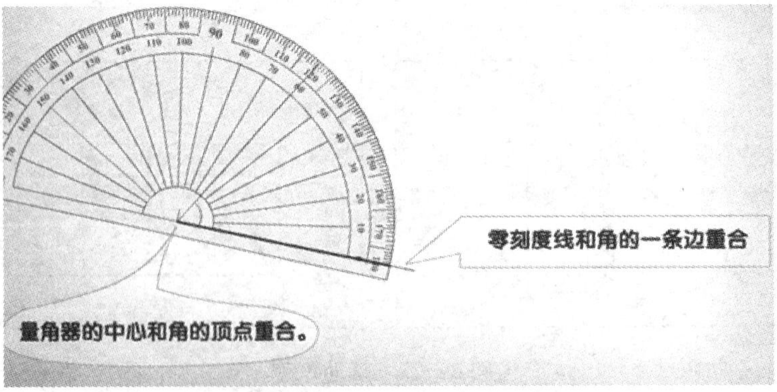

图 8—25　角的测量方法演示

为了帮助学生理解角的边与边的大小关系，通过动画旋转边及延长边引导学生观察角的大小变化规律，如图 8—26 所示。

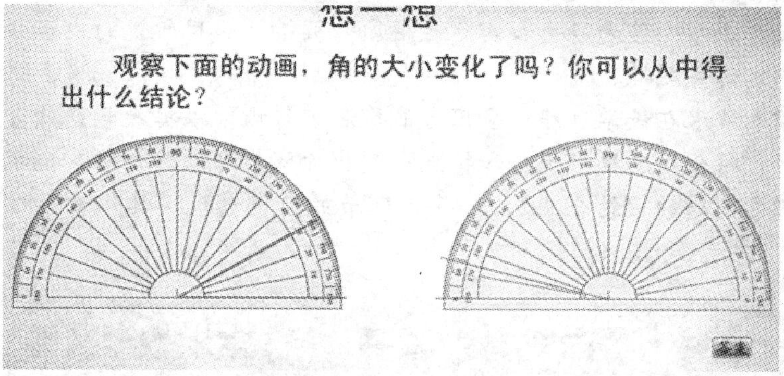

图 8—26　角的大小与边的关系

通过信息技术提供练习及辅助资料，为学习者提供弹性学习内容，如图 8—17 所示。

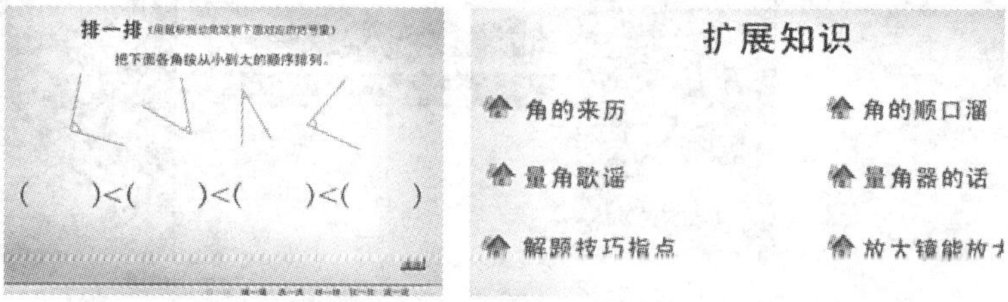

图 8—27　角的练习和拓展

实践任务：体验教学设计中的信息技术应用

一、实践任务与目标

（1）进一步体验信息技术在课堂教学中应用，养成利用信息技术解决教学问题意识，在教学设计过程中能综合考虑信息技术应用要素。

（2）了解概念图软件功能和特点，能够利用概念图软件进行内容分析及复习总结等。

（3）分析信息技术在教学过程各环节的应用特点，能针对具体问题设计信息技术解决问题方案，并获取、编辑或制作相应的信息化教学资源。

二、实践内容与过程

结合自己学习的教学设计知识，利用本节课的教学内容分析方法以及信息技术对课堂教学的支持作用，以多媒体教室教学环境为信息化教学环境，分析教学设计中信息技术应用及解决教学问题方法。

（1）确定教学设计主题。选择自己专业相关的一节中小学课堂教学设计方案，也可以是自己以前相关课程作业，对其进行加工与修改。

（2）利用概念图进行教学内容分析。为增强自己对教学内容的了解深度和广度，利用概念图工具对确定主题的教学内容进行内容分析，主要探究与教学主题相关的知识点及其之间关系。不必考虑学生接受能力和实际教材内容编排，这里所说的内容分析主要是帮助自己了解教学内容的关联性。

（3）分析信息技术在教学过程中应用可能性和可行性。根据教学设计方案确定的教学目标和教学过程，结合信息技术优势和特点，列出你认为可以结合信息技术能更好解决教学问题或提高教学问题的"结合点"，如导入环节的情境创设，具体教学过程中的内容加工及辅助演示方法等。如图8—28所示。

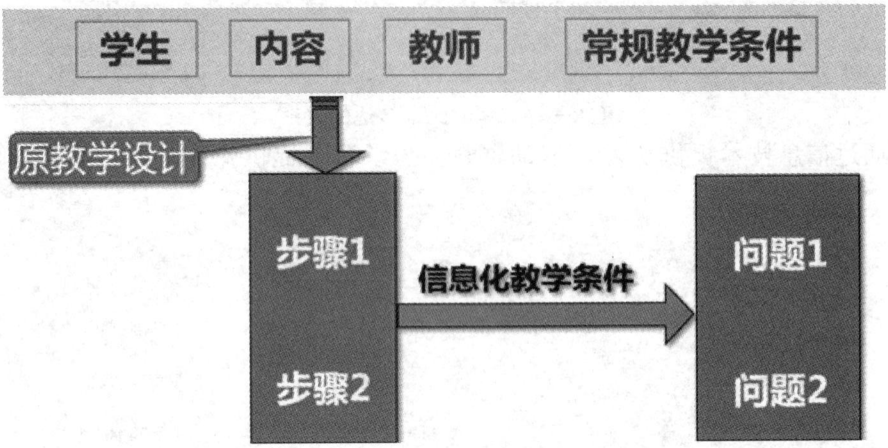

图8—28　寻找信息技术在教学过程解决问题

如果原教学设计方案已经有利用信息解决相应教学问题方法（方式），可以对其进行修订并准备和设计相关资源。

（4）收集整理相关信息技术资源。确定信息技术解决的教学问题后，结合之前模块中介绍的信息内容加工方法，实现解决问题的信息化教学资源。

三、实践结果与评价

（1）提交内容分析概念图。

（2）提交原教学设计方案及修改后的教学设计方案，并提供相应的问题解决需要的资源。

模块九

多媒体课件制作技术

本章导学

康苗是一所师范院校“小学教育”专业大三的学生，学校今年举办师范生技能比赛，包括说课、教学设计和多媒体课件制作等项目，她准备参加。在准备多媒体课件制作时她有一点迷惑：课件里要做哪些内容，是像做说课的课件那样按照上课的过程把要讲的内容做到 PPT 里，自己学习了文字处理、图像处理、音频视频信息加工等，要怎么样才能显示出自己制作的水平。评委能了解自己设计的意图吗？

9.1 认识课件

什么是课件或者什么是多媒体课件，定义众多，理解各有不同。大多专业人士的解释偏向于“高大上”，将课件定义为“计算机软件”、“智能系统”、“知识库或专家系统”、“模拟仿真或虚拟现实”、“辅助学习管理和教学软件”等。但这些东西很少在课堂教学中见到，因此对学生或大多数教师而言课件不过是 PPT 演示文档或播放的视频材料等，稍复杂一些的也只是 FLASH 动画或其他的一些演示材料。本书所介绍的课件是指“教师在教学中所使用的数字化教学材料”（本章所介绍的课件制作方法也是指这种数字化教学材料的制作方法），基本特征有两点。

（1）是在教学中使用，为解决特定教学问题的，离开教学情境则谈不上是课件。课件既是教学信息的载体，也是教师与学生之间信息交流的一种中介。

（2）是数字化的材料，而非传统印刷或其他载体形式。正因如此，设计与制作课件是对教学内容加工的过程。

①教学内容表达多媒体化。课件能集成文字、图像、声音、动画等多种内容表达方式。转换教学内容表达式能使教学内容呈现直观化、结构化，给学生提供的不是单一的外部刺激，而是多种感官的综合刺激，这种刺激能引起学生的学习兴趣并提高学生的学习积极性。课件往往会创设丰富的教学情境，并提供大量的多媒体信息和资料，这不仅有利于学生对知识的获取和保持，也大大地扩展了学生的知识面，还能深化学生对知识进行认知加工的深度。

②教学内容组织非线性化，突出交互性。课件通过链接或跳转能够非线性地组织内容材料，教学中可以根据需要灵活地选择内容，并能以多种方式为学习者提供反馈。

③教学内容形式多样化。课件不仅能改变教学内容的呈现方式、教学内容的结构和组织，而且能以多种形式组织教学内容。如，设计游戏，在多媒体课件中，学生可以在游戏环境中愉快地完成学习任务。

9.1.1　什么是一个好课件

关于课件对教学质量的影响一直看法不一，有人认为课件对教学质量并无显著影响，有时甚至成为阻碍教师教学技能成长的障碍。也有人认为课件根本没有帮助教师和学生解决问题，只是提供了一点新奇性，或是花哨而凌乱地展示了一下多媒体。

课件对教学质量的影响取决于两方面：一是课件本身的质量；二是课件的使用方法是否得当。课件质量是根本，一个好的课件可以促进学习者对教学内容的理解，为学习者提供一定的帮助。但应用方法不当，则不能取得相应的教学效果。课件质量和课件应用二者相互关联，课件质量是基础。那如何评价课件？什么样的课件称得上一个好课件呢？下面从教学性、科学性、艺术性和技术性来分析一个课件的质量。

1. 教学性

教学性是课件评价的核心，一个课件有无实用价值，要看课件能否解决相应的教学问题。正如之前所述，课件要为学习者提供加工后的教学内容，通过直观化、结构化的展示促进学习者更好理解教学内容。优秀的课件是教学设计的软件实现，如果一个课件体现不出来一定的教学设计思想，那它只是教学内容和素材的堆砌。

多媒体课件可以运用适当的教学策略指导学生学习，通过链接和非线性组织，提供多样的学习路径，更好地体现因材施教的个别化教学，这也是课件的交互性体现。

另外课件既可以直接通过图片、声音、动画、视频逼真地展现多姿多彩的视听世界，也可以通过一定的设计对一定的宏观和微观事物进行模拟，对抽象、无形的事物进行生动、直观地表现，对复杂过程进行简化再现。

那么，如何在课件中体现教学设计呢？可以从以下几方面来考虑。

（1）教学内容的组织与结构能否在课件中体现出来，文字、图片、动画等表现形式的选择是否恰当。

（2）教学内容能否体现使用课件的优势。

（3）教学内容呈现的顺序是否符合学习者的认知规律。

（4）教学内容的同一时间呈现量是否会造成学习者认知负担。

（5）教学内容是否按照一定的规律或结构组织在一起的。

（6）课件能否为学习者提供及时的、充分的反馈信息。

课件与传统的板书相比，其呈现教学内容的优势在于更直观、具体、生动、形象，可以实现任意页面跳转，有交互、多媒体化表现。设计、制作与使用课件，就要突出课件的这些优势。

2. 科学性

课件的科学性有两层含义：一是指课件内容正确，逻辑严谨，层次清晰，没有教学内容方面的知识性错误；二是指课件的表现形式、所使用的素材、动画与模拟内容符合科学规律。

教学内容是否准确无误是非常重要的，课件中的每一个字、每一个图都必须是正确的。多媒体课件的一个特点就是多媒体技术可以给学习者留下更深刻的印象，但如果记住的是错误的内容，就失去了教学意义。

3. 艺术性

课件的艺术性简单地说就是课件是否美观，特别是在参加比赛时，艺术性是评价课件的一个重要标准。课件的艺术性主要体现在课件的界面设计与课件所使用的屏幕对象的艺术性上。影响课件的艺术性因素很多，如界面的布局，使用的色彩、字体、动画、声音等。

但课件又不同于其他多媒体作品，它不追求色彩的艳丽、动画的多样，简洁统一才是课件艺术性的基本原则，简洁与统一本身也是对应的。只有统一才有可能做到简洁，界面简洁的课件才能保证让学习者将注意力集中于课件的教学内容上。统一简洁的界面也可以提高课件的易用性，使课件操作起来更容易。

做到课件的界面统一简洁，需注意以下几点。

（1）用尽可能少的颜色。

（2）用尽可能少的字体。

（3）导航的方式与位置尽可能一致。

（4）统一的音效，包括操作的提示音和背景音乐。

（5）用尽可能少的动画方式，除了必须需要借助动画表现课件内容和控制课件内容展现顺序外，过渡性的动画与切换效果尽可能统一。

（6）使用风格一致的模板或背景。

4. 技术性

技术性主要体现在课件开发所采用的工具与使用的功能，以及实现课件的交互方式中。另外课件的技术性还体现在课件运行的兼容性与稳定性上。

课件的技术性具体体现在以下几个方面。

（1）课件能在不同的计算机上正确运行，字体能够正常显示，外部链接文件能正常播放，对系统的依赖性小。

（2）课件内容加载快速，声音与画面同步，响应迅速。

（3）课件交互合理，能响应使用者不当的操作。

9.1.2 基于解决教学问题的课件制作方法与过程

制作课堂教学课件根本目标是解决课堂教学问题，教学问题解决是课件制作的核心，也是衡量一个课件应用价值的根本。但在实际课件制作过程中，教师往往很少关注教学问题，更多是从“教学过程”来设计和制作课件，按照自己的教学过程和讲解顺序，将内容依序输入PPT，在应用时觉得这样的课件使用比较顺手，一张接着一张放映幻灯片就可以了。但正是这种“习惯性”的课件制作和应用实践方法，禁锢了教师的教学主导性，只能依赖课件教学，成为影响和制约课件质量的根本原因。因此，本节主要介绍基于教学问题解决的课件制作方法与过程，尽可能避免“依据教学过程”制作课件。

基于教学问题解决课件制作关键有两个核心问题：课件功能和教学问题分析。

1. 明确课件能够解决什么问题

想让课件解决什么问题，首先要了解课件能做什么，了解课件有什么优势，只有了解课件本身的功能与特点才能更好发挥课件的作用。

课件功能可以从三个角度分析，即对教师的作用、对学习者的作用和对传统学习资料的加工作用，如图9—1所示。

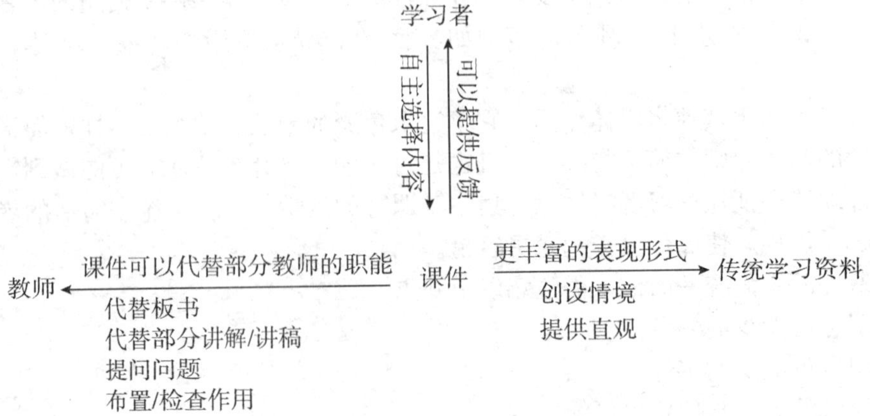

图9—1 课件的功能

对教师而言，在课堂中使用PPT课件多数情况下是为了代替板书，呈现预置的展示教学内容，减少重复性操作等。从学习者角度看课件，课件在课堂教学中成为教学内容新载体，教学内容的呈现方式、组织方式对学生教学信息获取有着直接影响。因此，课堂教学使用的课件制作要点是在满足教师课堂灵活教学的前提下，对教学内容（传统学习材料）的加工与设计，为学习者创设学习情境和学习条件，为学习者提供直观、多媒体化、结构化的学习材料。

2. 教学问题分析——哪些问题可以利用课件解决

在了解课件功能的基础上，课件能解决什么教学问题，取决于具体的教学问题分析。教师在进行备课（教学设计）时，对教学的重点、难点已做分析。列举出教学问题，分析哪些可以利用课件解决，既要能充分发挥课件的功能优势，又要能为教师教学和学生学习提供支持作用，如图9—2所示。

初中物理关于声音传播的教学中，空气对声音传播的影响无法直接观察，如何帮助学

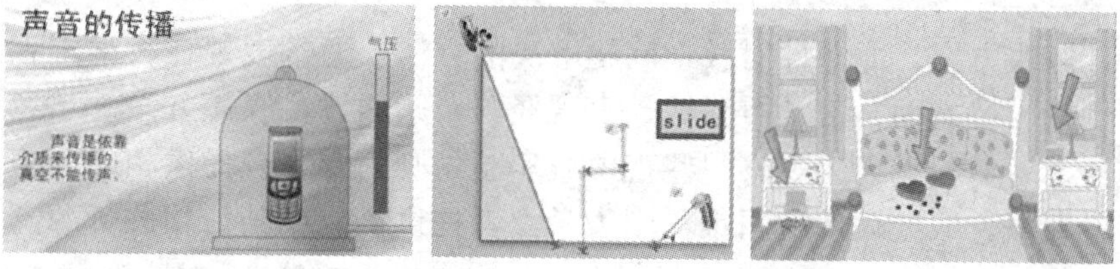

图 9—2　分析教学问题及可能解决方法

生理解空气介质对声波传播的影响可以通过真实的物理实验，也可以采用语言讲解，还可以利用课件演示：通过气压示意图实现空气观察的可视化，并能直观展示气压（空气）变化与音量之间的关系，从而有助于学习者对教学内容的理解。虽然这种演示方法无法代替真实的物理实验，但在教学过程中能直观呈现声音传播与空气介质的关系。

在小学英语教学中，解释英语单词是重要内容。由于中西语言表达的差异，直接将英文单词与中文解释一一对应并不是最佳方法。如能通过展示单词应用情境，不仅可以让学生理解英语单词的本意，也能够增强其对单词应用能力。例如，通过设计几个动画帮助学生理解 Slide 单词的意义及可能应用的情境。

分类是小学数学“统计与概率”中的基础内容，也是小学生在一年级第一次接触的统计相关内容。学习者对不同的分类标准理解存在一定的困难，而且在教学中也缺乏相应的分类生活实例。课件可以为学习者创建学习情境，课件中的整理房间活动也为学习者尝试不同的分类方法提供了可能。

3. 基于教学问题解决的课件制作一般过程

基于教学问题的课件制作以教学问题为核心，首先要确定利用课件能够解决的问题以及解决的方案，再选择适当的工具完成界面和导航设计，过程如图 9—3 所示。

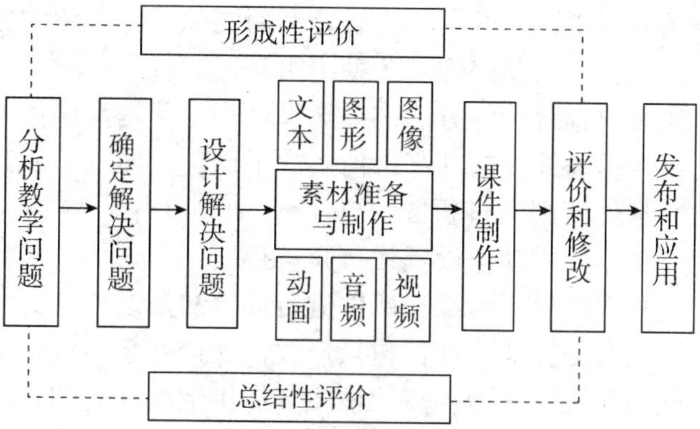

图 9—3　解决教学问题的课件制作过程

（1）分析教学问题和确定利用课件解决的教学问题是课件制作的起点，直接关系到课件的应用价值，这也是与教师习惯性按教学过程设计制作课件最大的不同。如果按“教学过程”制作课件，教师往往将所有的教学内容置于课件之中，甚至包括自己的讲解语言，直接影响了课件使用的灵活性和共享价值。

分析教学问题教师在教学设计过程中已经完成，确定解决的问题必须考虑课件的功能特点。设计者应当了解常用课件制作工具或信息技术功能，让课件能够发挥其应有的作用。

（2）设计解决方案，即课件对教学问题解决的方法。通常表现在教学内容的加工方法或学习条件创设支持方面。若学习者缺乏直观经验，则通过多媒体方法为学习提供相应的直观经验支持。若学习者无法观察一些现象或实验，则为学习者提供相应的演示或模拟操作。若学习者对概念或定理理解困难，则为学习者提供类比或其他相关资源支持以帮助学习者更好的理解相应的内容。

（3）问题解决方案设计对课件制作及需要的素材提出了具体的要求。素材准备与制作阶段，主要根据教学问题解决需要准备相应的素材。各种类型的素材的设计与处理可以参考前述章节的内容。准备素材过程中，一定要注意素材的命名、分类等。每一次的课件制作过程都是丰富自己课件素材库的最好实践，同时也是提高课件制作效率最直接方法。

（4）制作课件是根据教学问题解决要求把各种多媒体素材整合在一起，并设置恰当的交互和导航的过程。多媒体课件制作软件有很多，如 PowerPoint、Flash、Authorware、Dreamweaver 等。还有一些专用的课件开发工具如几何画板、五线谱制作工具等。根据自己实际需要和特点选择适当的课件制作工具，本书中主要介绍的是 PowerPoint 制作工具。教师只有熟悉制作工具的功能，才能更深刻理解利用课件可以解决哪些问题，如何解决这些问题。

课件制作阶段主要任务是多媒体素材内容的集成，主要包括：界面设计、各教学问题解决技术实现和导航设计。

界面设计是指为课件内容呈现提供相应的屏幕界面，通常包括课件封面、内容呈现界面以及结束界面等。在 PPT 中这些通常与模板、母版等密切相关，教师如想提高课件制作效率，可以利用母版（模板）技术提高自己界面设计能力。课件界面总结要求简洁、美观、与教学内容主题相符，操作便捷。

教学问题解决技术实现指课件的具体内容，利用之前章节介绍的各种媒体素材加工方法，进行教学内容加工和教学问题处理。此处不再赘述。

课件导航是课件实现内容跳转的方法。导航设计是为了提高课件使用的灵活性，使课件能为更多的教师使用，提高课件的共享价值。如果课件只能按照原课件制作者设定的过程使用，那么课件的共享价值则大打折扣。在 PowerPoint 中导航设计和实现主要通过超链接和动作设置实现，推荐使用动作设置代替超链接。

（5）在课件制作过程中，要不断地对课件进行评价和修改。它是课件制作过程中的重要组成部分，也是课件质量的保证。评价包括形成性评价和总结性评价。形成性评价是在课件开发的过程中实施的评价，它为提高课件质量提供依据，它的目的在于改进课件的设计，使之更加符合教学的需要，便于提高质量和性能；总结性评价是在课件开发结束以后进行的评价，其目的是对课件的性能、效果做出定性、定量的表述，确定课件的有效性和价值，为课件更新提供改进意见，并总结课件制作经验。在课件制作过程中，要根据评价结果针对性地进行修改来进一步提高课件质量。课件制作并非一劳永逸，随对教学问题的理解与认识深入，有更好的解决问题的方式出现，课件也应当进行相应的更新。

（6）发布与应用。多媒体课件经过多次修改完善后，就可以投入使用，除自己在教学中使用外，同时还可以进行交流、推广或发行。发布作品方式主要有光盘和网络。教师在实际教学中使用课件后，可能会发现这样或那样的不足。因此课件投入使用后还需要不断地收集课件在教学应用中的反馈信息，对课件进行修改、完善与升级，使之更加适合教学的要求，达到最佳的教学效果。

9.2 课件制作中的常见问题及解决策略

在课件制作过程中，主要有两个问题：教学内容和教学过程处理。前者主要表现为缺乏对内容加工处理，往往书本搬家，或增加很多干扰元素，滥用多媒体。后者主要表现为课件成为教学内容的讲稿，缺乏导航设计。具体表现如下：

9.2.1 书本搬家

课件是教学内容的载体，但制作课件并不是简单地将教学内容从书本上转移到幻灯片上。把书本上的内容原样变成 PPT，并不能帮助学习者理解相应的内容，课件自然也起不到“优化”教学的效果，这样的课件，反而会束缚教师的教学思路和方法，如图 9—4 所示。

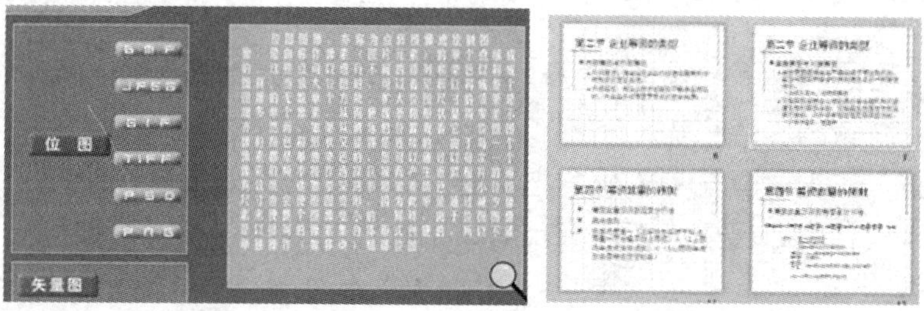

图 9—4 书本搬家

9.2.2 滥用多媒体

在课件制作中另一个常见问题是过于追求课件的多媒体效果。在不需要使用声音的时候使用音效，在不需要动画时使用动画，多媒体元素使用太多，界面凌乱，干扰学习者的注意力。

出现这种问题的原因在于很多课件评比标准中过于看重课件的多媒体因素，强调要有动画、声音等多媒体要素，而忽略了实际教学内容的需求，这样做课件是“为了动画而动画，为了表现技术而使用技术”。

9.2.3 用课件代替备课与讲稿

课件制作过程中还有一个经常出现的问题，有时太“以自我为中心”，只考虑自己的教学过程，很多课件，不考虑课件应用教学环境，将教学目标、教学重点、难点等内容都放到课件中，甚至包括自己设计的讲课语言。课件是教师实现特定教学目标的一种方法，是更有效呈现教学内容的一种途径，但在实际制作过程和使用中，很多教师只是将课件做成了自己的备课稿、讲稿或板书，无法充分发挥课件的优势，如图 9—5 所示。

按教学过程设计课件，在教学过程中过于依赖课件，影响教师对教学问题和学生学习

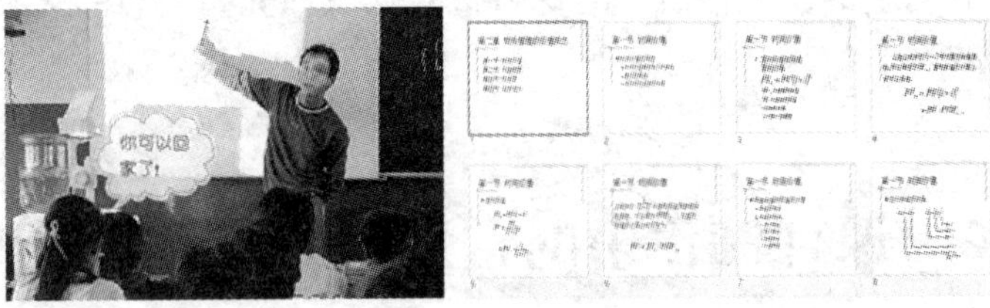

图 9—5　以自我为中心而非教学问题为中心

问题的关注，也影响自身在课堂教学中的主导地位和组织作用。

9.2.4　没有导航或导航混乱

在 PPT 课件的制作过程中，许多课件没有导航，使用这种课件没有头絮。大多数情况下就是按顺序展示幻灯片，教师在教学过程中自然也只能按幻灯片的顺序来进行教学。造成这种现象的原因在于我们在制作课件时仅仅是考虑到了自己教学的过程和思路。没有导航的课件，在课堂使用过程中仅能按设计好的顺序和思路按部就班进行教学，限制了教师的教学思路，也不利于课件的推广和重复使用。

正是因为课件制作中的设计过程和缺乏内容加工的问题，在课件制作中需要转换观念，做好两个转变。

（1）从过程转向问题。克服课件仅辅助于教师的认识局限，摆脱对课件的依赖，使课件成为解决教学问题的方法。

①做课件前，应先取舍，不要想着把所有内容都做到很好。从一个知识到另一个知识之间的组织顺序具有内在规律，如何安排取决于教师的选择，不需要把这一部分内容做到课件中。

②分清课件的使用对象。教学用的课件是用来解决学生学习中问题的，明确学生需要什么，不应仅从自身教学过程设计课件。

（2）从复制到内容加工。克服课件的书本搬家问题，要让课件促进学习者对教学内容的理解。

教学内容加工主要有体现在：直观化、结构化、多媒体化和非线性化。

①对教学内容的内容进行简化提炼在制作课件时，可以按知识结构图的方式组织教学内容（具体方法教学内容分析）。

②转换内容的表现形式。课件可以借助文字、图片、声音、动画及视频等多种表现方式呈现教学内容。因此，制作课件应当发挥课件的多媒体特性，将原本抽象的，难以理解的文字内容转换形式，借助图片或动画等形式表达出来。化抽象为直观，帮助学习者更好地理解学习内容。

③建立知识结构。对教学内容相关知识点提供相应解释和关联内容，促进学习者理解知识之间的联系。

9.3　课件制作与应用实例

PowerPoint 具有强大的多媒体集成功能，可以通过插入文本框、艺术字功能输入文字内容；利用插入图片、截屏、相册、剪贴画、图片、SmartArt 及自绘图形等功能输入图片内容；利用插入媒体功能输入声音与视频内容；利用自定义控件功能输入 Flash 动画内容；利用自定义动画功能制作动画。在课件实际制作过程中，常常要选用和配制一些影片、图片、动画、声音等素材。怎样灵活自如地用这些素材解决相应的教学问题，就成为 PowerPoint 课件制作质量的关键所在。

下面以小学数学《三角形的认识》课件为例，介绍利用 PowerPoint 制作课件一般过程以及课件制作中应当注意的问题。

9.3.1 教学问题分析及解决策略

《三角形的认识》是小学数学“图形与几何”领域的重要学习内容，也是继角的认识之后接触的基本图形之一。三角形是平面图形中最基本的图形，在以后的数学学习中，三角形可以作为工具帮助学生理解和推理其他图形的面积计算方法。因此，三角形的认识是平面图形知识的起点。在学习课本之前学生对三角形已经有较为直观的认识，能够从平面图形中分辨出三角形，同时在三年级时学生已经接触到正方形和长方形、角度的测量以及平行四边形和梯形的学习。教学中要求理解三角形的一些基本的几何性质和特征，比如，三角形稳定性，两边之和大于第三边，内角和等于 180°等。但根据小学生认识图形的几何思维特点，对三角形的几何性质认识主要通过直观操作，比如：测量、折叠，来发现它们之间的一些关系、一些性质的，不涉及到推理的东西。认识三角形的教学目标主要包括。

（1）认识三角形特征及各部分名称，能够清楚地指出是三角形的边、角、顶点。掌握三角形的高的画法，并能用三角板、量角器做出锐角三角形的高。探索三边的关系，通过裁剪等方法实际体验三条边之间的关系。

（2）体验三角形的稳定性在生活中的广泛应用，感受几何图形与现实生活的密切联系。

根据教学内容和教学目标分析，确定利用课件解决的问题如下：

①了解三角形的特征，演示三角形的各部分名称，帮助学生理解三角形各部分名称，并了解三角形各部分名称标识方法。

②在学生实际动手操作的基础上，演示利用三角板、量角器对三角形做高的方法，提供示范。

③通过旋转图形和裁剪的操作，帮助学生理解三角形三条边之间关系。

④通过演示三角形三个角的关系，帮助学生理解三角形内角和为 180°此部分为拓展内容，学生可以通过拼角活动认识三角形三角之和关系，课件中展示方法是一种推理方法）。

9.3.2 设计问题解决方案和素材准备

明确课件要解决问题后，即需要确定如何解决这些问题，结合自己对课件制作工具功能的理解，设计解决问题方案。

1. 认识三角形特征问题解决

三角形的特征主要包括“三条边”“三个角”“封闭”等，可以通过辨认分类方式帮助学生理解三角形的特征，从现实场景或事物中找出相关图形是常用的方法。如图 9—6 所示。

图 9—6　辨认三角形体验三角形特征

在实际事件中寻找三角形，进一步增强学生对三角形特征的理解。在教学过程中引导学生思考为什么一些物体设计成三角形，体会三角形具有稳定性的特性。

辨认和图形分类是对三角形特征理解的巩固，学习者在掌握三形特征的基础上，应当能找出不同形状的三角形。通过给学习者不同的平面图形，引导学习者发现其中三角形，如图 9—7 所示。并引导其概括三角形特征，对三角形的各组成部分进行识别和标识，如图 9—8 所示。

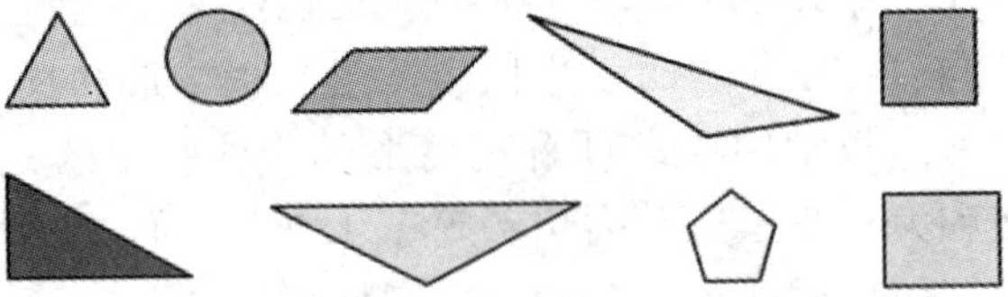

图 9—7　辨认三角形分类

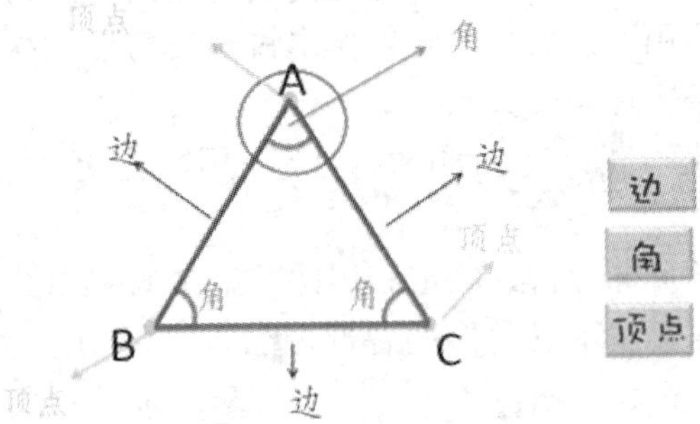

图 9—8　标识三角形

三角形的各部分标识可以通过鼠标经过出现，也可以采用触发器控制其出现次序。本课件采用的是第二种方式，即通过触发器控制标三角形标识呈现。第一种方式更适合于学习者自主探究。

2. 三角形高的做法教学问题解决

三角形做高，是教学的重点内容。不同类型高的三角形做的方法的有一定的差别。帮助学习者根据不同角的类型采用不同的方法是教学的关键部分。

根据小学生认识特点和教学要求，三角形做高的方法要让学生动手操作，在操作的基础上掌握做高的方法，理解三角形高的含义。教师既可以通过板书演示做高的关键步骤、也可以利用课件动画演示。在此课件中设计为通过动画演示解决做高时要注意将动画主要分为两部分：量角器的使用和三角板的使用。分别展示锐角高的做法和钝角高的做法，帮助学习者理解“高的本质”。如图 9—9 所示。

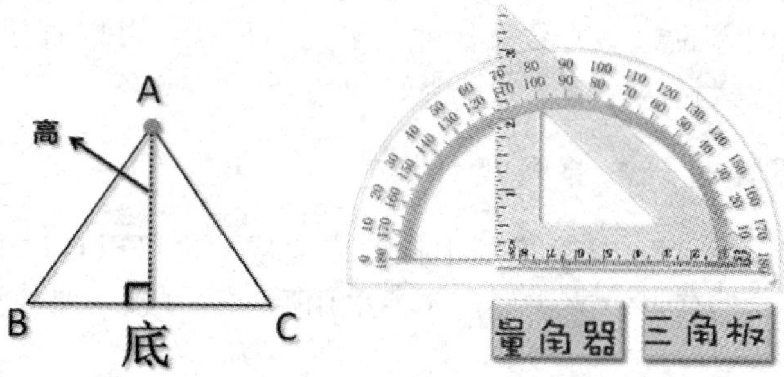

图 9—9　演示三角形做高的过程

3. “三角形两边之和大于第三边”教学问题解决

三角形两边之和大于第三边问题在教学中可以采用测量的方式，也可以采用围绕并拼接比较的方法帮助学生发现两者之间的关系。同时也可以通过课件可以模拟裁剪和拼接的过程。

在动画演示过程中，采用展开和还原设计（两个触发器分别控制相对应用的动画）。可以反复呈现，帮助学习者深化理解比较过程。如图 9—10 所示。

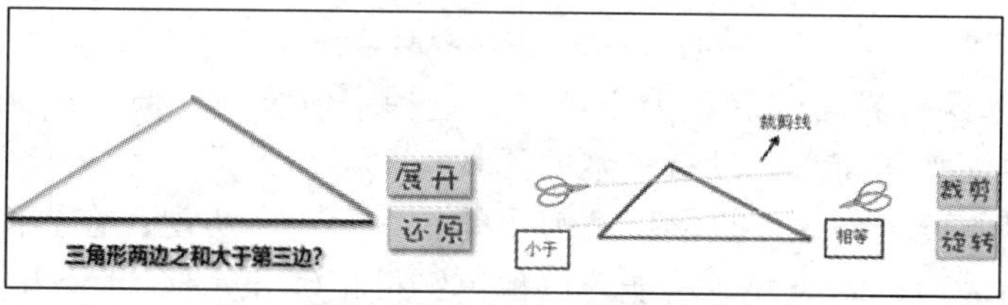

图 9—10　三角形的关系

4. “三角形内角和”教学问题解决

让学生理解“三角形内角和为 180°”基本特性时。由于测量的误差，学生会产生困惑，但又因为缺乏推理能力，对平行线推理方法理解也存在困难。因此，在教学中经常采用的是拼角的方法。将三个角拼接为一个平角，帮助学习者理解三角形这个性质。如图 9—11 所示。

另外，也可以通过动画展示，无论三角形三个内角的大小如何变化，但三个角之和不变，帮助学生认识和理解三角形内角和定理，如图 9—12 所示。这需要利用几何画板或 FLASH 实现，可以直接从网上搜索获取这些案例资源。

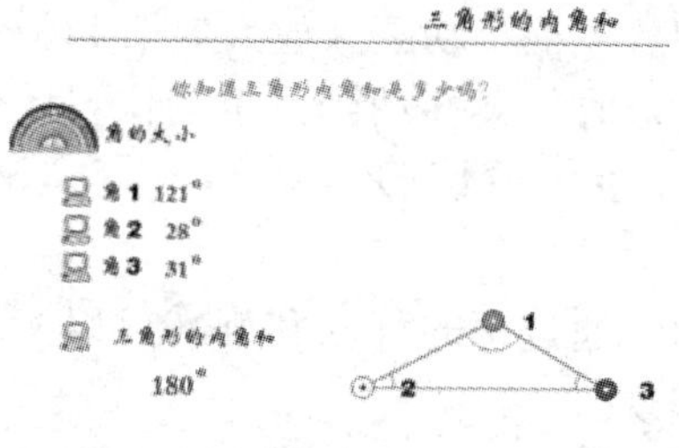

图 9—11　三角形的动态变化和不变

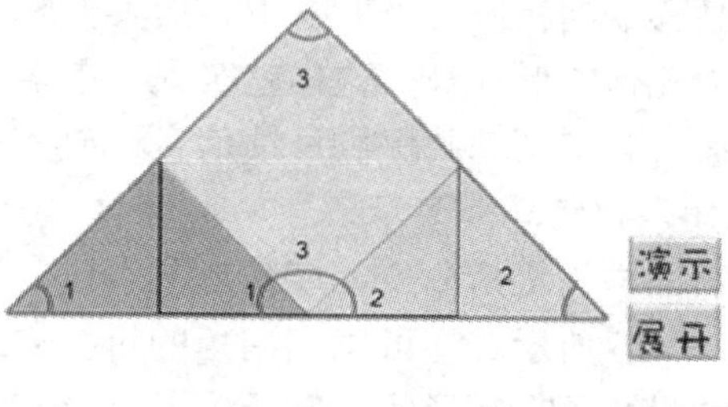

图 9—12　拼角演示

5. 课件素材设计与准备

认识三角形课件内容的对象主要为各种基本几何形状，可以直接通过 PPT 绘图进行绘制。此外使用的图片素材做好命名和分类管理。

9.3.3 课件界面设计和导航设计

课件界面设计可以通过在 PPT 模板上修改来完成，也可以自己通过幻灯片母版自主设计（母版的使用见实践任务）来完成。不论采用哪一种方式，课件界面必须与课件主题内容相符，简洁统一。

认识三角形的界面主要包括三种类型：封面、内容界面和致谢界面，如图 9—13 所示。

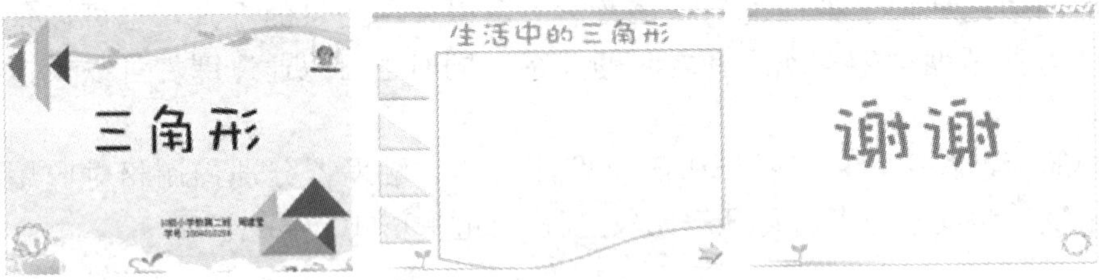

图 9—13 三种界面类型

《认识三角形》课件界面以绿色为主色调，选择字体统一，通过绘制的简易三角形突出课件的主题。界面整体简洁，没有多余的元素。

课件导航设计主要根据课件功能以及解决的教学问题来实现，在界面设计时预留导航位置，课件制作完成后再完成导航功能，以保证链接正确和完整。

为保证导航结构后期的修改和编辑方便，建议在母版中设计，以实现母版中修改，多张幻灯片随之改变功能。

课件导航主要包括三角形特性、三角形的边、三角形的角和三角形的高等几部分。

9.3.4 课件交互及关键功能实现

1. 三角形分类功能实现

在学生理解三角形的特征基础上，在给定的图形中找出三角形。如果选择正确，三角形会移动，而如果选择错误相应图形会以“放大”的形式放大提示（也可以添加声音反馈）。

具体实现方法：为每一个几何图形添加自定义动画，三角形利用动作设置动画中的直线运动动画移动到相应的矩形框中，而其他图形用放大缩小动画（放大效果 110%）。动画的触发器为几何图形本身，这样就实现了单击三角形时其会移动到设定的位置，而单击其他图形则通过自定义动画提供反馈信息（放大），如图 9—14 所示。

2. 三角形拼角功能演示

拼角的前提是将角分离，三角形分解成三个角。通过角的移动和旋转可以实现角的组合，如图 9—15 所示，还可以利用角的折叠方式实现。

折叠的过程是在矩形的一一条边形上分割形成三个角，三个角分别水平翻转和垂直翻转形成一个三角形。如果制作逆过程，可以将三角形折叠形成一个矩形。如图 9—16

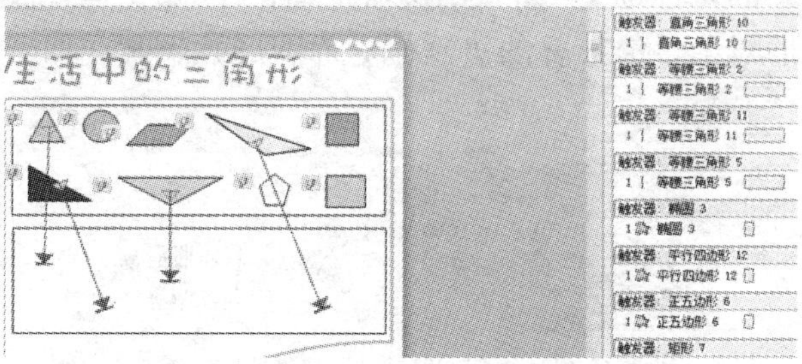

图 9—14　辨认三角形及分类功能的实现

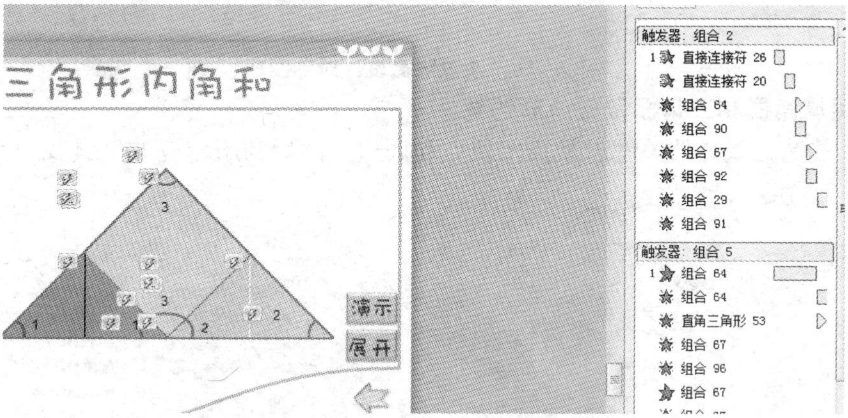

图 9—15　利用移动和旋转实现角的组合

所示。

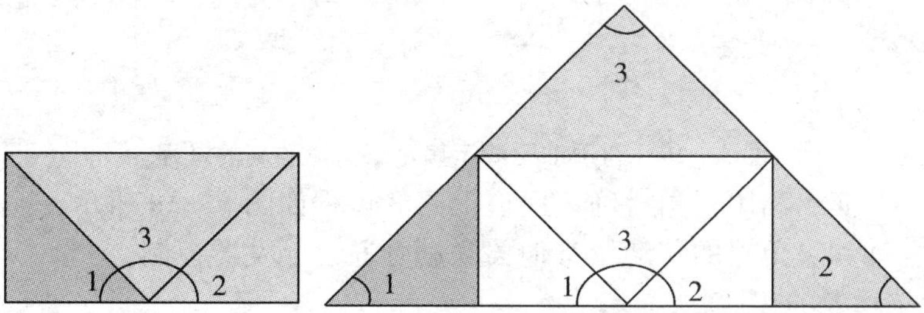

图 9—16　折叠与展开

在 PPT 中翻转效果是通过基本旋转动画实现的。在基本旋转动画使用时需要注意两点：

（1）根据翻转（折叠）方向，选择合适的方向，如图 9—17 所示。

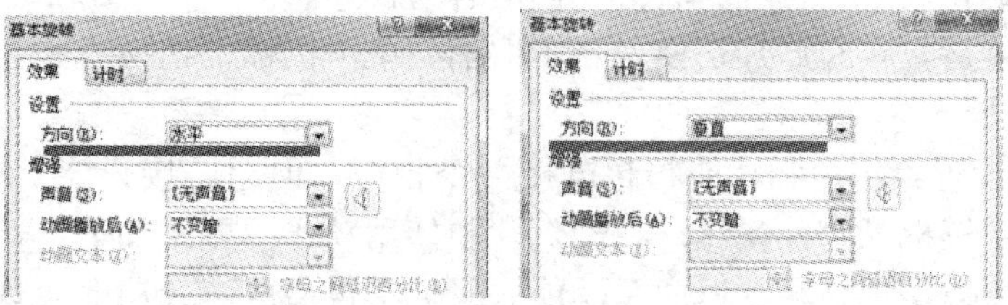

图 9—17　基本旋转动画设计折叠效果

（2）翻转（折叠）的对称轴是图形的中心对称轴。因此要实现围绕指定边旋转效果得重新设置对象。复制原对象，沿折叠的边制作对称图形并隐藏。如图 9—18 所示。

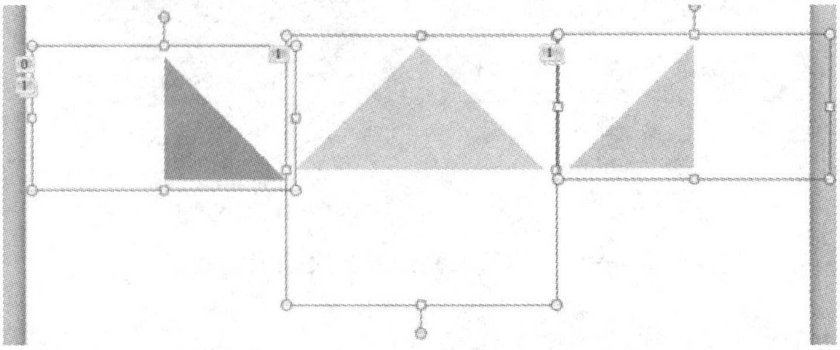

图 9—18　通过隐藏设计对称图形

3. 利用量角器和三角板做三角形的高

三角形的高的做法的关键点是找出顶点和底边，然后利用相应的工具找出从顶点到底边 90°的角（垂直）。

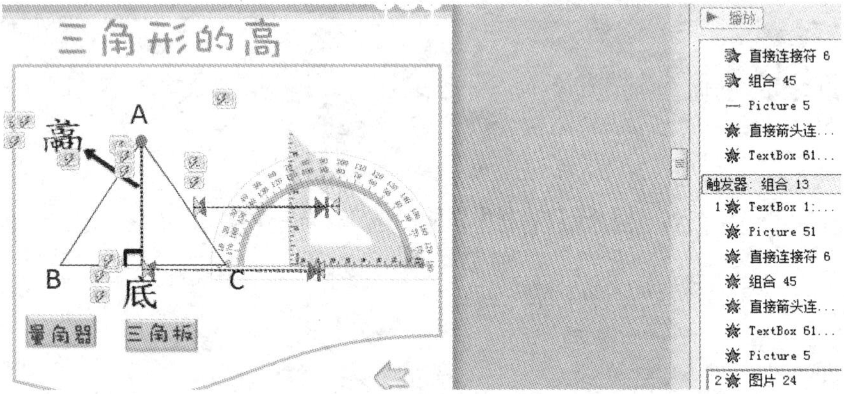

图 9—19　利用动画演示确定三角形的高的过程

通过路径动画演示利用三角板确定底边上高的过程如图 9—19 所示。

三角板的移动和量角器的移动及其他关联动画通过触发器控制。

4. 课件导航功能的实现

课件导航指是通过提供课件不同内容之间的跳转，让教师教学不局限于幻灯片的播放顺序。超链接与动作设置都可以实现跳转功能，建议大家使用动作设置：一是可以避免文字设置超链接带来的字的样式变化；二是动作设置提供的链接可以添加音效等辅助效果。

课件导航结构要在课件完成后，在课件母版中实现，使用跳转要有来有去，跳转到相关内容后，还能跳转回来，否则“有去无回”容易让迷惑。

设置跳转功能后，在幻灯片切换设置中取消“单击鼠标”切换方式，尤其是使用触发器功能的幻灯片。

PPT 中动作设置，作用和功能与超链接命令相似。但超链接只能实现一种单击操作，而动作还提供了“鼠标悬停”操作。在幻灯片中使用动作的方式如下：通过链接到“最近观看的幻灯片”可以实现跳转“返回”功能。鼠标移过播放声音功能实现了按钮声音提示和美化，也可以利用鼠标移过的超链接发出提示的功能实现课件的“热区”交互，如图

9—20 和图 9—21 所示。

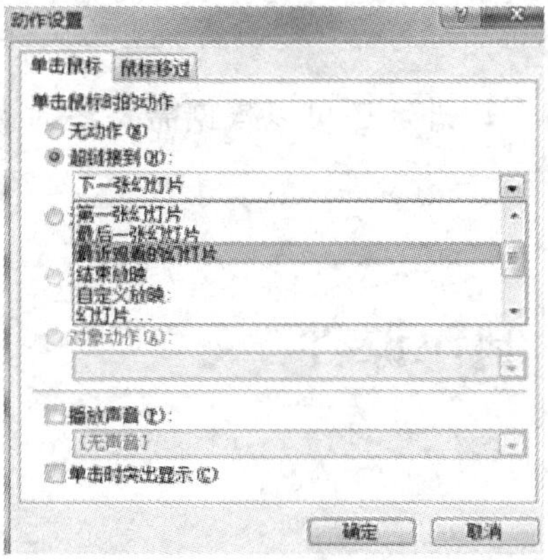

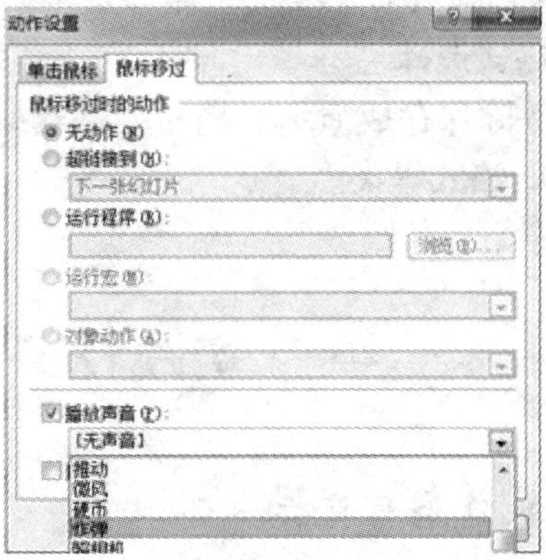

图 9—20 动作设置返回功能　　　图 9—21 模拟鼠标经过音效效果

9.3.5 课件应用与评价

使用 PPT 制作的课件通常并不是一个独立的文件，还包含用到的各种多媒体学习材料，如音乐文件、视频文件、图片文件和动画文件等。因此，在使用的时候，经常会出现在制作者计算机上可以正常运行，但换了计算机后就无法正常使用、字体无法正常显示、文件也无法正常打开等问题。由于使用环境的不同，有时课件是在课堂环境中直接使用，有时要放在网络上，让学生需要的时候下载使用，因此对课件的发布有不同的要求。

1. 课件打包

所谓打包，指的就是将独立的已综合起来共同使用的单个或多个文件集成在一起，生成一个独立于运行环境的文件。打包能解决运行环境的限制和文件损坏或无法调用等不可预料的问题。例如，打包文件能在没有安装 PowerPoint、Flash 等相应软件的环境下运行，也可以在目前主流的各种操作系统下运行。

PowerPoint 的打包主要是将外部链接的材料文件以及 PowerPoint 的播放软件整合在一起，生成 exe 格式的文件，这样就可以不依赖 PowerPoint 软件直接运行课件了。

PowerPoint 打包主要适用于将课件刻录成光盘或者经常需要将课件在不同计算机上使用的情况，所以在 PowerPoint 中对课件打包的方法也称之为打包为 CD（但不一定要刻录成光盘，生成一个文件夹更常见），具体操作过程，如图 9—22 和图 9—23 所示。

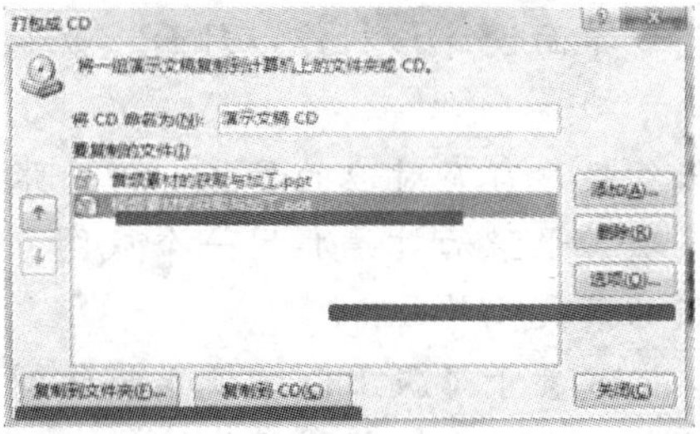

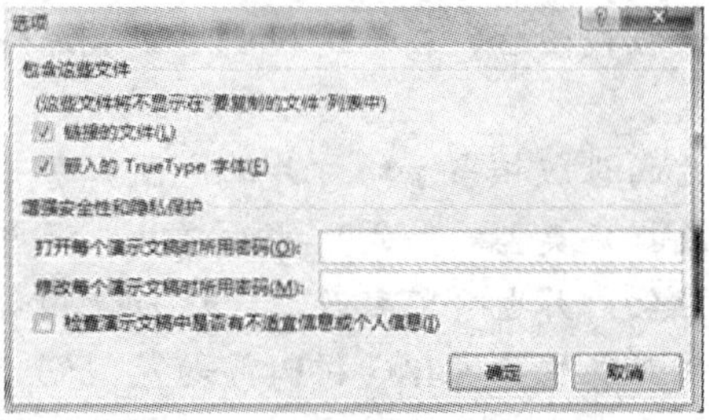

图 9—22 打包 PPT 文件　　　图 9—23 选择设置字体嵌入文件保护等

PPT 打包时可以选择"提供字体"、"文件保护"等选项设置，也可以将素材复制到文件夹，保证课件播放对象及文件能够正常播放和使用。

2. 其他格式选择

PPT 课件除保存成演示文档一般格式或发布以外，还可以根据需要转为视频格式、图片格式或 PDF 格式等类型。

实践任务：制作课件

一、实践任务与目标

（1）在文字、图像、声音、视频及动画信息处理的基础上，能够根据教学问题选择可行的信息技术（课件）解决方法，培养利用信息技术解决教学问题意识。

（2）进一步掌握触发器的使用，能够利用触发器设计适当的课件交互方式，增强课件应用灵活性，为学习者提供反馈信息。

（3）了解利用 PPT 制作课件一般过程，探究利用母版、幻灯片重用、积件素材库等方法提高课件制作效率。

二、实践内容与过程

（1）根据自己专业，选择一节中小学教学内容为课件主题，通过内容分析确定需要利用课件解决的教学问题，至少 2 个。

（2）设计问题解决方案，收集整理素材。在母版视图制作课件界面。

模拟如图 9—24 所示的桂林山水界面，至少包括三种类型课件内容母版。

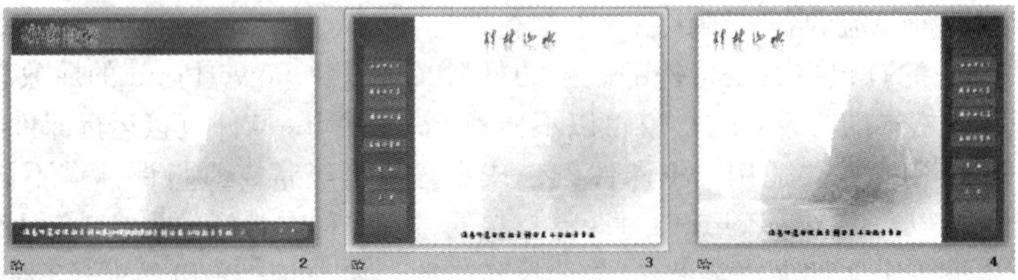

图 9—24　桂林水界面的三种母板

退出母版视图后，在普通视图下完成课件整体界面设计与制作：封面、致谢和三种类型内容界面。

幻灯片的母版相当于幻灯片的底图，每一张幻灯片都有对应的母版，但一张母版可以对应多张或指定类型（版式）的幻灯片。是即实现若干张幻灯片共用一个底图，如果底图改变，相应幻灯片也会随之改变，这是使用母版的最大优势。

在使用母版主要考虑的核心问题是规划哪些内容置于母版上以方便后期编辑和控制母版数量（如果一张母版只对应一张幻灯片，那这么个母版设计是毫无价值的）。

①使用母版首要解决的问题就是哪些内容放在母版，哪些内容放在幻灯片上。一个基本原则是：多张幻灯片共有元素（对象）置于母版上，而具体的课件内容置于幻灯片上。

共有元素一般包括课件的标识、课件界面的布局（导航位置、标题位置、版权信息等）。

②将母版应用于幻灯片。设计好母版后，在课件制作过程中，根据课件内容将选择具体的母版类型，如图 9—25 所示。

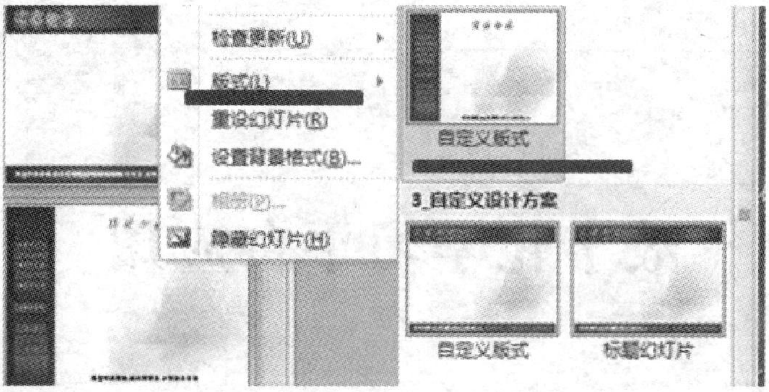

图 9—25　将母版应用于指定幻灯片

相比幻灯片模板，幻灯片的母版修改更灵活，一个幻灯片模板实际仅对应几张母版，所以可以通过母版管理幻灯片模板。如果看到一个幻灯片模板以后会使用到，保留其布局到母版视图即可，无需保留模板或 PPT 作品本身内容。

(3) 完成课件制作，课件保存为 PPT 2010 格式。注意课件素材管理，保证课件能够正常运行。

三、实践结果与评价

(1) 课件确定教学问题以及解决问题方案合理，能够发挥课件的优势。

(2) 课件界面设计与教学内容主题相符、课件导航结构明确。

(3) 课件能正确运行，素材管理规范。

数字化学习平台应用

本章导学

唐小雨正在一所学校进行毕业教育实习，一个学期后她就会成为一名真正的数学教师了。她不理解现在为什么有那么多人在谈“教学改革”，但课堂却还是她自己上学时候那样的课堂，最大的变化就是老师可以提前把教学课件准备好，能够直接用多媒体投影了。她自己在读大学期间用视频课程获取过公共素材选修课学分，但中小学里很少采用网络教学，也不允许学生使用手机和课后随便上网。她更不理解现在说视频课程、“微课”资源、翻转课堂等怎么样才能在教学中“用”起来呢？她在大三的时候做过一个“勾股定理”证明的学习材料，里面提供了多种定理证明思路、方法和过程，她不知道还要不要把这个材料提供给她教的学生？学生怎么样才能获取这些她的资源呢？有必要让学生知道这些课堂以外的材料吗？

在信息社会中，数字化学习能力是基本技能，也是实现个体自我学习和终身学习的保障。当前，其主题资源的网络学习在高等教育和职后教育培训中有着比较广泛的实践，除面向社会的视频开放课程与精品共享课程，高等教育院校也独自建设有学校的网络教学平台，如图 10—1 所示。很多互联网公司也提供了开放的网络教学平台。作为一名学习者参与网络学习有两种方式：一种是“被要求”的学习（如指定登录某些网站，完成任务和作业等）；另一种则是完全根据自己需要或兴趣的“自主学习”。

图 10—1 互联网下课程教学平台

对于中小学教学实践，网络教学并非是一种独立的教学或学习途径，甚至其未有机会“直接”进入学生“正式”的学习环境（“信息技术课程教学除外”），因此本章阐述的数字化学习并非针对中小学生的数字化学习，而是针对中小学教师自身专业发展和教学研究、教学反思的数字化学习，并在此过程中解释开展“指导学生数学化学习”（非正式）需要注意的一些问题。

10.1 数字化学习内涵

数字化学习是指利用互联网平台（或信息技术相关工具），通过网络进行学习的一种学习方式，也称网络学习或 E—Learning。“搜索就是学习”、“浏览就是学习”、“下载就是学习”是对数字化学习最宽泛的解释，但并非所有的网络行为就是“学习”。数字化学习具有三个要素：数字化（信息化）学习环境（包括设施、资源、平台、通讯和工具）、数字化学习资源和数字化学习方式。在既定网络环境与平台下，教师要进进行数字化学习实践仍然需要考虑学习资源、学习者学习条件以及自身角色等几个关键问题（教学系统四要素仍然是教师、学习者、教学内容、教育技术），数字化学习是学生学的行为改变，是教师为适应和促进学生学的学习方式而改变教的行为，教师通常将数字化学习看做是课堂教学的一种补充。

10.1.1 数字化学习中的学习资源

数字化学习资源或称信息化教学资源在模块三有过明确阐述，但从教师与学习者不同视角看待这个问题，则有不同的任务要求。

1. 教师视角下的数字化学习资源

学习者在数字化学习过程中的学习资源是根据自己兴趣和需求自主搜索获取，还是指定进入的“网络课程”（或网站）完成具体任务？

在准备课堂教学过程中教师可以直接通过网络下载教学资源，加工整理后直接在课堂教学中使用。但在数字化学习过程中如何为学习者提供学习资源呢，是自我制作课程吗？还是从别的网站（课程）中搜索、整理再重新上传？或推荐“精品课程”？数字化学习中的学习资源与课堂教学中的资源要求有何不同？学习资源的改变，如图 10—2 所示。

（1）适宜学习者自主学习。

（2）学习资源应当具有明确的任务与问题，并要求学习者参与评价任务或问题解决情

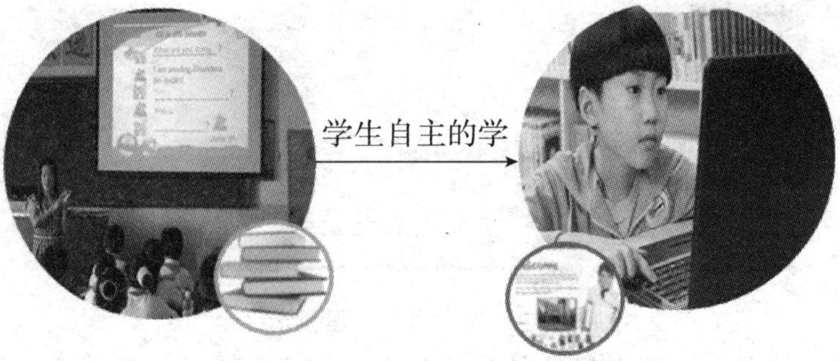

图 10—2　学习资源要如何改变

况，否则这种学习与普通的阅读就没有区别。

2. 学习者视角下的数字化学习资源

关于数字化学习资源，学习者最关心获取是否方便，能否满足自己学习的需要和解决自己的问题，能否记录学习者的学习过程，并提供相应的资源整理与加工工具是帮助学习者学习的重要支持资源。具体有如下几点。

(1) 快速获取或进入学习内容，提供学习收藏或学习进度记录。

(2) 提供学习内容导航和帮助，遇到学习问题时有明确提问的方法和途径，并尽可能快获取回复与响应。

(3) 学习者能够保留学习结果或生成学习记录，提供笔记、测验或其他方式。

无论从教师视角或学生视角讨论数字化学习资源的来源、获取以及加工，都应认识到网络中的学习资源并不是孤立静态的，用户在参与学习活动过程中，也是学习内容的生产者。

10.1.2　数字化学习中的学习者

数字化的学习在一定程度上可以视为一种基于资源的自主学习，学习者虽然可能带着特定的学习任务（或问题）进入学习情境，但与一般的课堂教学方式仍有很大差别。学习者在能够自主选择学习内容的同时也必须具备一定的自我监控和管理能力，在满足自己的个性化学习需求的同时也必须提高自身的信息素养。

数字化学习改变了学习的时空观念，对学习者也提出了更高的要求，只有学生具备良好的信息素养，才能够理解信息带来的知识并形成自己的观点和知识结构。学习者能够利用信息技术进行信息获取、加工处理、呈现交流，有对信息内容的批判与理解能力，具有融入信息社会的态度和能力。

数字化学习环境下，学习者通过网络工具很容易与他人交流沟通，进而形成一定的人际关系（社会化网络），这也是数字化学习的“自主学习”的一个特征，如图 10—3 所示。不是“完全独立”地学习，而是在网络化的环境中接受别人的评价与帮助、表达自己的看法与观点、分享自己的发现与经验。

10.1.3　教师角色定位

数字化学习中的教师是“一只看不见的手”，由“台前”走向“幕后”，或者以学习帮

图 10—3　数字化学习环境下的自主学习

助与支持的角色出现，或者已内化为"学习资源"。在数字化学习还没有成为学习者一种"自然而然"的学习方式情境下，教师的主要任务是指导学习者如何进行数字化学习，能够为学习者提供帮助与支持。

（1）明确学习主题与学习任务，并设计相应的评价标准与规则。

（2）设计、整理、推荐数字化学习资源，是数字化学习资源的"把关人"，设计学习路径和提供学习指导与帮助。

（3）学生传统学习与数字化学习之间的桥梁。在学校教学中，数字化学习是"教学改革"的产物，而不是学生自发的一种行为，而且教师的这种"教学方式"的转变也不是一种自觉的行为，大多是在学校的要求下进行的尝试。教师应当为学习者在已有的教学方式与数字化学习之间架起桥梁。

（4）教学活动的组织与评价。数字化学习环境与课堂教学环境虽有很大不同，但学习活动组织与管理却可相互借鉴，如组织讨论、点评与展示作业等。学习活动是维系网络学习持续进行的有效方法，及时反馈与评价也使学习者与教师之间建立"存在的真实感"。

10.2　数字化教学平台概述

数字化学习是通过网络平台进行学习的一种方式，例如，个人电脑＋互联网的学习方式或基于移动终端（如笔记本电脑、智能手机、平板电脑）＋互联网的学习方式，与基于笔＋纸质的学习方式相区别，如图 10—4 和图 10—5 所示。

如前所述，数字化学习中要素与传统学习要素并无不同，主要在于学习资源形态与传播、教的行为、学的行为发生了相应变化，如图 10—6 所示。因此本文探讨的数字化教学平台是指能系统解决数字化学习中教学资源管理、学生学习支持与帮助、教师教学组织与评价功能等关键问题的网络应用及工具（集合）。

数字化学习平台可以是集成的数字化学习内容管理系统（如 Moodle、WEBCT 等），

图 10—4　教字化学习方式

图 10—5　印刷学习材料学习方式

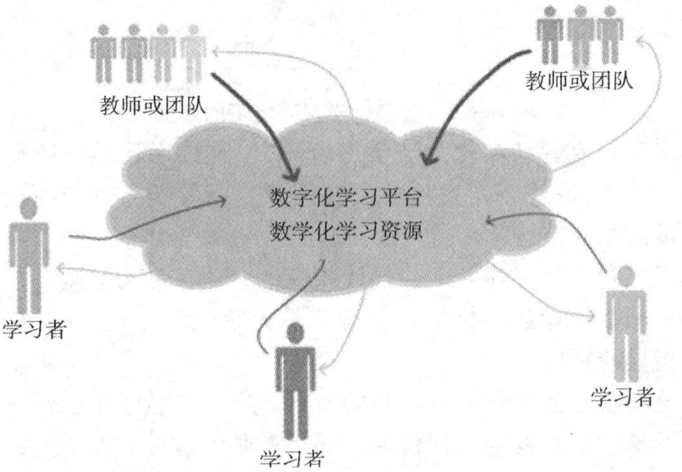

图 10—6　教字化学习平台中要表的改变

也可以是教师自主利用博客、邮件、论坛等网络应用整合的平台，如图 10—7～图 10—9 所示。

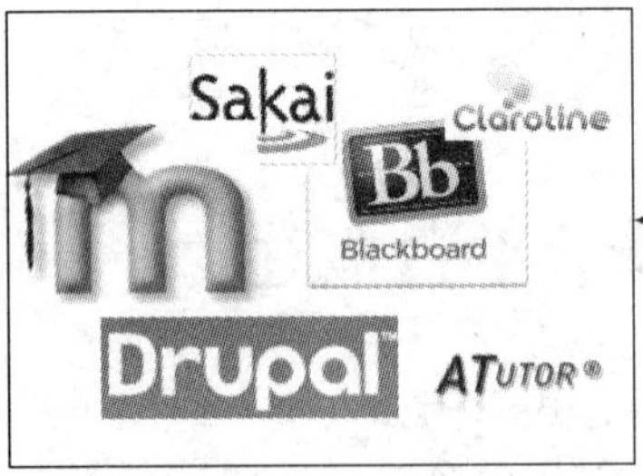

图 10—7　学习内容管理系统

图 10—8　开放通用网络工具

专用的网络学习平台具备较好的课程（学习资源）管理、用户管理与评价（作业与考试等）以及学习讨论、帮助指南等功能。教师可以在平台上直接创建或加入已有的课程，继续完善学习资源，对学生学习指导、组织学习等，但制约于学校的信息化建设水平，个体教师一般无力实现平台创建、管理和维护。课程开放性、内容组织灵活性和操作熟悉程度（界面）不如通用网络工具。

图 10—9 Moodle 创建的中学学习平台

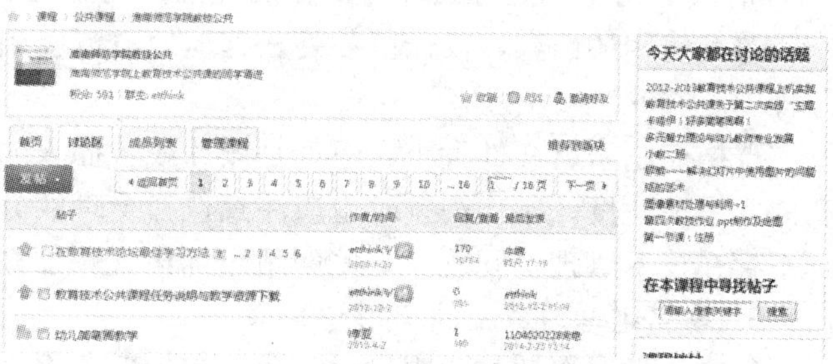

图 10—10 论坛（博客）创建的课堂学习群组

利用一些通用网络工具，如博客、论坛、QQ 群及空间也是一种实践方向，但在教学内容组织以及学生管理中缺乏直接工具，需要做一些设计与调整，图 10—10 所示。同时，通用化工具虽然学习者使用更为熟悉，但也容易带来学习干扰（如推送的无关信息等）。

根据教师能够利用网络工具（可能不局限于一种），本章主要介绍这些工具在开展数字化学习指导与实践的应用方法，是配合课堂教学一种在线学习指导。

10.2.1 数字化学习资源制作与管理

数字化学习通常被人认为是一种“基于资源”的学习，从形式上看是学习者通过获取学习资源完成特定的学习任务，数字化学习资源的质量成为影响学习质量的关键因素。

在教学过程中，教师如果想让学生能够通过网络学习自己所教的课程，在网络上提供课程资源是前提与基础。

1. 确定学习资源形式

网络学习资源有多种形式，如图文、视频或网络课件等。在使用过程中尽可能结合它们各种表现特点，为不同的内容选择适当的资源形式。

图文教学资源，从实现技术上看图文形式最为简单，和大家平时使用 Word 软件编辑文章没有什么区别，可以在博客（日志）或者论题的主题（帖子）直接进行编辑加工，但不合适动态操作、演示性内容表达。如图 10—11 所示。

视频形式资源能够很好记录教师的讲解与演示，但在制作过程中技术要求难度较高，特别是视频的编辑与处理，在后期教学内容编辑上也不如图文形式灵活。如降低视频制作难度，制作视频课程资源可以不采用摄像机录制，如图 10—12 所示。直接将教学课件转换为视频，再配上教师的讲解。具体实现方法见本模块第 3 节。

使用网络课件直接提供教学资源。三分屏课件是网络课件一种常见形式，融合了图文和视频的优势。制作上需要借助特别的软件，难度也较高，而且使用通用网络工具的教师也没有使用三分屏等网络课件的空间。如图 10—13 所示。

图 10—11 图文教程

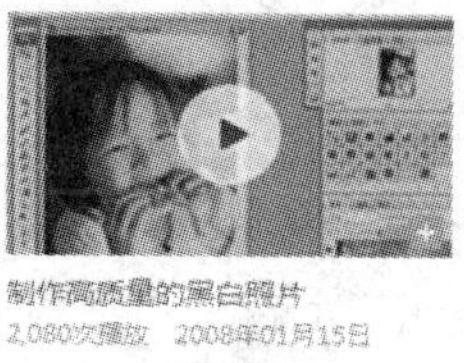

图 10—12 视频

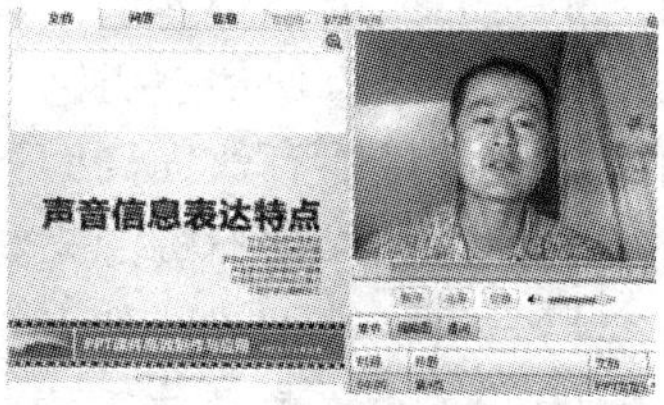

图 10—13 网络课件：三分屏

2. 数字化学习资源设计与制作应注意的问题

重复使用的内容，仅保留一处。其他地方以引用或链接的方式提供，以保证后期编辑课程内容时能同步更新。

严格控制素材文件大小，不论是图片或者插入的声音动画等。文件太大影响页面打开和内容呈现速度。制作视频时也应注意选择合理的分辨率。在利用公用视频分享网站时教师不存在技术管理上问题，一些网站会优化视频加载速度。

3. 数字化学习资源的组织与管理

数字化学习资源与印刷材料相比，表达形式多样化与组织非线性是其关键特征。通过声音、动画与视频多种形式更有利于特定学习内容的呈现，而内容组织的非线性主要通过超链接实现，主要有三种方式：资源内链接、前后导航推荐链接和外部导航（结构链接）。

在网络上设置超链接方法与在 PPT 和 Word 中设置超级链接相同，选择要链接的对象（可以是文字或图片等），利用网页内容编辑中的可视化编辑器添加或修改编辑。如图 10—14 所示。（具体操作见实践任务）

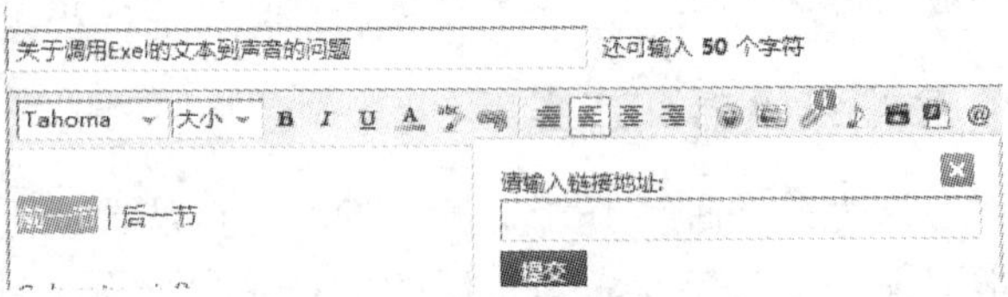

图 10—14　设置链接的方法

（1）资源内的超链接。根据学习者在学习中可能出现的困难，或需进一步解释的内容设置链接。设置资源内部链接，不仅增强了学习内容之间的联系，而且能够为学习者提供一种“解说”。内部设置的超链接建议采用在新的浏览器窗口打开，或者在跳转的内容上设置返回原内容的导航，否则容易引起跳转混乱或网络迷航，如图 10—15 所示。

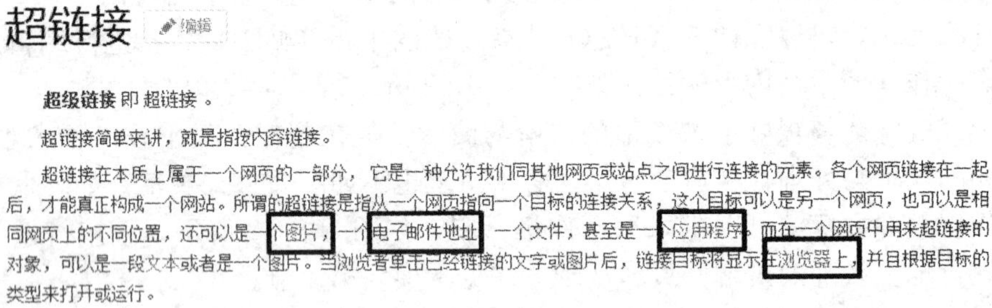

图 10—15　文内链接

（2）资源前后的导航链接与推荐链接。在数字化学习资源设计中，阅读学习内容经常会看到前一节、后一节的相关内容链接，有时也会看到在学习内容前后统一设置整体学习内容结构的链接，以方便学习者学习，如图 10—16 所示。

前后的导航链接能有效提高阅读的连续性。在推荐进一步阅读内容上要精心选择，链接内容有相关性。如果推荐资源来源于外部网站，可以先转载，再链接。在多个网站之间链接内容容易学习带来干扰，如图 10—17 所示。

（3）整体设计的资源导航结构。基于通用网络工具设计学习资源时，因为功能限制，

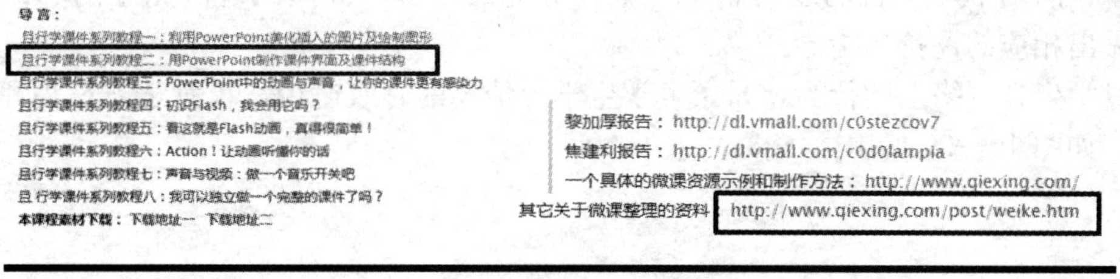

图 10—16　前后相关内容链接

无法独立编辑网页页面。学习资源导航设计只能依靠内容分类（目录）或自定义模块中的链接实现。对具体的每单元内容设计独立的结构导航很难实现或者。如图 10—18 所示。

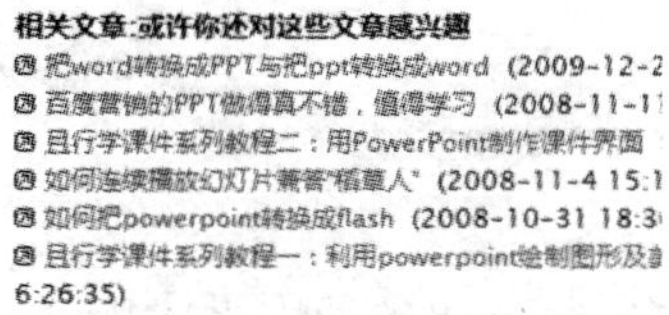

图 10—17　根据 TAG 或分类推荐资源

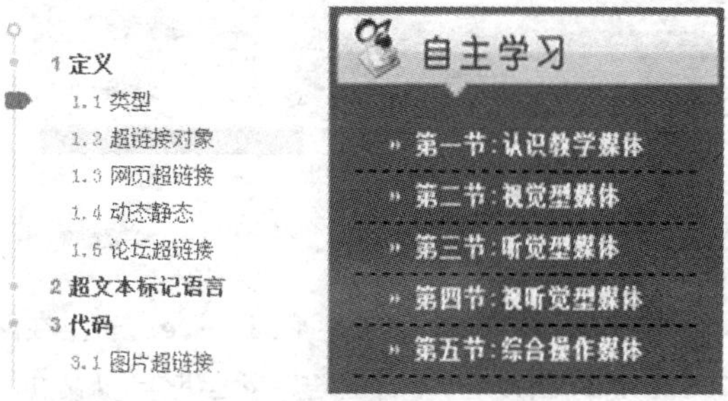

图 10—18　内容结构导航

10.2.2　学习者管理

数字化学习中的学习者，如果是完全自主、自发的学习并不需要依赖外界的评价，而对于需要实现特定目标（任务）的数字化学习，学习过程和结果的评价则能有效维持学习者动机和检验学习效果。学习者遇到的学习困难能得到及时解决也是数字化学习的重要保障，除通过帮助链接、内容进一步解释以及教师演示讲解（视频或动画）外，为学习者提供提问途径和获取其他学习者及教师的联系也非常重要。数学化学习过程中的学习者管理主要包括以下内容。

1. 学习过程与学习结果评价

正因为数字化学习在当前只是课堂教学的补充，所以在实践中最大的困难是现实中的学生与学习平台上的学生对应，这也是采用开放网络工具的局限性：用户随意注册的名称、缺乏有效学生个人信息。只有将网络中学习者与现实中的学生对应，教师才能够全面了解学生的学习过程，针对性地解决教学中的问题。

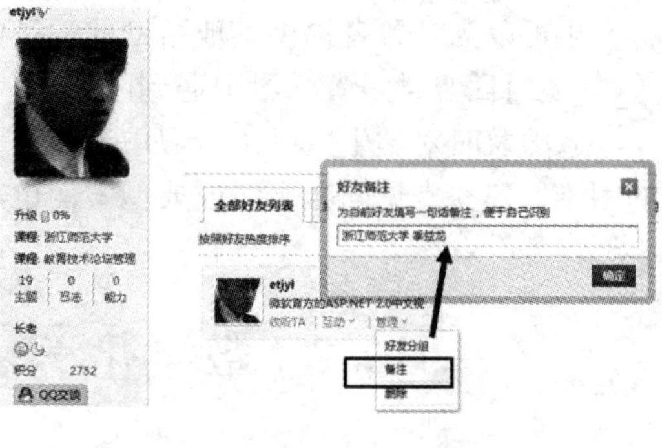

图 10—19　身份识别与对应

（1）采用头像、备注等信息确定学习者身份，如图 10—19 所示。教师也可以要求学生以统一的命名规则注册学习账号，但在开放网络环境下，需要注意学习者隐私信息保护。确定学习者身份信息后，即可通过账号了解学习者在网络学习平台的学习情况，如任务完成情况、提问问题、浏览内容以及时长等，并做出相应的评价与指导。

通过学生在网络上的行为，是了解学生学习情况的有效途径，也是学习过程评价的重要依据，如图 10—20 所示。

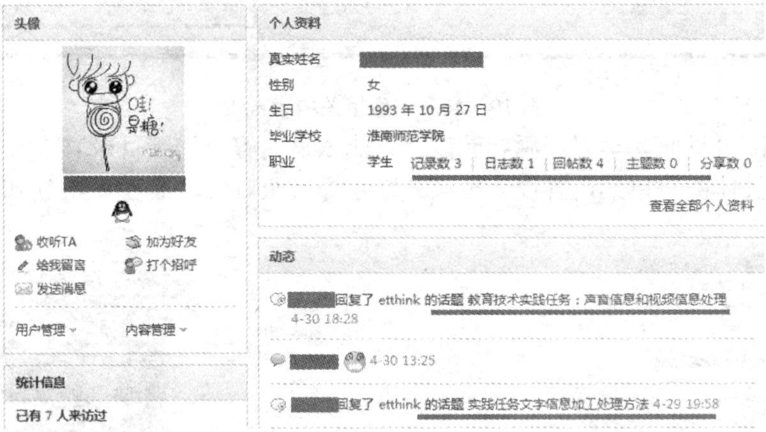

图 10—20　学生在网络上的行为记录

(2) 及时回复学习者问题，提供学习帮助。数字化学习容易受多种因素影响，包括教学资源质量、网络信息、网络基本环境（访问速度以及接入条件等）和学习帮助。学习帮助有多种方法和途径，如提供帮助导航、留言、建立提问和讨论页面或交流群等。如图 10—21 和图 10—22 所示。

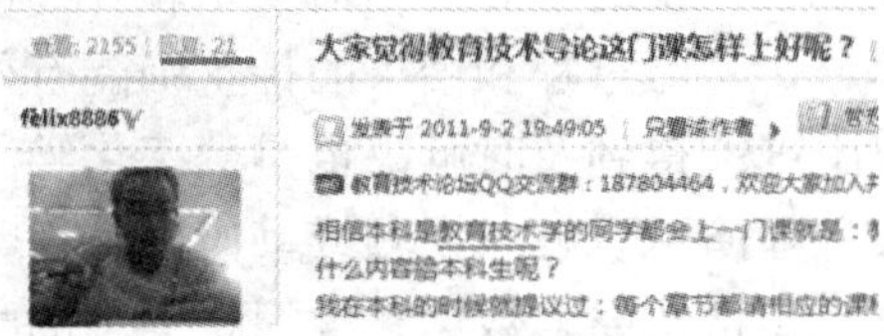

图 10—21　网络提问与讨论

图 10—22　留言或消息

也可以为学习者提供其他帮助的途径，如学生习惯使用的交流沟通工具（微博、微信等），实时回复学习者学习中遇到的问题，并为学习者推送学习资源更新内容或其他信息。

教师及时对学生数字化学习中出现问题进行总结、整理分类，分析学生学习经常出现的困难，建立常见问题页面或典型案例也是一种有效地提供学习支持的途径。

10.3　数字化学习资源设计与制作方法

数字化学习资源是实施数字化学习的前提和关键。数字化学习资源常见有图文教程、视频课程或网络课程等形态，进行数字化学习实践，需要教师掌握这些资源设计与实现的一些技巧与方法。

10.3.1 视频学习资源设计与制作

随着网络速度的提升和摄录技术的普及，视频成为数字化学习资源中最重要的形式，当前的公开课、MOOC、“微课”等全是采用以视频为主体的教学内容表达形式。视频能够完整记录教师讲解、演示过程，通过教师的声音与影像也容易拉近与学生之间距离。

制作视频课程资源主要有摄制与软件生成转换两种主要形式。通过摄像机（或手机）直接拍摄教师教学过程非常方便，但在后期编辑修改需要一定的视频处理技巧，而且这种方式视频画面中心一般为教师，对教学内容表现力不够。另一种重要的视频课程资源设计与制作方法是采用录制电脑屏幕或直接由电脑软件生成视频的方法，这一种方法弱化了教师的形象（甚至不出现教师的画面），对教学内容表达力强，而且方便后期重新录制与编辑，如图 10—23～图 10—25 所示。一般有如下几种方法。

图 10—23　摄像讲座报告

图 10—24　摄像课堂实录

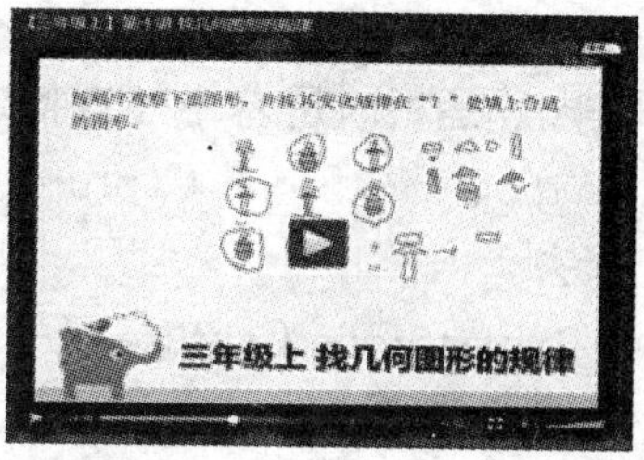

图 10—25　录制屏幕或软件输出

1. 录制幻灯片演示制作视频课程资源

（1）利用 PPT 制作课程资源。PPT 是教师熟悉的课件制作工具，但在制作视频学习资源中，PPT 主要用于呈现教师对知识的讲解，所以不需要按课件制作要求（如不用设计导航或链接、插入声音等），重点在于教学内容的呈现形式与顺序。

（2）录制幻灯片演示。在以前版本的 PPT 软件中提供了录制旁白（旁白是指讲演者对演示文稿的解释）功能，在 2010 及新版本功能中转换为“录制幻灯片演示”，可以录制旁白和激光笔演示笔迹（放映模式“Ctrl+P”）等。如图 10—25～图 10—28 所示。

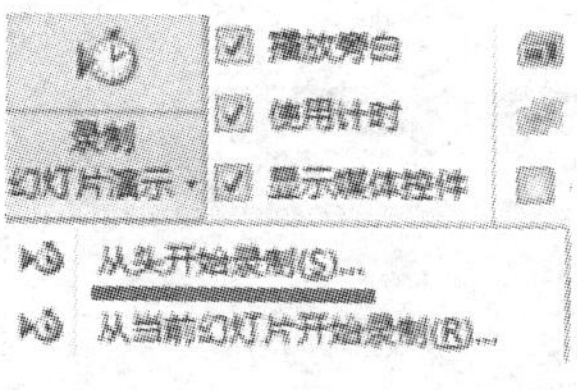

图 10—26　启动录制

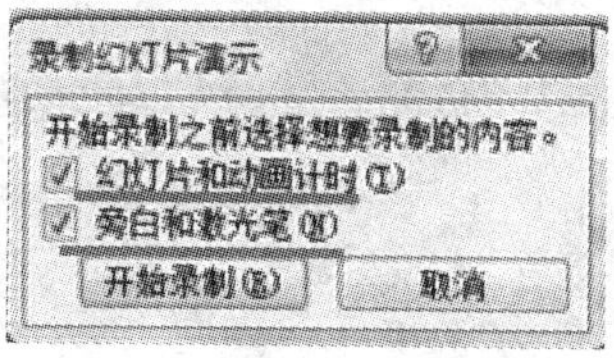

图 10—27　录制选项

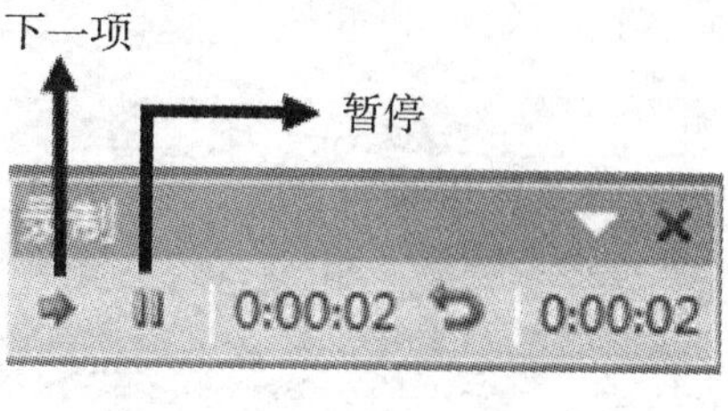

图 10—28　录制控制面板

录制过程主要通过控制面板控制，PPT 中默认同时只能插入一种声音，在有声音的幻灯片不要录制，录制结束按“Esc”键退出。

录制完后，在相应的幻灯片会插入一独立的声音文件，可以将其删除或进行编辑、加工。

(3) 将 PPT 转换为视频文件。转为视频有两种方法，可以通过视频转换格式软件或直接通过 PPT 发布成视频格式，或者利用 PPT 插件将 PPT 转为其他动画或视频格式，如图 10—29 所示。

图 10—29　将 PPT 转换为视频

2. 录制屏幕制作视频学习资源

录制屏幕制作视频学习资源相比 PPT 的幻灯片演示录制功能更完善，录制范围可以是电脑运行时屏幕中任意指定范围的区域。录制屏幕软件有多种，如 Captivate、Camtasia Studio、FastStone Capture。本节以 FastStone Capture 为例阐述其录制视频学习资源方法。

FastStone Capture 是一款截图软件，能够截取各种类型窗口区域中内容，也能够进行屏幕动态抓取（视频录制），并能对视频进行简单的编辑，如图 10—30 所示。

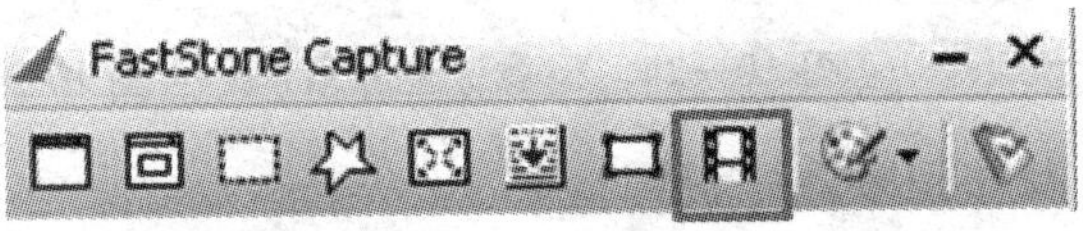

图 10—30　录制与编辑视频

(1) 准备素材和选择软件（如 PPT 等），设计教学内容，也可以直接运行一个画图软件（当做黑板使用）。

(2) 利用音频处理中的录制声音方法，录制讲解声音。声音录制时按内容分段录制，以方便后期编辑与修改，某一句有问题可以重新录制。

(3) 运行录屏软件，并设置相应的选项以及录制范围，录制教学内容演示视频。如图 10—31 所示。

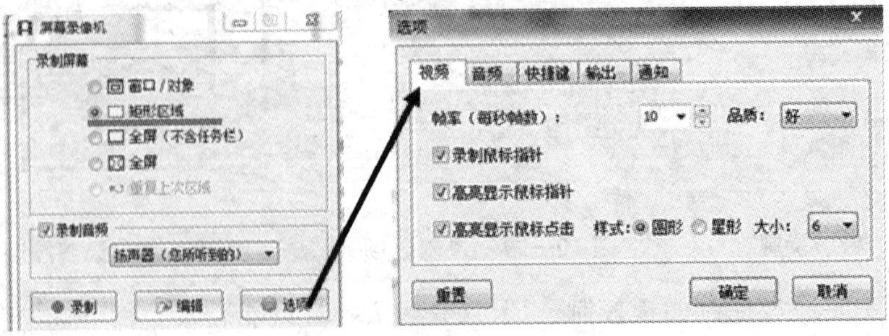

图 10—31　设置录制范围

因为讲解音频已经单独录制，不需要录制音频，可以选择鼠标和单击鼠标声音，提高演示效果。或选择音频可以选择扬声器音频——控制声音播放时间，即可实现视频和声音的合成。

录制时可以加入封面标题和其他信息，如图 10—32 所示。

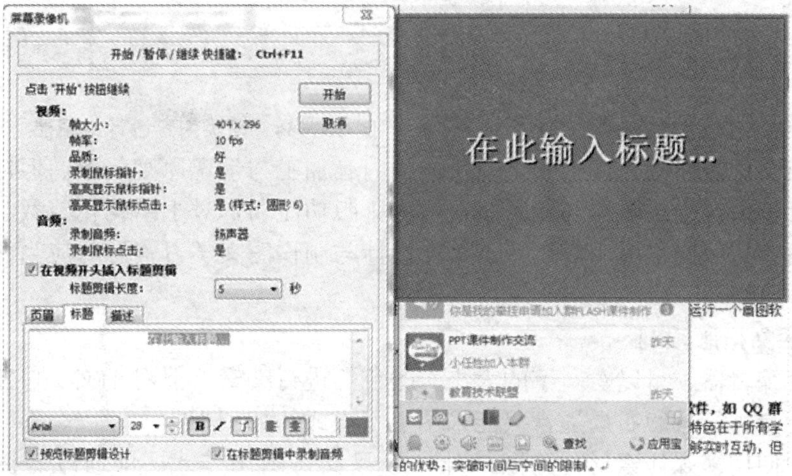

图 10—32　录制演示过程

（4）可以对录制的视频进行剪辑编辑或添加标注与字幕信息，如图 10—33 和图 10—34 所示。

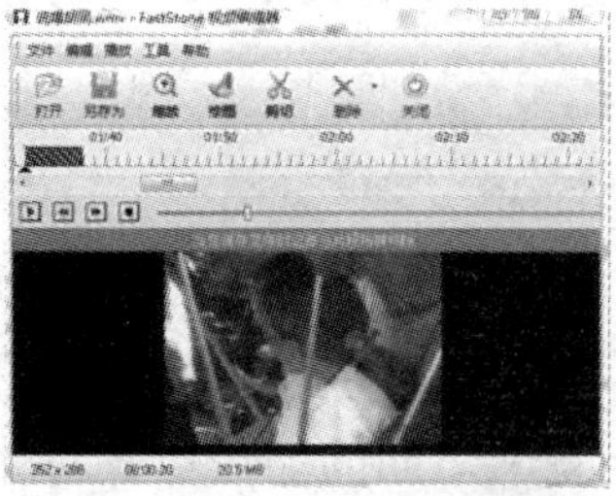

图 10—33　视频剪裁

图 10—34　视频画面添加字幕信息

此种方法实现了演示画面与讲解声音的分离，在后期编辑或修改更方便。具体方法可以参考视频演示。

在教师进行视频录制过程中，应当适当控制一次讲解的内容多少，尽可能以相对独立的知识分开录制。这样不仅降低单个视频资源制作的时间，更方便学习者根据需要选择。

在视频教学中还有一种特殊形式，即采用视频会议或类似功能的软件。例如，QQ 群视频可以进行视频直播，有的软件还能记录并生成视频文件回放。这种方式的特色在于所有学习者与教师同时在线，教师与在课堂上课一样（只是面向屏幕并演示），能够实时互动，但也失去了数字化学习最大的优势：突破时间与空间的限制。

10.3.2　图文数字化学习资源设计与制作

相比视频学习资源形式，图文内容使用受环境限制小，知识结构更清晰，更有利于知识系统性表达，资源制作方便，特别是后期编辑与修改，如图 10—35 和图 10—36 所示。

图 10—35　图文资源形式

图 10—36　网页内容设计编辑器

网页中图文排版原则、要求和之前所述的内容加工与呈现原则一致。但博客或其他网络工具提供教学内容受编辑器功能限制，内容排版功能弱，对于结构化与教学内容呈现控制有很大局限。另因网络应用环境特点，在设计与制作图文学习资源时应当注意以下几点问题。

1. 突破图文排版限制

利用网页编辑器，可以对文字的大小、颜色等进行编辑，但对于文字位置，特别是与图片等其他元素进行排版布局通常只能采用上下方式。如图 10—37 所示。

在网页中使用多媒体素材，除图片外一般只支持引用方式，即通过链接地址插入素材。如图 10—38 所示。

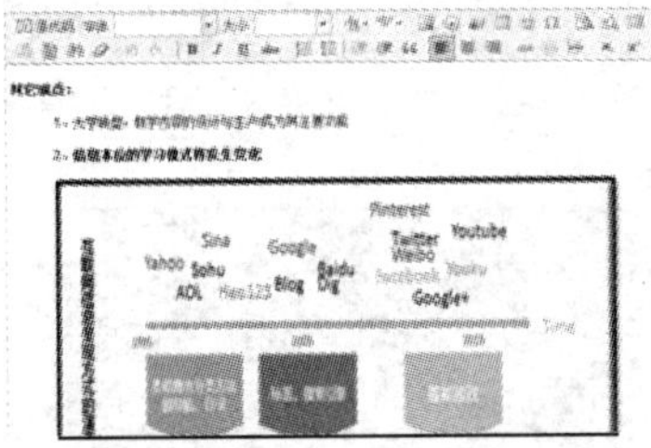

图 10—37　内容排版功能器

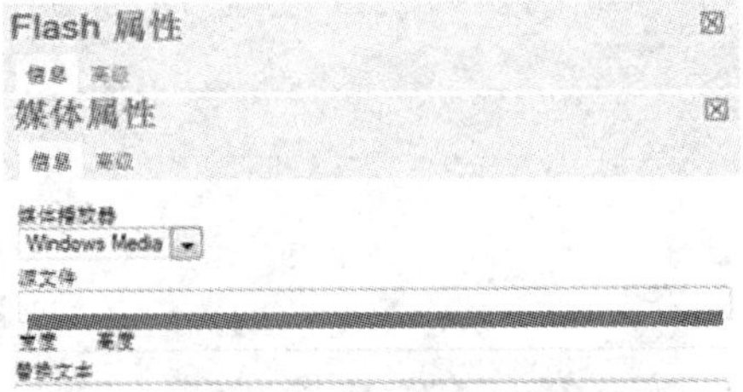

图 10—38　引用方式插入多媒体素材

在网页中对文字自行排版，主要是区分标题与正文之间的缩进以及对比变化。使用多媒体素材应先将多媒体素材上传到支持的网络，获取网络链接地址后才能保证内容正常呈现。

（1）根据素材内容形式将素材上传至指定网站。图片可以从在编辑内容时直接上传。素材文件命名使用英文，否则网址链接会重新转换编码，难以阅读。

不同的浏览器获取对象地址方法不同，Firefox 浏览器支持右键直接复制图片地址，而 IE 浏览器需要查看属性，通过从属性面板查看链接地址，如图 10—39 所示。

图 10—39　不同浏览器获取对象链接地址方法

（2）为提供图片与文字的排版效果。可以在 PPT 中制作教学资源，然后将 PPT 另存为图片格式，直接上传 PPT 转换后的图片内容，如图 10—10 和图 10—41 所示。

图 10—40　在 PPT 中排版网页教学资源内容

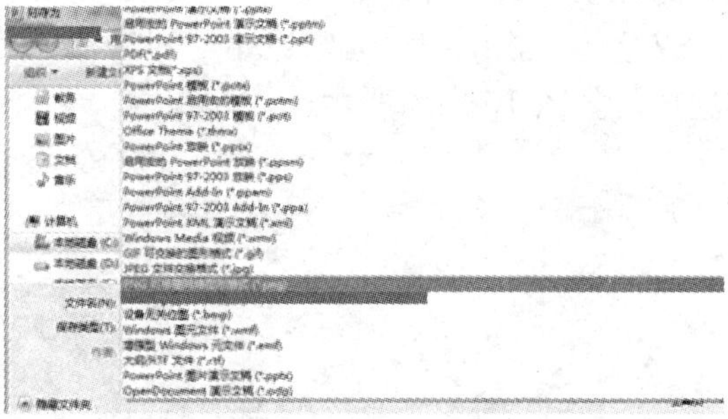

图 10—41　将 PPT 存储为图片

（3）将图文内容完全转换为图片后，会增加后期内容编辑的难度。而且对于关键知识点不方便设置链接，因此在实际资源设计与制作中，较灵活的方式是采用图片＋文字说明方式呈现内容。而且应当严格控制图片大小，在网页中的图片长宽分辨率不要超过 900 像素，大小控制在 100K 以内，以提高页面呈现速度。

2. 做好内容分类与标签

链接是网页内容独特的组织方式，通过特定的方法将相关信息汇聚，为学习者推荐相关学习内容和合适的内容分类可以提高学习内容浏览效率，如图 10—42 所示。

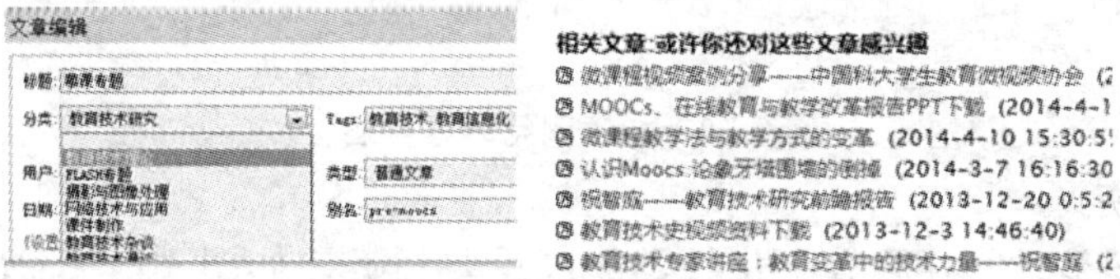

图 10—42　内容组织与分类

10.4　几种数字化教学模式介绍

教学与学习密切相关。从教师视角来看，为学习者提供学习资源，要求学习者利用信息技术工具在网络搜索问题的解答是一种常见的教学行为。从学生视角来看，利用网络解决学习中的问题，是自己“学”的过程。本模块主要探讨教师指导下的数字化学习实践，是教师创建和提供学习资源，并为学习者设定教学任务和目标，利用网络辅助课堂教学的一种教学行为，所以自本节起将“数字化学习”称之为“数字化教学”。

10.4.1　基于数字化学习平台教学模式

数字化学习平台众多，且各有特色，教师不管应用哪种平台，都要解决数字化教学中的几个关键问题：创建课程、建设资源、学习者管理。

本节以教育技术公共课程网络教学平台为例，介绍一般使用的方法。

1. 创建课程

不同的教学平台对课程信息描述可能不同，但通常会包括课程的课程标题、说明、课程大纲、课程教学安排等。如图 10—43 所示。具体教学内容组织可以按任务组织，也可以按课时或章节形式组织，通常网络学习采取任务或模块化组织内容，方便学习者根据需求自主选择。如图 10—44 所示。

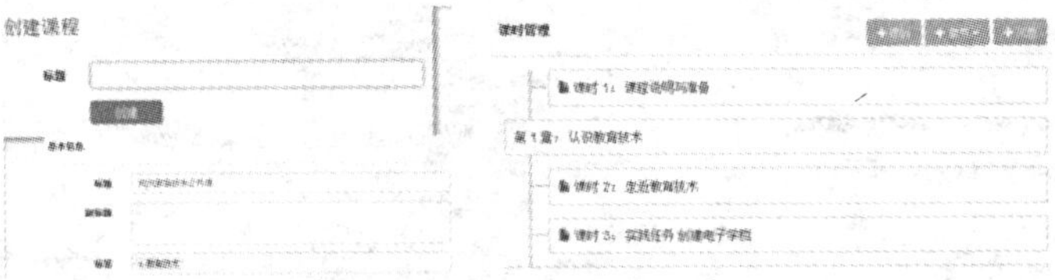

图 10—43　创建课程及课程相关信息

在网络课程平台上，教师根据自己需要编辑相应的模块化内容：教学日历、教师信息、教学笔记等。常用网络课程教学平台支持文件直接上传，文件管理比较方便。

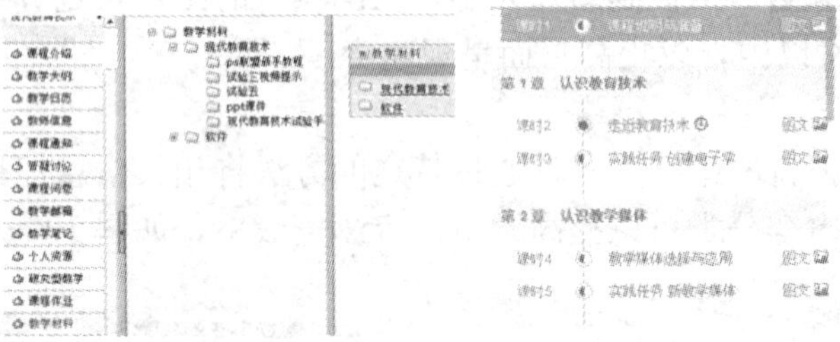

图 10—44　网络课程内容

2. 建设课程资源

课程资源建设是教师开展数字化教学的最重要任务。如图 10—45 所示。资源建设可以利用已有的优秀网络课程资源，也可以自主设计。网络教学平台从某个范围看，其主要功能就是教学资源和教学过程的管理工具。教学资源建设主要有以下几种途径。

（1）目前多数课程都建设有各种形式网络课程，可以利用已有的资源服务自己的教学。在收集整理过程中，需要根据学生实际情况对资源进行筛选和加工。

（2）积累自己教学资源，在数字化学习过程中产生教学资源。

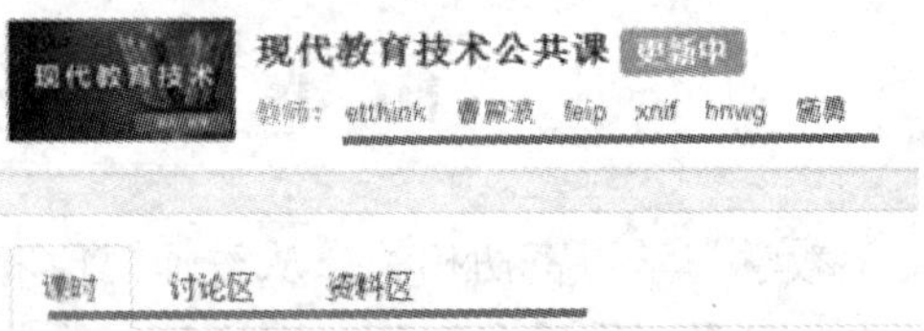

图 10—45　课程资源建设

（3）网络学习平台中的一门课程可以由多位老师维护和管理，共享教学资源。

（4）学习者学习问题以及作业等资源也是数字化学习资源重要组成部分，可以为其他学习者提供帮助和示范指导。

3. 学习者管理

网络教学平台可以设置特定规则（如注册选项设置）对参加网络学习同学身份确认，并进行分组、指定任务等管理。师生之间可以通过提问、发送消息等方式交流沟通。

学习者管理包括对学习者学习评价，通过数字化学习平台记录和学习者网络行为可以对学生学习过程进行更全面、真实的评价，数字化学习平台一般提供作业或考试系统也是评价学生学习重要方法。如图 10—46 所示。

图 10—46　学习者管理

10.4.2　基于博客的数字化教学模式

博客是常见的 Web 2.0 应用服务，网易博客、新浪博客、百度空间、Qzone 等博客服务有着广泛的用户群体。发布内容快捷，通过留言、评论等功能具有良好的用户互动性，在教学及生活中有各种形式的应用。以博客为数字化教学主要工具必须解决教学过程中的教学资源管理与学生管理问题。结合博客功能特点，课程资源管理主要通过日志功能实现，学生管理可以利用好友等功能。

1. 注册账号、创建博客（教学平台）

创建博客要注意博客标题以及地址。博客地址是学生访问的快捷入口，应当简洁易记，并设置个人资料与访问权限，如图 10—47 所示。

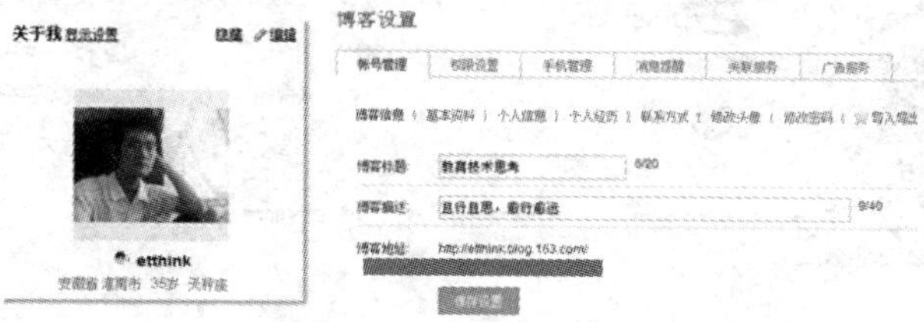

图 10—47　注册账号创建博客

2. 设置日志分类

日志分类可以按照知识内容分类，也可以按教学任务分类，以方便用户使用与查看与阅读为最高目标，通过博客的留言、评论、最近访客功能方便了解学习者学习情况，如图 10—48 所示。

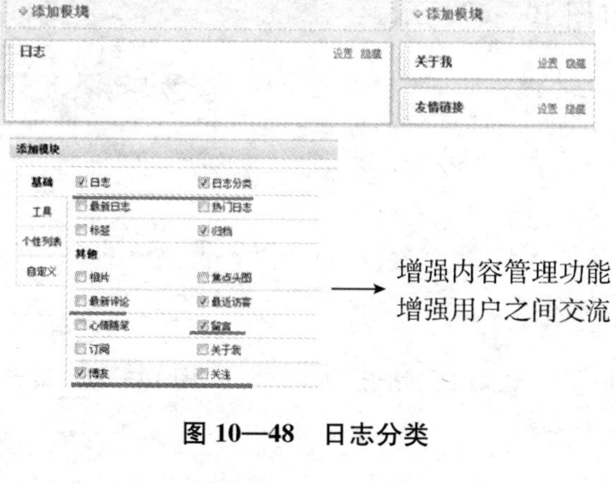

图 10—48　日志分类

3. 日志管理

用户在学习过程中可以浏览教师提供的教学资源（日志），也可以通过收藏和转载等功能将学习内容放到自己博客中。此种方法有利于教学资源传播范围，但影响用户之间讨论与交流，如图 10—49 所示。

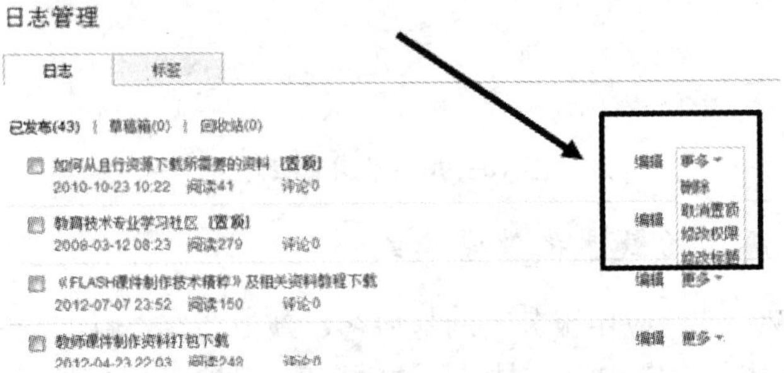

图 10—49　日志管理

4. 学习者管理

通过用户分组实现不同班级学生之间管理，学习者之间也可以互相添加好友和关注，增强用户之间联系，博客对于学习者的评价功能较弱，如图 10—50 所示。

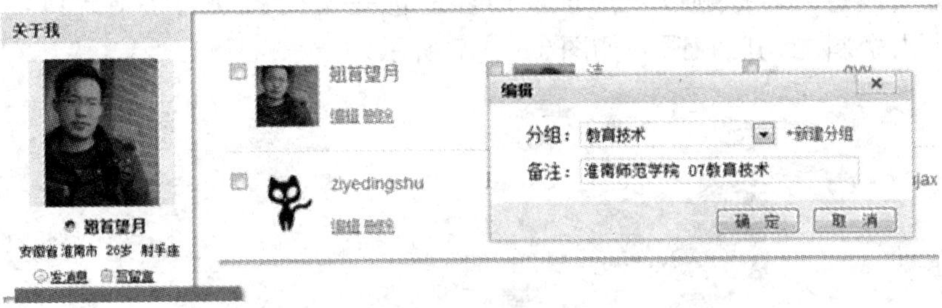

图 10—50　学生管理与交流沟通

10.4.3　基于教育技术论坛的数字化学习资源教学模式

论坛（也称 BBS），通过版块与主题（帖子）组织内容，用户可以根据权限发布、回复帖子，参与问题讨论。但一些论坛应用程序功能已经集成博客、微博、群组等功能，如当前国内使用最为流行的 Discuz 和 PHPwind 论坛程序，教育技术论坛是基于 Discuz 程序开发的，如图 10—51 和图 10—52 所示。

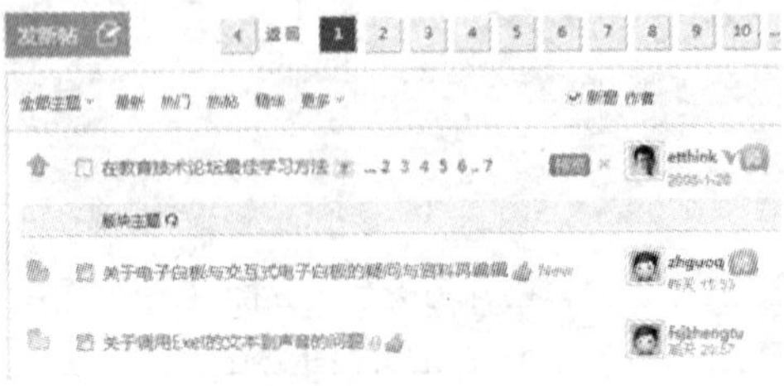

图 10—51　论坛主题帖子

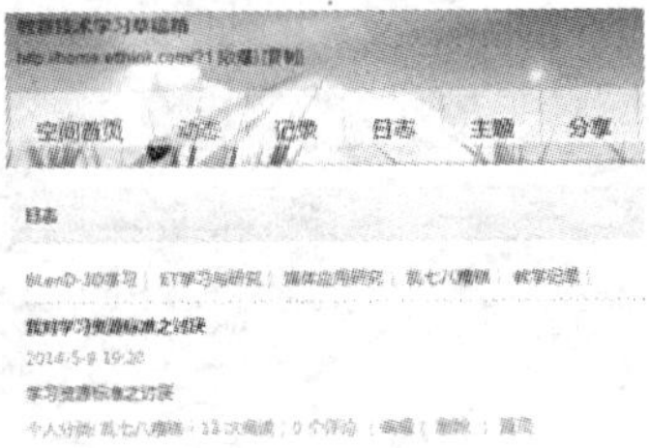

图 10—52　日志功能

论坛与博客相比，帖子内容先后顺序受回复影响（博客的日志是按发布时间先后顺序排序）。帖子（主题）分类主要以不同版块区分。

教师不能直接创建论坛版块，可以创建群组（课程）和主题，所以利用论坛开展数字化教学，主要是通过群组（教育技术论坛将群组改名为课程）实现的，如图 10—53 所示。

图 10—53　论坛内容组织形式

1. 创建课程

一般课程的创建过程，如图 10—54 所示。课程通过讨论区实现内容管理，通过成员列表实现学习者管理。学习者可以通过收藏、课程独立地址多种方式进入课程，如图 10—55 所示。

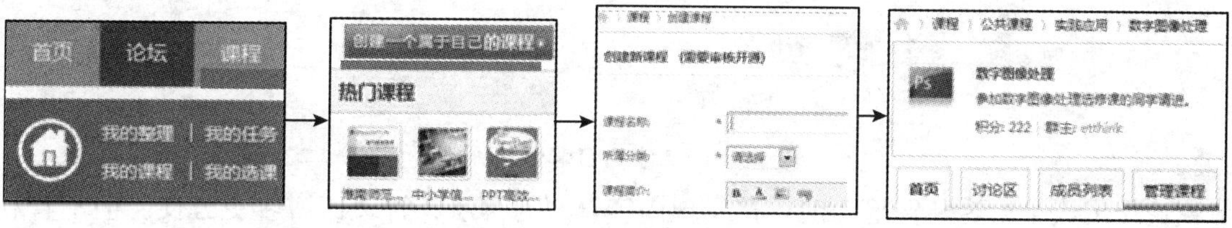

图 10—54　创建课程一般过程

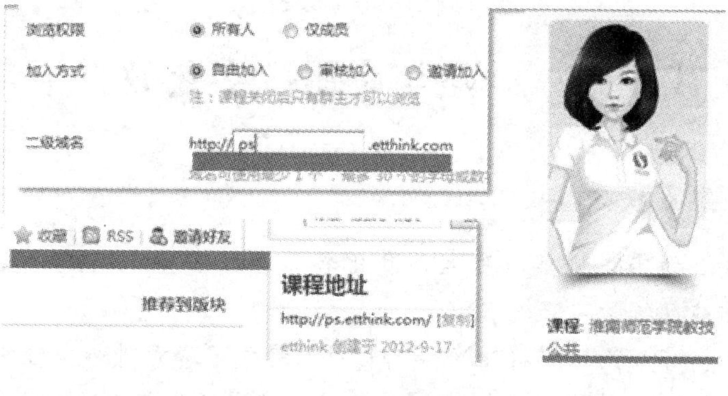

图 10—55　进入课程方法

教师在管理课程时，可以为课程设置独立的域名。例如，设置域名为 ps，学习者就可以通过 http：//ps. etthink. com 地址直接访问课程。

2. 创建课程内容

课程内容主要以发帖（创建主题）方式实现，与博客日志一样可以根据需要使用置顶功能，学习者在浏览帖子可以直接参与评论和回复，所以利用帖子可以实现提供课程资源、问题讨论、作业统一交送等问题，如图 10—56 所示。

3. 学习者管理

加入课程学习每位成员都有独立的个人空间（日志）功能，能够记录学习者在论坛整

图 10—56　创建课程内容

个学习过程，也提供了好友、短消息、留言等功能，用于学习者之间相互交流，如图10—57所示。

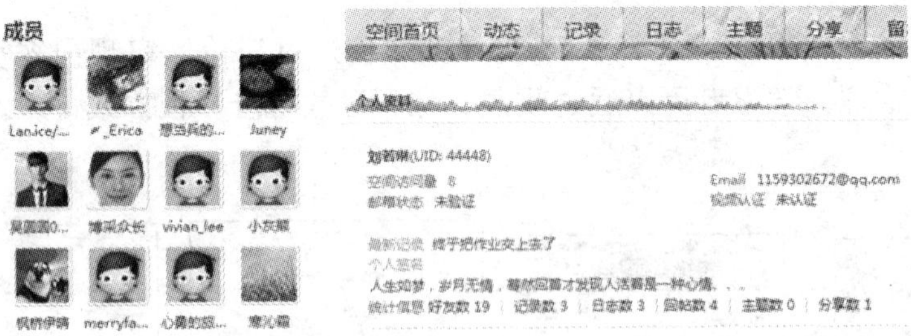

图 10—57　学习者管理与评价

论坛集成了博客与群组功能，在实现内容管理与学习者管理比博客更方便。但不管利用哪一种网络工具在数字化教学中应用都要做好学习资源和学习者的管理。

实践任务：创建与应用数字化教学平台

一、实践任务与目标

（1）结合模块三的实践收集与整理信息化教学资源任务中确定的主题或自己所学专业，设计与制作相应网络学习资源。

（2）能够利用博客、论坛（群组）等工具对网络学习资源进行合理组织。

（3）能够利用微博、微信、群或 RSS 等工具将学习任务与内容推送给学习者。

二、实践内容与过程

（1）分配小组：3～5人，由小组确定网络教学资源主题，可以是小组成员之前做的模块三实践中任务中的主题，也可以是所学专业中小学中的某一主题，如小学数学中的植树问题、语文中的说明文写作等。

（2）确定学习资源使用平台工具，并完成账号注册与设置。建议使用博客组织课程资源，如有视频和其他独立文件形式的课程资料，可以结合优酷、土豆等视频分享网站与网络硬盘工具提供课程资源。

①视频资源在网页中插入的方法（以优酷视频插入教育技术论坛帖子中为例）.

上传视频，使用网络上其他人制作的视频要尽可能下载后重新上传或转存，以保证视频不会被他人删除，影响课程内容完整，如图 10—58 所示。

获取网络视频地址可以直接在视频管理界面获取“分享”地址，也可以在观看视频时获取，选择 Flash 地址方式，如图 10—59 所示。

创建或编辑日志时，单击视频或 FLASH 按钮，按要求插入地址即可，如图 10—60 所示。

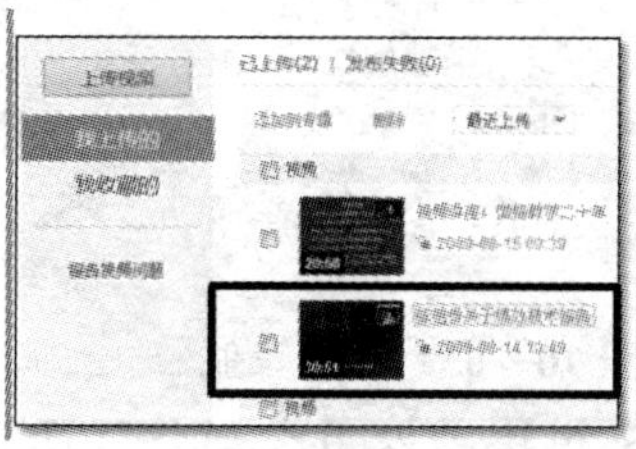

图 10—58　上传视频

图 10—59　获取视频分享地址

图 10—60　将地址插入帖子

②文件分享。和视频文件一样，也尽可能保存到自己网盘账户中后再提供分享链接。为提高学习资源的可读性，不建议直接插入分享的链接，而是对指定的对象（如单击下载或图片等）：选中后单击“插入链接”按钮，粘贴地址。如图 10—60 所示。

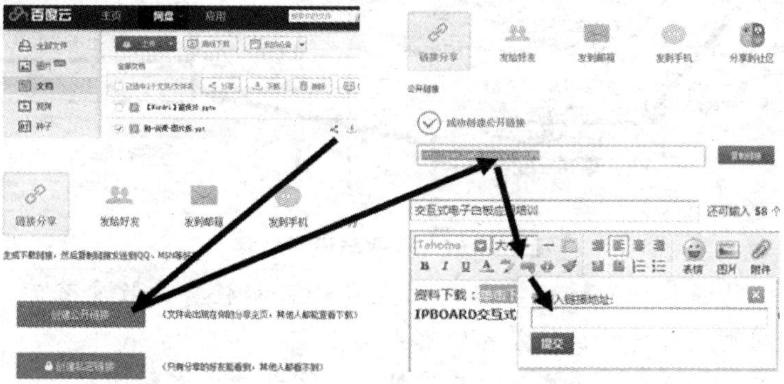

图 10—60　用百度网盘分享文件

（3）对学习资源按任务或知识相关性进行分类，确定课程资源结构。合理的分类是内容导航的基础，对学习者查找或浏览内容有很大帮助，如图 10—61 所示的分类标准是基于资源形式进行分类的，可能不适合针对某一具体主题或任务做的分类，还可以根据课程任务之间的关系以及学习任务进行分类。

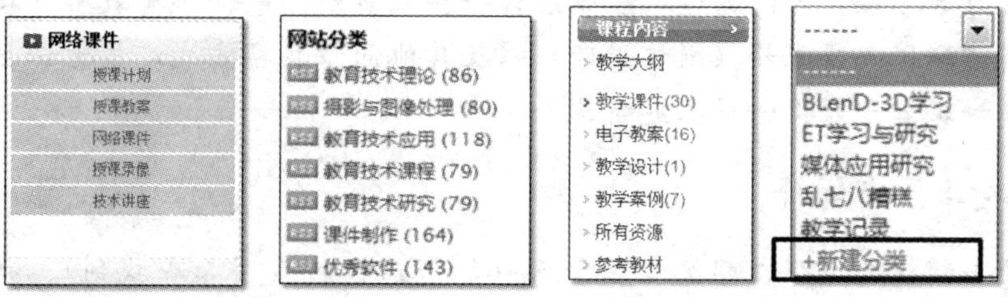

图 10—61　学习资源分类参考

如果选择的博客或其他工具不提供分类（目录）功能，可以在发布资源上使用标签，方便以后内容查找和为用户推荐相关内容。

（4）制作课程说明以及任务页面（可以包括教师信息、获取推荐课程的方法、获取帮助的方法等），并采用置顶、友情链接模块等方式设置导航，让学习者能够了解课程基本情况。如图 10—62 和图 10—63 所示。

图 10—62　制作课程说明

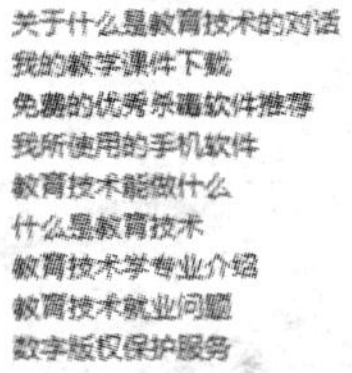

图 10—63　设计导航

博客一般具有置顶与空间（模板）设置功能。利用自定义模块可以用来制作页面之间的链接，作为课程内容结构导航，设置链接的方法和使用网盘分享链接过程类似，也必须获得要设置文件（页面）的链接地址（或称之网址：可以直接打开直接在浏览器地址栏中复制，也可以直接使用右键复制）。如图 10—64 所示。

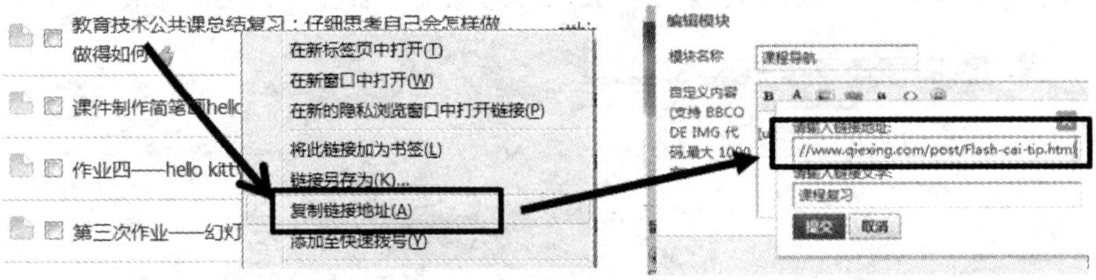

图 10—64　获取与设置链接

（5）设计与制作课程资源。根据确定的主题和目标任务，收集资源，并进行加工整理，然后并通过网页（日志、视频或其他形式）发布。

制作资源可以从学生学以角度和自己设计与加工角度出发。同时也要参考小组对这些教学问题的理解与看法。由于在制作中可能无法将资源直接应用于教学实践，小组之间更多地在设计理念和制作技术上进行交流。

（6）课程评价。

①了解学习者利用资源学习情况以及任务完成情况。在网络学习平台上可以从其在线时间、浏览内容、发表的评论和提交的作业等了解学习者的学习行为。

为方便学习者管理，可以通过群组或设计一独立页面，包括所有教学对象的链接。

②通过创建课程微博账号（微信账号）以及其他同步共享方式，扩大课程资源传播范围，并通过社会媒体合理推送资源更新状态。

三、实践结果与评价

（1）设计与制作的主题在网络上被检索（能否通过搜索引擎查找到）、浏览以及获得评价反馈情况。

（2）课程说明准确、课程内容导航结构明晰、学习内容形式得当。

（3）小组制作主题课程资源，可以在以后持续更新，并可以扩大主题范围，能够为以后教学工作做好准备，积累专业课程教学资源，将自身专业发展融入数字化学习实践中。

（4）小组也可以根据10.4.3介绍的模式创建数字化教学平台。

附录　教育技术应用课程学习成果展示与评价

为帮助学生了解对本课程的学习情况，课程提供多种评价方式，同时为教师评定学习者的课程成绩提供依据。另需要说明的是这里的评价内容与《中小学教师应用能力标准》并非对应关系，突出信息化学习资源获取、设计与加工能力，更注重从师范生角度讨论教育技术对学生学习和个人发展中的支持作用。

一、教育技术应用课程学习成果展示评价标准

教育技术应用课程之初即提提倡创建电子学档，不论是采用博客还是教育技术论坛或其他形式作为电子学档平台。此处为大家提供自己评价标准。

1. 检查电子学档应用情况

(1) 是否养成利用电子学档记录学习过程和学习反思习惯。

(2) 电子学档内容分类是否合理。

(3) 提问的问题是否及时得到响应，有没有得到比较满意的解决。

(4) 是否掌握日志内容的编辑方法，能否通过网络有效展示自己的作品，有没有得到别人的认可或评价。

2. 教育技术能力及任务完成情况

为帮助学习者了解网络工具应用情况，结合教育技术应用平台的任务与积分功能，设计了教育技术能力实践任务，共100分。通过学生积分可以直接判定其任务完成情况，教师在日常教学管理中可以对其积分进行增减。

能力测试主要包括网络工具与平台使用、文字信息加工处理、图像信息加工处理、音视频信息加工处理和教学设计与作品共享。通过教师及系统自动进行评定。

学习者通过“我的任务”导航菜单申请任务、完成任务来领取相应积分，教师可以根据学生完成任务情况进行评价（对积分进行加减），因此通过学习者的能力积分可以了解其基本的教育技术应用情况。如图A—1所示。

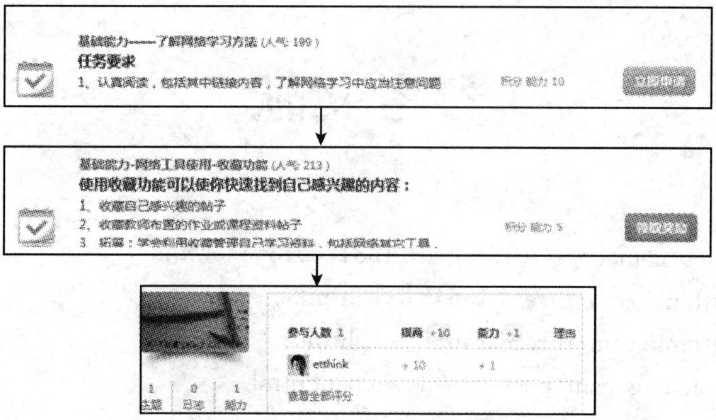

图 A—1　学生论坛的使用情况

二、教育技术在线考试系统应用、

教育技术论坛提供教育技术公共课程考试平台。教师可以组织在线考试，也是教育技术在教学中一种应用。考试系统地址：http：//www. etthink. com/kaoshi。

教师可以自己组织题库和考场，学生可以在考试过程中进行练习，巩固学习效果，并能够为学习者提供及时的分析与评价。如图 A—2 所示。

图 A—2　考试界面

参考文献

[1] http：//tech. sina. com. cn/i/2012-09-10/13317601358. shtml.

[2] http：//bbs. etthink. com/thread-15643-1-1. html.

[3] http：//bbs. etthink. com/thread-15628-1-1. html.

[4] http：//www. qiexing. com/post/met-download. html.

[5] http：//bbs. etthink. com/thread-931-1-1. html.

[6] http：//www. qiexing. com/post/image-ocr. html.

[7] http：//hnnu. tsk. erya100. com/studentLogin.

[8] http：//data. 163. com/12/0423/07/7VORH69B00014MTN. html.

[9] http：//bbs. etthink. com/thread-15278-1-1. html.

[10] 郭文革译．教学技术与媒体（第八版·翻译版）．北京：高等教育出版社，2008.

[11] http：//www. qiexing. com/post/ustcvideo. html.

[12] http：//bbs. etthink. com/thread-15458-1-1. html .

[13] http：//www. moe. gov. cn/publicfiles/business/htmlfiles/moe/moe _ 496/201212/xxgk _ 145623. html.

图书在版编目（CIP）数据

现代教育技术实践与应用/孙方，李彦敏主编. 中国高等教育学会组织编写. —北京：中国人民大学出版社，2014.7

普通高等教育“十二五”应用型本科规划教材·公共基础与素质教育系列

ISBN 978-7-300-19534-6

Ⅰ.①现… Ⅱ.①孙… ②李… ③中… Ⅲ.①教育技术学-教材 Ⅳ.①G40-057

中国版本图书馆CIP数据核字（2014）第154939号

普通高等教育“十二五”应用型本科规划教材·公共基础与素质教育系列
现代教育技术实践与应用
中国高等教育学会　组织编写
主　编　孙　方　李彦敏
Xiandai Jiaoyu Jishu Shijian Yu Yingyong

出版发行　中国人民大学出版社
社　　址　北京中关村大街31号　　**邮政编码**　100080
电　　话　010－62511242（总编室）　010－62511770（质管部）
　　　　　010－82501766（邮购部）　010－62514148（门市部）
　　　　　010－62515195（发行公司）　010－62515275（盗版举报）
网　　址　http://www.crup.com.cn
　　　　　http://www.ttrnet.com(人大教研网)
经　　销　新华书店
印　　刷　北京密兴印刷有限公司
规　　格　185mm×260mm　16开本　　**版　　次**　2014年9月第1版
印　　张　11.5　　**印　　次**　2022年1月第19次印刷
字　　数　260 000　　**定　　价**　25.00元

教师信息反馈表

为了更好地为您服务，提高教学质量，中国人民大学出版社愿意为您提供全面的教学支持，期望与您建立更广泛的合作关系．请您填好下表后以电子邮件或信件的形式反馈给我们．

您使用过或正在使用的我社教材名称		版次	
您希望获得哪些相关教学资料			
您对本书的建议（可附页）			
您的姓名			
您所在的学校、院系			
您所讲授的课程名称			
学生人数			
您的联系地址			
邮政编码		联系电话	
电子邮件（必填）			
您是否为人大社教研网会员	□ 是，会员卡号：________ □ 不是，现在申请		
您在相关专业是否有主编或参编教材意向	□ 是　□ 否 □ 不一定		
您所希望参编或主编的教材的基本情况（包括内容、框架结构、特色等，可附页）			

我们的联系方式：北京市西城区马连道南街 12 号
中国人民大学出版社应用技术分社
邮政编码：100055
电话：010-63311862
网址：http://www.crup.com.cn
E-mail：smooth.wind@163.com